内蒙古财经大学创新创业教材系列丛书
丛书主编 金 桩 徐全忠

创新创业知识产权教程

主 编 孙志伟 王春艳
副主编 王春红 鹿 军

中国财经出版传媒集团
经济科学出版社
Economic Science Press

图书在版编目（CIP）数据

创新创业知识产权教程/孙志伟，王春艳主编．—北京：经济科学出版社，2018.12

ISBN 978－7－5218－0054－8

Ⅰ.①创⋯　Ⅱ.①孙⋯②王⋯　Ⅲ.①知识产权法－中国－高等学校－教材　Ⅳ.①D923.4

中国版本图书馆 CIP 数据核字（2018）第 283392 号

责任编辑：宋　涛
责任校对：靳玉环
责任印制：李　鹏

创新创业知识产权教程

主　编　孙志伟　王春艳
副主编　王春红　鹿　军
经济科学出版社出版、发行　新华书店经销
社址：北京市海淀区阜成路甲 28 号　邮编：100142
总编部电话：010－88191217　发行部电话：010－88191522
网址：www.esp.com.cn
电子邮件：esp@esp.com.cn
天猫网店：经济科学出版社旗舰店
网址：http://jjkxcbs.tmall.com
北京密兴印刷有限公司印装
787×1092　16 开　15.75 印张　340000 字
2019 年 6 月第 1 版　2019 年 6 月第 1 次印刷
ISBN 978－7－5218－0054－8　定价：40.00 元
（图书出现印装问题，本社负责调换。电话：010－88191510）
（版权所有　侵权必究　打击盗版　举报热线：010－88191661
QQ：2242791300　营销中心电话：010－88191537
电子邮箱：dbts@esp.com.cn）

序　言

　　我国经济发展进入新常态，经济发展方式向以创新驱动发展为主转变，知识产权制度激励创新的基本保障作用更加突出。因此，实行更加严格的知识产权保护，才能保障和激励大众创业、万众创新，才能为创新驱动发展战略的深入实施提供有力支撑。大学生这个最具创新创业潜力的群体成为建设创新型国家的中心，大学生创业给当前社会形势带来了新的发展解决路径。但是，创业者综合素质的欠缺是阻碍其成功的根本因素，特别是目前大学生创业者欠缺相关知识产权知识，导致他们在创业过程中容易失败或自身利益没有保障。与知识产权专业教育相比，高校知识产权普及教育的发展明显滞后。据一份国家知识产权局对北京大学等11所理工科和综合类重点高校知识产权教育调查的报告显示，这些学校中接受过知识产权教育的学生不到学生总数的5%，普及教育并不"普及"。我国有超过70%以上的高校均未设立专门的知识产权教学机构，甚至没有开设任何一门面向非法学专业学生的知识产权课程，针对大学生自主创新创业素质培养为导向的高校知识产权普及的书籍更是少之又少。大学生知识产权素养普遍较差，直接影响其创新能力的发挥和对知识创业、技术创业机会的把握。因此，探索以提高大学生自主创新创业素质培养为导向的高校知识产权普及教育，引导学生在创业过程中如何学会利用知识产权进行创业，不侵犯他人的知识产权，保护好自己的知识产权，并且学会在激烈的竞争中运用知识产权来为新创企业带来收益具有重要意义。

　　目前我国的知识产权普及书籍一般知识结构单一，基本停留在普及法律知识的层面，普及内容上偏重法理教育而缺少实务技能指导，更谈不上根据不同专业学生知识结构的差异性来设计普及教育的内容与方法。因此对于创新创业的大学生来讲，这种知识产权的普及教育普遍存在知识体系比较单一、缺乏实践层面知识产权应用能力的训练，无法满足创新创业中的实际要求。基于此考虑，我们编写了《创新创业知识产权教程》。本教程以实用性为出发点，以实践为落脚点，注重内容的简洁性、系统性和前瞻性。可以说这本教程的编写对于提升大学生创业者综合素质，提高知识产权普及教育程度的效果具有重要的意义。

　　创业学生的知识产权知识结构应该是复合型的，对创业学生来说，有四个方面的知识是必须具有的，即"科技—法学—信息—经济管理"，我们的《创新创业知识产权教程》面向的是非知识产权专业、非法学专业的大学生，通过开展通识教育、素质教育，培养形成大学生的知识产权意识、知识和能力等知识产权基本素养，从而进一步完善与提高大学生的自主创新创业素质。因此，从实用的角度出发，《创新创业知识产权教程》除了知识产权法律方面的知识内容外，重点是与高校创新创业教育有机结合，加入科技信息检索的信息知识内容和创新成果的商业价值评估、应用知识产权进行创业等需要的经济管理知识内容。除此之外，大学生创新创业实践是高校创新创业教育的延伸，当前高校知识产权教育重理论轻实践，因此，此次编写的《创新创业知识产权教程》包含多种形式的实践内容来提高学生的实际操作能力。如增加专利申请文件撰写、专利信息检索的训练、商标注册申请等实践内容。最后一部分是知识产权相关案例，通过案例提高大学生知识产权知识的运用能力，有利于大学生今后运用所学知识解决创新创业中遇到的知识产权问题和纠纷。

　　在本书编写和出版过程中，内蒙古财经大学给予资助，经济科学出版社宋涛编辑付出了辛勤的劳动。在此一并表示感谢！

　　由于编者水平有限，虽已尽心尽力，本书难免还存在错漏，希望读者给予批评指正，以便修订时加以完善。

本书编写组
2018 年 12 月 27 日

目 录
CONTENTS

创新教育——知识产权教育篇

第一章 高校创新教育与人才培养 …………………………………… 3
第一节 高校创新教育重在培养创新型人才 ………………………… 3
第二节 创新型人才与知识结构 ……………………………………… 11
第三节 创新教育与知识产权教育的关系 …………………………… 14

创新创业——知识产权保护篇

第二章 知识产权基本法律知识 ……………………………………… 21
第一节 知识产权的概念和范围 ……………………………………… 21
第二节 知识产权的性质与特征 ……………………………………… 22
第三节 知识产权法的概念、体系 …………………………………… 25
第四节 知识产权国际保护 …………………………………………… 49

第三章 知识产权科技信息检索与应用 ……………………………… 52
第一节 专利文献信息的类型与特点 ………………………………… 53
第二节 专利文献信息检索的作用 …………………………………… 61
第三节 专利文献种类 ………………………………………………… 69
第四节 专利文献信息检索的原理及方法 …………………………… 90
第五节 专利信息检索系统选择 ……………………………………… 96
第六节 常用信息检索技术 …………………………………………… 99
第七节 中国专利文献信息检索 ……………………………………… 105
第八节 国外专利文献信息检索与利用 ……………………………… 112
第九节 专利战略 ……………………………………………………… 117
第十节 加强专利信息服务工作对策 ………………………………… 122

第四章　知识产权实务 ………………………………………………………… 125
　第一节　专利实务 ……………………………………………………………… 125
　第二节　商标实务 ……………………………………………………………… 153
　第三节　著作权实务 …………………………………………………………… 159
　第四节　知识产权诉讼 ………………………………………………………… 166

创新创业——知识产权应用篇

第五章　知识产权经济管理应用——价值评估 ………………………………… 177
　第一节　知识产权的价值评估 ………………………………………………… 177
　第二节　知识产权价值评估方法 ……………………………………………… 183
　第三节　知识产权价值评估的一般过程 ……………………………………… 192
　第四节　专利权价值评估 ……………………………………………………… 199
　第五节　商标权的价值评估 …………………………………………………… 208
　第六节　版权价值评估 ………………………………………………………… 215

第六章　创新创业过程中涉及的知识产权法律问题及侵权案例 ……………… 226
　案例一　胡涛与摩拜（北京）信息技术有限公司侵害发明专利权纠纷案 …… 226
　案例二　评上海烛龙信息科技有限公司诉重庆中电电子音像出版有限责任
　　　　　公司等侵犯著作权纠纷案 ………………………………………… 230
　案例三　评陕西盛唐在线网络公司诉深圳腾讯公司等侵犯商标权纠纷案 … 234
　案例四　宝钢集团、宝钢股份诉舞钢市宝钢金属材料有限公司侵犯商标
　　　　　专用权及不正当竞争纠纷案 ………………………………………… 237
　案例五　普拉达公司诉陕西东方源公司侵犯商标权及不正当竞争纠纷案 … 239
　案例六　上海聚力传媒公司诉深圳快播公司著作权侵权纠纷案 …………… 241

后记 ……………………………………………………………………………… 244

创新教育——知识产权教育篇

第一章 高校创新教育与人才培养

党的十七大提出"提高自主创新能力,建设创新型国家"和"促进以创业带动就业"的发展战略。大学生是最具创新、创业潜力的群体之一。在高等学校开展创新创业教育,积极鼓励高校学生自主创业,是教育系统深入学习实践科学发展观,服务于创新型国家建设的重大战略举措;是深化高等教育教学改革,培养学生创新精神和实践能力的重要途径;是落实以创业带动就业,促进高校毕业生充分就业的重要措施。

第一节 高校创新教育重在培养创新型人才

随着"大众创业、万众创新"的持续深入,全民参与的创新创业氛围不断完善,我国高校创新创业教育迎来新的发展空间。互联网、大数据以及共享经济的到来,为创新创业教育向更低成本、更大规模、更便捷高效的方向拓展提供基础。新时期的创新创业教育对于深化高校教育改革、完善人才发展机制、支撑"双创"以及创新驱动发展战略都有着重要意义。早在2010年《教育部关于大力推进高等学校创新创业教育和大学生自主创业工作的意见》的文件指出,"创新创业教育是适应经济社会和国家发展战略需要而产生的一种教学理念与模式。在高等学校中大力推进创新创业教育,对于促进高等教育科学发展,深化教育教学改革,提高人才培养质量具有重大的现实意义和长远的战略意义。创新创业教育要面向全体学生,融入人才培养全过程。要在专业教育基础上,以转变教育思想、更新教育观念为先导,以提升学生的社会责任感、创新精神、创业意识和创业能力为核心,以改革人才培养模式和课程体系为重点,大力推进高等学校创新创业教育工作,不断提高人才培养质量。"可见高校创新教育重在培养创新型人才。

 一、创新型人才基本常识——概念认知

人们在改造自然界的活动中所显示出的创造性劳动,是推动社会进步的强大动力,社会的不断进步与发展,是建立在人们不断进行的创造性劳动的基础之上的。而这种连续不断的创造性劳动的过程,也就是人类社会不断进步的创新过程。从这种意义上来说,人类社会的发展史是不断创新的历史。在人类社会的发展过程中,人人都可以为社会的进步献出自己的力量，但并不是人人都进行着创造性的劳动，能显示出不断进取精神和行为、能力和素质较强的人是社会中的一部分，这部分人就属于社会中的创新型人才。创新型人才并非先天决定的，是社会实践造就的。从理论上来讲，社会中的正常人，每个人都可以成为创新型人才，但具体到哪些人能成为创新型人才，要通过个人的主观努力和客观实践来实现。因此，人人都可以成才，并不是人人都会自然成为人才；能否成才，取决于每个人的主观努力和一定的客观条件。科学的人才观告诉我们，创新有其丰富的内涵；人才有其科学的界定条件和鲜明的本质特征；人人皆可能成才，有其生理条件和理论依据。

(一) 创新的定义

创新，是一个富于魅力的词语。自有人类以来，许多有志之士历尽千辛万苦，把一份份创新成果奉献给社会，推动了历史的前进。如果没有创新，就没有人类，没有文明，没有一切美好的生活。创新是人类最复杂、最活跃、最有意义的实践活动，是人类最高尚的事业。"创造"与"创新"，都是指创立新的事物。一些人认为，从"创造"概念到"创新"概念，有一个历史演变过程。在传统的农业时代和早中期工业时代，人们往往更加认同和重视自然科学领域的发明创造；而在新型工业时代和知识经济时代，自然科学和社会科学领域的创新及两者之间的相互作用引起了现代人的关注。他们把人类在这个更广阔的社会经济领域内的创造活动往往称为"创新"。科学地讲，创新是一个经济学概念。创新概念的提出者、美籍奥地利经济学家 J. A. 熊彼德认为，新的或重新组合的或再次发现的知识被引入经济系统的过程称为"创新"。同时，对于"创新过程"，熊彼德提出必须把知识"引入经济系统"才算完成。

对"创新"的这种认识，要比"首创前所未有"的"创造"更宽泛，它包容了"创造"，也包容着对原有的"重新组合"和"再次发现"。同时，对于"创新过程"，熊彼德提出必须把知识"引入经济系统"才算完成。他认为，发明家未必是完美的创新者，只有企业家将发明引进经济系统，发明者才成为真正意义上的创新者。因此，我们可以用一个公式来概括"创新"与"创造"的关系，即："创新 = 创造 + 开发"。

中国社会科学院有关学者对创新进行了更科学化、具体化的概括。他们认为，创新是从新思想的产生到产品设计、试制、生产、营销和市场化的一系列行动。在这一系列行动中，创新表现为不同参与者和机构（包括企业、政府、大学、科研机构等）之间交互作用的网络。在这个网络中，任何一个节点都可能成为创新行为实现的特定空间。对企业而言，创新不仅包括实验室的技术发明或是产品创新设计，而且还包括如何同伙伴合作，如何分配、推销产品，甚至包括如何同客户交流。创新不是一项孤立的活动，任何创新都需要其他方面创新的配合，先进的体制、制度等对创新起着重大的推动作用。同时，我们还看到，对任何一个人而言，不管从事什么职业，都处在创新网络的一个点上。因此，只有每个人都成为创新者，才能提高整体的创新速度和创新水平。

"创新就是首创前所未有的事物"。这里的"事物"是广义的，它既包括有形事物，也包括无形事物；既包括物质领域，也包括精神领域。用通俗的语言来表述，凡是前人没想过、没干过的事，你想了、干了，并产生了积极的社会经济价值，就是创新。这意味着创新应该由两部分组成：第一部分是"想"，想前人所未想，即创新设想；第二部分是"干"，干前人所未干，即实施创新。创新内容丰富，含义深远，它不仅是一种成果，还是一种行为，一种精神，一种事业。

创新有狭义和广义之分。狭义的创新是指创新者对社会提供新颖的、首创的、有社会价值的产物的活动。如科学上的发现、新技术的开发、新产品的研制、工作方法的改进、新工作规则的建立、新决策的制定、管理体制的改革、新的教育制度的探索、艺术形象的创作等。广义的创新是指对创新者本人而言，提供前所未有的产物的活动。也就是说，一个人对某一问题的解决是否属于创新，不在于这一问题及其解决办法是否曾有人提出过，而在于对他本人来说是不是新颖的、前所未有的。对本人来说，只要有新意——包括新思想、新观念、新设计、新意图、新方法等，就可称之为创新行为。

（二）创新的分类

创新是发明创造活动过程的统称，它涵盖面很广。按创新系统划分，主要包括技术创新、管理创新、制度创新等。制度创新即建立新体制、实行新机制、制定新政策。管理创新即把新思想、新方法、新手段、新的组织形式引入企业，包括把政府新的管理制度、规则引入企业，并取得良好效果。从经验管理到科学管理再到文化管理是一个发展过程。

创新涉及政治、经济、军事、科学、文化、教育等社会生活的各个领域，而技术创新是一切创新的基础和核心。正如江泽民同志在 2000 年 10 月 11 日国际工程科技大会上的讲话中指出的：工程科学技术在推动人类文明进步中一直起着发动机的作用。技术创新可分为原始创新、集成创新和跟随创新。

1. 原始创新

原始创新包括发现和发明。发现——指经过研究探索，看到或找到前人没有看到的事物或规律，包括事物的发现或新理论的提出。重大科学发现和重大理论的提出，往往引起一个学科或整个科学的革命。如牛顿发现万有引力定律，开拓了天体物理学研究的新纪元；伦琴发现 X 光，使之广泛应用于科技和医疗事业中；邓小平提出"一国两制"理论，促进了我国和平统一的进程，实现了香港、澳门的顺利回归。

发明——指创制新事物，首创新的制作方法。如爱迪生发明灯泡，照亮了世界；珍妮发明纺织机，马克思称其为标志英国工业革命的开始。发明多是自然科学和技术领域的实践活动。

2. 集成创新

集成创新是指将现有技术组合起来形成新的产品。如复印机、多功能手机、X 光透视机等都是多种技术的组合。

3. 跟随创新

跟随创新是指在别人技术创新的基础上，实现产品外围技术上的创新，其核心技术仍是原开发者的专利。革新也属于跟随创新，是指对原有事物进行局部改造并有所突破。比如，在生产技术领域中，把新设计、新材料、新技术、新工艺、新设备应用到企业产品、技术、设备的更新改造上，提高产品质量，提高劳动效率和生产水平。创作基本属于社会科学领域的创新，但也包含一定技术创新的成分，多指文化艺术领域的作品。小说源于生活，又高于生活，通过对先进事物的赞美和对落后、丑恶现象的揭露、批判、鞭挞，而教育世人。音乐创作的感染力，激发人们的情绪和力量。齐白石画虾、徐悲鸿画马，不仅形似，而且神似，无水如游，无尘如奔。民间艺人的泥塑、面塑等艺术，幽默夸张，常常令人捧腹。

（三）创新的特点

与人类其他活动相比，创新有以下显著特点：

1. 新颖性

与众不同及前所未有的，这是创新最主要的特点。

2. 普遍性

创新的范围极广。在自然科学领域，所有的发现——认识自然，所有的发明——改造自然，都是创新。在社会科学领域，自有人类以来的家庭、国家、政府、军队、战争、宗教、艺术、法律，直到今天我国的改革开放、一国两制、承包制、股份制、全员合同制，以及企业里的公共关系、广告、市场调研方法、营销策划、企业形象战略、经营决策等都是一定意义上的创新。创新存在于人类活动的一切领域。正如我国现代著名教育家陶行知先生所说："人类社会处处是创造之地，天天是创造之时，人人是创造之人。"

3. 永恒性

创新是人类社会发展的永恒主题。人类许多活动都将随着历史的发展而消亡，唯有创新与人类相伴始终。

4. 超前性

创新是一种首创，即"第一个"，它总是超前于社会的认识，这是客观规律。创新者不能期望社会马上承认其创新成果，不要影响自己创新的积极性，而应在取得创新成果后继续创新，以自身的积极行为，克服社会认识的滞后性。

5. 社会性

创新包括创新设想与实施创新两部分，其中，实施创新离不开社会。即使是自然科学创新，也离不开社会。因为，创新的目标也都联系着一定的社会效果。这就要求自然科学工作者必须同时学习社会科学，决不能脱离社会实际。

6. 先进性

创新是新设想发展到实际和成功应用的阶段，它代表着事物的发展方向。比如创新产品，就要在性能、功能、质量、价格等方面优于别的产品。

7. 价值性

创新为人类生活和社会发展带来了巨大价值。通过创新工艺，5美元的铁加工成马口铁值 10 美元，加工成针值 3285 美元，加工成手表弹簧值 25 万美元；泥土加工成陶瓷，两者价值不可相提并论。

8. 艰巨性

创新是一种与众不同的活动，再加上社会认识的滞后性与创新必需的社会性，创新确实是人类最艰巨的社会活动。鲁迅先生说："第一个站起来的猴子是要给别的猴子咬死的"，"第一个吃螃蟹的人是勇士"，即表明了创新的艰巨性。

9. 规律性

创新方法多种多样，没有一定之规。然而从本质上讲，创新还是有规律可循的，"隔行不理"就是指创新的认同规律。

10. 实践性

创新是一种实践活动，从实践中来，并受实践检验，这是创新的共性。

11. 广泛性

创新没有边界，没有禁区，没有权威，没有止境。任何创新成果都是"未完成的创新"，最好的创新只能是"下一个"。

（四）创新的意义

人类社会的进化和发展，是一部创新活动的演化史。人类生活从穴居到住高楼大厦，从使用木棒到使用现代化武器，从披树叶茅草到现代服饰，从茹毛饮血到现代健康食品，无疑不是创新促进科技发展和生产力提高的结果。

创新是人类赖以生存和发展的根基。人们总是自觉地创造从未有过的东西，追求新的理想，开拓新的生活，实现新的价值。时代的变迁，制度的更迭，社会的发展，无不说明创造是历史进步的动力。

没有创新就没有前进。人类正是在创新活动之中，摸索出历史前进的方向；也正是由于人类的创新活动，推动着人类文明的继续发展。创新是时代的要求，随着现代科学技术的发展，人类的创新活动在促进社会进步方面，起着越来越大的作用。创新活动不仅直接关系到一个人的成长，而且直接关系到民族的兴旺，国家的繁荣昌盛。

当今世界处在一个多层次生产力的发展局面，由于生产力发展水平的差异，国家与国家之间、地区与地区之间在经济和文化领域形成了巨大的差距。这种差距首先是开发创新能力的差距，也就是创新的差距。创新，是一个国家、一个民族屹于世界民族之林的最有力的"武器"。国家的兴旺、事业的发达取决于对创新的认识和重视程度。历史证明，创新是一个民族进步的灵魂，是一个国家兴旺发达的不竭动力。

对个人而言，广泛开展创新活动，可以把人们的主人翁精神和创造性劳动结合起来，大大激发人们的积极性和创造性，为他们自我实现提供展示智慧和才能的舞台，培养更多的创新型人才，结出更多的创造性成果。有远见的创新者，把创新作为自我实现的一种形式和一条渠道，不断增强自我实现能力，提高自我生存和生活，满足自我精神需求、物质需求和现代生活方式。

创新，在时代的发展中将得到不断地丰富和发展，人类会更充分地体验到创新的价值，也会更加自觉地创造灿烂的未来。人类的未来属于创新。

 二、创新型人才

人才素质培养的根本目的是造就高素质创新型人才。长期以来，人们习惯于把人才与正规学历教育画等号，认为一个人由小学、中学、到大学，乃至研究生，最后拿了文凭出来工作，就是人才了，因为他手里有文凭，文凭成了衡量人才的唯一标准。但是随着社会经济的发展，人们在现实中看到，有些高学历的人在工作中平平庸庸，无所作为，一些学历并不高的人反而有大的作为。这是为什么呢？究其根源，是我们衡量人才的标准有失偏颇。因此，只有重新审视人才标准，才能确立人才素质培养的目标。

（一）创新型人才概念

人才是指具有一定的专业知识或专门技能，进行创造性劳动并对社会做出贡献的人，是人力资源中能力和素质较高的劳动者。人才是我国经济社会发展的第一资源。

什么是创新型人才？以下是我国学术界有代表性的定义：

（1）"所谓创造型人才，是指富于独创性，具有创造能力，能够提出、解决问题，开创事业新局面，对社会物质文明和精神文明建设作出创造性贡献的人。这种人才，一般是基础理论坚实、科学知识丰富、治学方法严谨，对未知领域勇于探索；同时，具有为真理献身的精神和良好的科学道德。他们是人类优秀文化遗产的继承者，最新科学成果的创造者和传播者，未来科学家的培育者。"

（2）"创造型人才的主要素质是：有大无畏的进取精神和开拓精神；有较强的永不满足的求知欲和永无止境的创造欲望；有强烈的竞争意识和较强的创造才能；同时还应具备独立完整的个性品质和高尚情感等。"

（3）"什么是创造性人才？这个问题可以通过三个层面来理解。

第一个层面，创造是指'首创前所未有的事物'的活动，它是相对于模仿而言的，其结果是一种新概念、新设想、新理论，也可以是一项新技术、新工艺、新产品。第二个层面，创造性思维是人在创造活动和创造过程中产生新的、前所未有的思维成果的活动，主要由发散思维和集中思维两种形式构成，其中前者是更为主要的；创造性思维具有流畅性、灵活性、独创性和缜密性四种品质。第三个层面，创造性人才是指具有较强创造能力和习惯于创造性思维的人才。"

（4）"创新型人才是指具有创造精神和创造能力的人，它是相对于不思创造、缺乏创造能力的比较保守的人而言的，这同理论型、应用型、技艺型等人才类型的划分不仅不是并列的，而且要求不论是哪种类型的人才皆须具有创造性。"

（5）创新人才是具有创新意识、创新思维和创新能力的人才，也就是善于发现新问题、分析新问题和解决新问题的人才。

(6) 中国科学院研究生院副院长邹东涛先生曾提出:"+"型人才既有较宽的知识面,又在某一方面有较深的研究,富有挑战的勇气,敢于冒尖,善于创新。"+"型的人才就是创新人才。

(7) 当代社会的创新人才,是立足于现实而又面向未来的创新人才,应该具备以下几个方面的素质:博、专结合的充分的知识准备;以创新能力为特征的高度发达的智力和能力;以创新精神和创新意识为中心的自由发展的个性;积极的人生价值取向和崇高的献身精神;强健的体魄。

(8) 具备优良品质、突出才智、坚强意志、富有创造性意识、具有创造精神、掌握创造方法,在各种社会实践活动中,以自己的创造性思维和创造性劳动去认识世界并改造世界,从而为人类的和平幸福、社会的繁荣昌盛和科学的进步做出贡献的人,才是创新人才。

(9) 所谓"创新人才",就是具有创新精神的创造型人才,也就是具有创新意识、创新精神和创新能力的人才。

(10) 所谓创新型人才,是指具有创新精神的人才,也就是那些具有创新人格、创新思维、创新的学习素质和社会能力,以自己的创造性思维和创造性劳动为社会做出正向价值贡献的人才。

(11) 创新型人才就是以创新为主要特征的人才。创新型人才主要包括基本素质、知识技能和创新业绩三方面的内涵,这三个方面不是平行而是递进的关系。

(12) 所谓创新型人才,是指具有创新意识的人才,也就是指在特定领域内,在某一方面打破旧有的成规,做出突破性的创新,其自身具有创造性、创新积累、创新精神、创新能力,拥有大量理论或实践经验,并以自己的创新性思维和创新性劳动为社会做出正向价值贡献的人才。

(13) 创新型人才即那些具有良好品质及专业才能,同时有创新意识,能够就某一问题提出原创性的解决办法,并且其技术科研创新成果或创新的管理理念能为企业及社会带来巨大经济效益的人。

(二) 创新型人才本质特征

看一个人是不是创新型人才,首先看他是否具备以下四个本质特征。

1. 知识性

强调人才必须具有一定的专业知识或专门技能。这既是人才的本质属性之一,也是当今时代对人才的基本素质要求。知识和技能是成才的基础,是进行创造性劳动和对社会发展作出积极贡献的内在依据。知识的层次决定着创新型人才的层次。在知识经济时代,一个人成才可以没有文凭,但不可以没有知识和技能;没有较高的知识和技能素质,则难以成为高层次人才。

2. 创新性

人才与普通人的区别首先在于他的创新性。人的劳动按发展可以分为模仿性劳动、重复性劳动和创造性劳动三个层次。前两个层次都是以继承性劳动为重要特征，其结果只能是将前人创造出来的劳动形式和经验进行再现和重复。而第三个层次则不同，创造性劳动是以前人的经验和成果作为基础，有所创新，有所突破，既能够取得比前人更大的成就，同时还能有效地提高自身的素质（包括能力）。因此说，人才应具备一定的专业知识和较强的工作能力，特别是创新能力，能够进行创造性劳动，并在某一领域的创新过程中起过较大作用。创新性是人才与普通人的本质区别。

3. 进步性

社会总是向前发展的，人才总要对社会发展和人类进步起某种推动作用。强调人才在"三个文明"建设和社会主义建设中作出积极贡献，这是人才内在素质和创造性劳动的转化结果，规定了人才劳动成果的价值标准。这又揭示了人才的进步性的本质属性。人的劳动价值不仅有大小之分，而且还有正负之别，如果创造性劳动成果对社会发展起到破坏、阻碍作用，那么就是负价值，它不会被社会所承认。那些虽有才能，但逆历史潮流而动的人物，不能算是人才。进步性是衡量人才的重要标准。

4. 时代性

人才是一个历史范畴，社会不同，时代不同，对人才的要求也不同。每个时代的人才，总是当时历史条件下的产物，必然烙上时代的印记。所以，看一个人是不是人才，必须与时俱进，与时俱进。否定了人才的时代性，就混淆了不同时代、不同社会形态下人才的特殊性。

综上所述，一个人是不是人才，首要的一点看他是否具有符合时代需要的创新能力。跨入21世纪，知识经济悄然而至。在这个时代，创造财富最重要的资源就是知识和以知识为基础的创新能力。因而知识经济条件下的竞争，实质上是知识创新和技术创新的竞争，从根本上说，是创新型人才的竞争。

具体到本科生培养层面，普林斯顿大学提出的本科毕业生12项标准和哈佛大学文理学院提出的本科毕业生5项标准，都蕴含着创新型人才所需要的知识、能力和素质结构，其基本要素包括人格、智能和身心三个方面。普林斯顿的12项标准是：（1）具有清楚地思维、谈吐、写作的能力；（2）具有以批评的方式系统地推理的能力；（3）具有形成概念和解决问题的能力；（4）具有独立思考的能力；（5）具有敢于创新及独立工作的能力；（6）具有与他人合作的能力；（7）具有判断什么意味着彻底理解某种东西的能力；（8）具有辨识重要的东西与琐碎的东西、持久的东西与短暂的东西的能力；（9）熟悉不同的思维方式；（10）具有某一领域知识的深度；（11）具有观察不同学科、文化、理念相关之处的能力；（12）具有一生求学不止的能力。哈佛大学的5项标准是：（1）必须能够清晰而明白地写作；（2）应该对认识和理解世界、社会和我们自身的方法具有一种判断鉴别的能力；（3）必须对自己的文化和其他文化有一个广阔的视野，并在这样的考虑之下安排自己的生活；（4）了解并思考过道德和伦理问题，在做道德选择时具有正确判断的能力；（5）在某些知识领域应当具有较高的专业水平。

归纳世界高水平研究型大学的本科毕业生标准，可以认为，我国大学要培养的创新型人才，起码应该具备这样5项基本特征：（1）有很强的好奇心和求知欲望；（2）具有良好的自我学习与探索的能力；（3）在某一领域或某一方面拥有广博而扎实的知识，有较高的专业水平；（4）具有良好的道德修养，能够与他人合作或共处；（5）有健康的体魄和良好的身体素质，能承担艰苦的工作。

第二节　创新型人才与知识结构

党的十八大报告指出，要"着力提高教育质量，培养学生社会责任感、创新精神、实践能力。加大创新创业人才培养支持力度"。培养学生具有创新精神，使他们成为创新型人才，合理知识结构的建立是前提和基础。知识是无限的，而人的生命是有限的。在知识总量急剧增加的当今社会，大学生如何利用有限的时间掌握大量丰富的知识，使知识发挥最大效能，以适应社会发展的需要，建立合理的知识结构并实时进行动态调整是非常关键的。

 一、大学生知识结构的含义

知识结构由知识和结构两部分组成，获取知识是前提，个体只有在获得大量知识的基础上，通过大脑储存、加工、整理并内化为一定的结构，才能使知识发挥相应的功能。关于知识结构的含义，学者王通讯认为："知识结构是外在的知识体系在头脑中的内化状况，是客观知识世界经过求知者的输入、储存、加工，而在头脑中形成的由智力联系起来的多要素、多系列、多层次的动态综合体"。社会是一个有机统一的整体，各个事物之间是普遍联系的，各种知识之间也是相互关联的，并构成了相互连接的知识网络体系。因此，人们为了自身发展的需要和一定的目的，不断从社会中直接或间接获取大量丰富的知识，通过大脑中的智力系统储存、加工并内化为相应的知识结构体系，而这种知识结构体系并不是单一的和固定不变的，而是多要素、多系列、多层次的动态组合。所谓大学生知识结构，是指大学生为了某种目的和自身发展的需要，有选择地获取外在知识体系并进行内化而形成的由智力系统联系起来的多要素、多系列、多层次的动态综合体。大学生肩负着建设社会主义现代化国家的历史重任，他们是否能成才，并成为"雄才"，合理知识结构的建立至关重要。

二、大学生知识结构的特点

（一）"博""精"结合性

这里的"博"主要是指知识的广博程度，强调的是知识的宽厚度，即不仅需要有宽厚、扎实的基础知识，而且需要掌握大量丰富的与专业相关或相近的知识；"精"是指专业的精深度，它决定了一个人的发展方向以及目标的实现。"博"与"精"是一对关系范畴。一方面，知识结构的精深度要以知识的广博度为基础；另一方面，广博的知识结构要是没有精深度来提炼和升华，就不能实现相应的价值。"结构决定功能，不同的知识结构，决定了这个结构的主体具有不同的功能，能够完成不同性质的工作"。可见，一个人的知识越广博、越丰富，知识结构越合理，知识所发挥出的效能就越大，相应的创造能力也就越大。大学生作为一个特殊的青年群体，担负着更多的社会责任，这一特殊角色不仅要求他们比同龄人具有更多、更广博的知识，而且要能在某一领域成为带头人，因此，无论是理工科专业的大学生，还是人文社科专业的大学生，虽然专业不同、研究方向不同、个体素质千差万别，但他们知识结构的建立和调整，都需要"博"与"精"相结合，在学好基础知识、专业知识的同时，要向专业的精度迈进，以实现人生的最大价值。

（二）整体协调性

从大学生知识结构的含义可以看出，大学生的知识结构具有整体协调性。知识结构的整体协调性是指个体所内化的各知识体系之间相互依赖、相互联系、相互作用、相互制约，从而构成了一个有机整体。大量的知识进入人的大脑，并不是杂乱无章、主次不分的，而是由人的智力系统自动调节，使各类知识相互协调，从而发挥知识结构的整体功能。大学生在学习过程中，不仅要重视自己专业的学习和提升，而且要特别注重各学科之间的联系，掌握大量与专业相关或相近的知识。知识积累多了，才能融会贯通，并产生新的知识。

（三）动态调节性

知识是人们在社会实践中所获得的认识和经验的总和。知识来源于社会实践，而社会总是不断发展、不断进步的，在这一进程中，知识的总量迅速增加，知识的门类更加丰富。因此，人们每天都在获取新的知识，并将其在大脑中进行重组与调整，可见知识结构本身是动态的、发展变化的。在知识总量急速增长的时代，大学生的知识结构不应处于僵化停滞状态，必须根据社会的进步、科学的发展和时代的要求，不断调整、充实、丰富与更新，以适应社会发展的需要。

 三、大学生知识结构建立与调整的路径

知识结构合理与否，决定了一个人的社会生存能力、目标的实现以及个体价值的实现程度。当今世界处于知识经济时代，合理知识结构的建立对于大学生走上社会、应对职场和社会竞争、实现自身价值都有着非常重要的意义。

（一）要有明确的目标

对于大学生来说，经常会遇到"学什么"和"怎样学"的问题。当前，我们正处于知识大爆炸时代，知识急剧增长，更新周期不断加快。联合国教科文组织曾经做过一项研究，结果显示：信息通信技术带来了人类知识更新速度的加快。在18世纪，知识更新周期为80~90年；19世纪末20世纪初，缩短为30年；20世纪60~70年代，一般学科的知识更新周期为5~10年；而到了20世纪80~90年代，许多学科的知识更新周期缩短为5年；进入21世纪，许多学科的知识更新周期已缩短至2~3年。对于处在高度发达的信息社会中的大学生来说，面对铺天盖地的大量信息和知识，应如何选择、如何根据自身实际建立合理的知识结构呢？一般地说，明确的目标是大学生建立合理知识结构的重要因素。知识具有相应的价值，但对于不同的个体来讲，其价值是不一样的。大学生要实现成才目标，并在某一方面有所突破，做出贡献，实现自己的人生价值，就需要根据自己的兴趣爱好以及所学专业来选择相应的知识体系。哪些知识是必须要掌握的，并达到精深的程度，哪些知识只需要浏览，略知一二即可，都要根据成才目标而定。实现特定目标需要哪些知识，就积累哪些知识，同时根据社会发展的变化进行适当调整，形成合理的知识结构，这样学习才不至于盲目，才不会碌碌无为。

（二）要"博""精"结合

成才不仅需要宽厚扎实的基础知识，同时还需要精深的专业知识。一个人的知识越丰富，其思维就越活跃，就越有可能爆发出新的思想火花，产生独到的见解。美国著名发明家和古典管理学家泰勒曾说："具有丰富知识和经验的人，比只有一种知识和经验的人更容易产生新的联想和独到的见解。"比如建造一栋高楼，如果没有宽厚扎实的基础，就不可能建造得更高、更雄伟，即使勉强建立起来，若遇风吹雨打，随时可能倒塌。仅仅具有广博的知识，是不足以成大才的。俄国作家、思想家托尔斯泰曾说："重要的不是知识的数量，而是知识的质量。"可见，知识结构的建立仅仅以知识的数量为标准是不行的，还需要高质量来提升，也就是要实现"博"与"精"的结合。"广博是精深的前提，只有在广博的基础上，才能达到精深的程度，离开了广博，精深就成为空中楼阁，广博和精深缺一不可，只有达到两者的统一，才能在创造实践中取得丰硕成果"。现实生活中，不少人虽然掌握了广博的知识，最终却一事无成，原因就在于他们的知识数量虽然很丰富，但由于结构不合理，缺乏专业精深度，因而难以在某一领域有所突破，难以真正成才。

（三）要符合个体自身的特点

世界上没有完全相同的两片树叶，个体知识结构的形成也是一样。由于个体的兴趣爱好不同，获取知识的方式方法不同，生活的社会环境不同以及个体智力水平的差异等，因而形成了个体独特的知识系统。因此，大学生知识结构的建立和调整要符合自身特点，在适应社会需要的同时发展个人特长，这也正符合社会对同一层次不同类型人才的需求。每个大学生都是一个鲜活的个体，他们之间存在着个性差别，每个人的价值取向、人生理想、个性、特长都不相同，因此要充分发挥大学生的主观能动作用，形成一种既符合社会需要，又适应个体特点的独特的知识结构。

（四）要适应社会发展变化的需要

"合理的知识结构不是一种固定模式，它应该根据个体的主观需要和社会发展的趋势，进行动态调节"。大学生合理的知识结构是一个不断进行自我调节的动态系统。万事万物都是在不断发展变化的，社会的发展和进步对人才的需求日益多样化和精细化，这就要求大学生必须适应社会发展变化的需要，对自己的知识结构不断进行调整和修正。一方面，大学生在学习专业基础知识的同时，要随时关注本专业的前沿动态，以及相关相近专业的发展趋势，并加强各种相关知识的渗透，以便及时调整和优化自己的知识结构，使自己的知识结构处于一种动态变化之中，以适应专业发展的需要；另一方面，大学生要深入社会实践，通过社会实践来获得自身相关知识短缺的信息反馈，并通过社会实践来检验自身知识结构的合理性，以及社会发展对知识需求的预测，从而决定如何弥补自身的知识缺陷，建立和调整合理的知识结构，使自己的知识结构始终处于一种动态变化之中，不断地充实、优化，以适应不断发展变化的客观现实的需要。

第三节　创新教育与知识产权教育的关系

我国的创新创业教育已进入高速发展期，各级教育行政主管部门以及各高校均陆续出台了一系列创新创业教育政策，面向创新创业的知识产权教育也逐渐受到重视。但就现有的情况而言，知识产权教育在大学生创新创业教育体系中所占比重很低，所处地位极为尴尬。部分高校虽已开设面向不同层次学生的知识产权教育课程，然而，专门针对大学生创新创业的知识产权教育课程还没有形成系统，知识产权课程的教育效果与社会经济发展的客观需求以及大学生创新创业的内在需要还相差甚远。知识产权素养是当代大学生素养的必备素养。在高等院校让每个学生了解知识产权、熟悉知识产权规则体系、学会运用知识产权制度保护自己的知识产权和尊重别人的知识产权，建立大学生知识产权保护意识，在普及知识产权知识过程中，培养学生创新能力及习惯，从而达到育人目的。因此，加强知识产权教育，完善大学生创新创业教育体系并构建作为其中重要组成部分的知识产权教育子系统，对于培养当代大学生的创新素质和创业能力有着十分重要的意义。

一、当前我国高校创新创业教育中知识产权素质培养的必要性

为了提高在校大学生的创新创业能力，国务院和教育部等均部署了在高校开展创新创业教育的工作。其中国务院办公厅在 2015 年颁发了《关于深化高等教育创新创业教育改革实施意见》，并提出了健全创新创业教育课程体系，要求各高校在传授专业知识

过程中加强创新创业教育，向学生开设创业基础、创业创新指导方面的必修课和选修课。同年教育部也要求从2016年起各高校都要设置创新创业教育课程。创新创业人才是具备一定创造新事物能力的人才，其要具备的核心素质应当是创新意识和创新技能。在当今信息化的时代，二者均与创新者的知识产权素质紧密相关，因为只有创新者具备知识产权意识，才能将创新的成果转化为自主知识产权，才可以将自己的技术优势转化为市场竞争优势。此外，拥有知识产权素质还可以推进创新能力的养成，只有创新者了解知识产权制度，才能避免重复研究与开发，才能形成创新动力。另外，教育部并没有规定创新创业的具体课程，因此，在具体的创新创业教学模块中，各高校可以根据自身实际情况自行设计教学单元。基于知识产权的素质养成是创业和创新的基础，因此，各高校在规划本校创新创业教育体系时应该增加知识产权的教育内容。此外，在国务院办公厅的意见中还具体规定了要改革教学制度，各高校要设置合理的创新创业学分，探索将学生发表的论文、获得专利、自主创业等情况折算为学分。那么学生发表学术论文自然要涉及版权法律知识、申报及获得专利涉及专利法律知识，自主创业也与《商标法》和《促进科学技术成果转化法》密切相关，这些知识只有通过一定课时的知识产权教育和实践，学生才能在具体的创新创业过程中灵活处理知识产权问题。

二、当前高校创新创业教育中知识产权教育的现状与成因

近年来，我国知识产权普及教育虽然得到了长足的发展，但目前仅有暨南大学、西南政法大学等几十所高校开设了知识产权专业，大部分高校仅开设了公共选修课程；多数高校和师生在观念上将知识产权课等同于知识产权法课。现有的大学生创新创业教育中多重视政策解读、团队建设、项目选择、风险控制、融资合作、企业申办等内容，而忽视甚至缺失了有关知识产权的内容；而创新创业教材中或缺少专门的有关知识产权的章节，或内容笼统、单薄，缺乏针对性。虽然人们对创新创业教育中知识产权教育的重要性认识必然经历从无到有、从不重视到重视的逐渐发展、强化的过程，然而，就目前的状况而言，与知识产权强国相比，我国高校的知识产权普及教育尚处于摸索阶段，专业性更强的创新创业大学生的知识产权教育更是要面对种种难题。

（一）知识产权教育理念落后，重视程度不够

我国目前还没有设立专门的机构来整合知识产权资源，因此，从上到下都缺乏一个系统的知识产权战略思路。教育主管部门和高校领导对知识产权教育的认识有待进一步加强，知识产权教育还没有上升到其应有的高度。这就导致了知识产权教育的理念相对落后，在教育实践中表现为偏重法学理论、轻业务实践。调查表明，中国高等学校中接受过知识产权教育的学生不足5%；而超过70%的高校未设置专门的知识产权教育教学机构，甚至未设置选修课程。由此可见，大多数高校还未将面向创新创业大学生的知识产权教育提上议事日程。

（二）创新创业教育有待资源整合，且各高校之间差异明显

当前，各级政府、各高校对大学生创新创业十分关注，教育、科技、文化、共青团等条线对大学生的创新创业多有涉及，高校的教务、科技、学工、团委等部门也积极参与，这就难免造成机构重叠、职权模糊、资源浪费等问题。就高校层面来看，统筹规划大学生创新创业工作，整合多方资源，建立科学有效的大学生创新创业工作机制，是当前急需解决的实际问题，也是大学生创新创业教育健康有序发展的内在要求。此外，各地各高校创新创业教育水平具有差异性，从而限制了可广泛推广应用的大学生创新创业教育的经验形成，对于知识产权教育也是如此。

（三）知识产权教育师资不足，教育水平受限

当前，我国高校普遍存在知识产权教育师资缺乏问题，即使是已经开设知识产权专业或课程的高校，其任课教师也大多缺乏专业知识背景和实际教学经验，而受过系统知识产权教育或有过海外知识产权学习经历的教师数量稀少，具备熟练处理知识产权实务的实践能力的教师则更少。因此，当前知识产权教育的教学效果难如人意。

（四）知识产权教育层次偏低，知识结构单一

在国外，知识产权教育被视为精英教育，而我国高校的知识产权教育还基本停留在普及法律知识的层面。目前，只有几十所高校有知识产权的本科专业，而硕士、博士点多归属到法学大类，独立的硕士、博士点很少；在课程设置中，多知识产权法理论知识方面的课程，少理工科知识的课程；授课中偏重法理教育而缺少实务技能，更谈不上根据不同专业学生知识结构的差异性来设计教育内容与方法。因此，学生普遍存在知识体系比较单一的问题，缺乏对知识产权知识的掌握与应用能力，更无法满足创新创业中的实际要求。

三、合理的知识产权知识结构与大学生创新能力培养

人类创新活动一般要经历从知识获取到知识创造再到技术创新、制度创新的过程，大学生知识结构在很大程度上制约着思维的空间，构建起大学生合理的知识结构有助于开阔创新思路，就越能激发其创新思维、释放创新潜能。因此，选取恰当的知识产权教学内容至关重要，具体讲有三个方面。

（一）系统性

构建课程总体框架，让学生熟悉知识产权体系的基本内容，了解我国及世贸组织的知识产权法律制度。除了介绍传统的商标权、专利权、著作权之外，还应了解商业秘密权、集成电路布图设计权、地理标志权、商号权、域名权、反不正当竞争等。从每一具体权利的基本规则，到实务管理运用，使学生对知识产权有一个整体的认识。教学中结

合具体案例,对学生进行诸知识产权情报收集与利用、技术秘密的保护及破解、知识产权的申请、注册与登记、知识产权许可、转让贸易实务、知识产权的诉讼与仲裁实务的知识介绍和训练。在对大学生进行知识产权的教育时,可以创设多种教学手段以提高实效性,比如高校可以成立知识产权社团,也可以举办知识产权论坛、知识竞赛、主题展览、知识产权保护成果展、小发明比赛等活动,以此激发大学生对知识产权的兴趣,营造"尊重知识,崇尚创新,诚信守法"的氛围,让知识产权理念深入人心。

(二) 前沿性

一定的信息量是思维的前提,知识是在不断更新发展的,只有不断了解和掌握新知识、新理论和新的科技成果,才能开启心智,进行创新思维。据世界知识产权组织统计,通过专利信息获得的技术信息通常比任何其他渠道早3~5年。全世界最新的科学技术信息95%左右首先出现在专利文献上。80%的发明创造只在专利文献中记载。可以说,专利信息是报道新产品、新技术最快的信息源。引导学生有意识地利用知识产权尤其是专利相关文献信息,弥补目前课程体系设置中,知识更新缓慢的不足。学生通过查阅相关专利文献,可以追踪本学科发展前沿,可以开阔学生的专业视野,并能使其知识结构更趋于合理。对专利文献的查阅研究,能够激发学生的创新思维,由于专利技术是一种公开技术,它的说明书和附图,对发明创造者具有很大的参考价值。在查阅专利文献过程中,不断地形成某种设计思想。在这种思维的促使下,不断对现有技术进行多元拼接,避开他人惯用的技术方案而另辟蹊径,形成新的创意。

(三) 应用性

通过了解包括投资、转让、许可和服务等在内的各种知识产权产业化转移方式和途径、技术创新成果、专利、标准协同的商业价值评估、标准协同转化的影响因素、标准协同转化的路径与模式等应用知识产权创业需要的经济管理知识,从而使大学生实现由单纯的科技研发向集研发、生产和销售为一体的科技创业转变。

四、大学生创新创业教育中知识产权教育的发展趋势与架构

(一) 以大学生创新创业素质培养为导向的高校知识产权普及教育改革

各高校发展水平的差异决定了我国目前不具备大规模实施精英化的知识产权专业教育的可行性,因此,在知识产权普及教育的改革实践中以大学生创新创业素质培养为导向,不失为提升高校知识产权教育水平、走出大学生创新创业教育中盲区的一种有益探索。

1. 以实用性为出发点定位培养目标

知识产权普及教育面向的是知识产权专业、法学专业之外的大学生,通过开展通识教育、素质教育,培养形成大学生的知识产权意识、知识和能力等知识产权基本素养,

从而进一步完善与提高大学生的自主创新创业素质。因此，从实用的角度出发，与高校创新创业教育有机结合，合理地定位知识产权普及教育的培养目标，深化高校知识产权普及教育的涉及面和受益面，长远来看意义深远。

2. 加强知识产权教育课程建设，完善创新创业教育体系

（1）高校知识产权普及教育的课程设计，要加强内容的系统性、前瞻性和应用性，除介绍传统的法理内容外，还要注重分析知识产权热点问题，重视知识产权保护制度的讲授和知识产权应用等相关知识传递；（2）根据不同专业和年级的大学生创新创业时间的不同要求，实行差异化、个性化教学；（3）将知识产权教育有效纳入创新创业教育体系，与专业教育和文化素质教育相结合，加强教育教学质量监控，建立多层次、立体化的创新创业教育体系。

3. 以实践为落脚点，拓展教育教学方法

大学生创新创业实践是高校创新创业教育的延伸，知识产权教育也必须采取多种形式的实践教学来提高学生的实际操作能力。如开设专利信息检索与申请、商标注册、无形资产评估等实务课程；安排学生到专利事务所、人民法院等单位实践实习；组织学生参与企业的知识产权战略；让学生参加教师的科研项目、课题研究和科技成果的商业化运作等。

（二）符合大学生创新创业要求的高校知识产权教育的课程结构

知识产权是一门多学科知识融合交叉的综合性学科，因此，能满足大学生创新创业要求的知识产权课程也应该是复合型的。通过教育教学实践分析、创新创业活动过程研究，创新创业大学生需要的知识产权课程应包括以下几个方面。

1. 科技知识普及课程

大学生创新创业追求竞争优势，很多创新创业项目都通过获取新技术、新发明或转化新技术、新发明成果来实现，这就要求大学生必须具备相关领域的科技知识，了解跟踪该领域的研究进展。

2. 法律知识提升课程

知识产权是民事权利的一种，受到法律的保护。普通的法律基础课程无法让大学生在创新创业中准确理解和正确执行引用有关知识产权方面的法律、法规，而创新创业中的知识产权许可、转让，知识产权纠纷的处理等问题，也需要更专业的法律支撑。

3. 信息知识基础课程

从事科研创新需要掌握科技信息检索知识，保护创新成果同样需要科技信息检索知识。而且，创业学生了解行业动态，判断竞争对手的发展动态，企业的知识产权管理等都需要具备信息检索的能力。

4. 经济管理辅助课程

创新成果的商业价值评估、应用知识产权的创业等都需要经济管理知识，如降低技术使用费、节约技术开发成本等。

5. 实务实践课程

实务实践课程包括：专利申请、商标注册等。

创新创业——知识产权保护篇

第二章 知识产权基本法律知识

"中国将采取更严格的知识产权保护制度。"李克强总理2018年8月28日上午在中南海紫光阁会见世界知识产权组织总干事高锐时说。同时,李克强总理表示,产权保护是市场经济的基石。在新一轮科技革命的大背景下,在发展中国家转型升级过程中,保护知识产权可以说是更加重要的产权保护,是实现创新发展的必然要求。李克强总理提出:"当前世界各国都在把创新作为引领发展的第一动力,发展中国家如果不依靠创新几乎没有可能实现转型。"李克强总理还说,"保护知识产权就是保护创新、保护创新人才的热情,这对国家发展乃至世界文明的进步都具有重要意义。"因此,作为新时代创新创业的大学生需要熟知知识产权法律制度。

第一节 知识产权的概念和范围

知识产权制度作为保护智力劳动成果的一项重要法律制度,发挥着激励创新、规范竞争、调整利益和传播信息的重要作用。随着科学技术的迅猛发展和经济全球化趋势,知识产权在科技、经济和社会发展中的战略地位进一步提升。对此,我们需要了解知识产权的概念和范围。

 一、知识产权的概念

"知识产权"概念来自英文 *Intellectual Property* 的意译。其原意只涉及知识产品的著作权保护,与其他权项无关。后来逐渐演变成著作权、专利权、商标权和商业秘密权等的上位概念。1967年7月14日在斯德哥尔摩签订《建立世界知识产权组织公约》后,知识产权在世界各国逐渐得到了广泛承认。我国于20世纪70~80年代曾将知识产权称为"智力成果权"。直到1986年4月,我国通过了《中华人民共和国民法通则》,该法律文件最早将"知识产权"术语作为正式的法律用语使用。

知识产权是人们对于自己的智力活动创造的成果和经营管理活动中的标记、信誉依法享有的权利。

二、知识产权的范围

知识产权有广义和狭义之分。广义的知识产权范围包括：著作权及其相关权、专利权、商标权、商号权、商业秘密权、地理标志权、集成电路布图设计权、植物新品种权等。它由 1967 年《成立世界知识产权组织公约》和 1994 年关贸总协定（GATT）各方签订的《知识产权协定》（TRIPs）这两个权威性国际文件所认可。狭义的知识产权范围只有著作权、专利权和商标权这三大知识产权。

随着时代发展和科技的进步，新的知识产权类型不断产生，目前主要有：商品化权、信息网络传输权、基因与转基因专利权、传统知识保护权、创意权等。

根据我国《民法通则》的规定，知识产权的类型有六种，即著作权（版权）、专利权、商标权、发现权、发明权和其他科技成果权。其中专利权包括发明专利、实用新型专利和外观设计专利；其他科技成果权包括科学技术进步、合理化建议和技术改进。此外，我国对著作权、专利权和商标权分别颁布了《著作权法》及其《实施条例》、《专利法》及其《实施细则》、《商标法》及其《实施条例》。

第二节 知识产权的性质与特征

知识产权的法律性质和法律特征是两个不同的法学范畴。知识产权的法律性质，是作为一项民事权利的知识产权所固有的法律属性。而知识产权的法律特征是指作为一项民事权利的知识产权具有的法律上的独特征象。研究知识产权的法律特征，是为了将此类权利和相关类似的权利区别开来，如区别物权和信息财产权。

 一、知识产权的性质

知识产权的法律性质，是作为一项民事权利的知识产权所固有的法律属性，是判定某项权利是否构成知识产权，以及它属于何种类型的知识产权的标准。知识产权的法律性质，主要体现为以下四个方面。

（一）知识产权是私权

私权是知识产权的首要法律性质。TRIPs 协议在其"序言"部分重申："全体成员承认知识产权为私权。"其目的在于保障知识产权人的利益。知识产权和物权一样，都属于民事权利。由于知识产权只有短短的几百年历史，人们对它的认识还不彻底。加之典型的知识产权，如专利权和商标权都是政府授予的，因此在法律性质方面，曾经有公权和私权的争论。后来逐渐演变为今天绝大多数国家普遍承认的一种私权，一种民事权利。我国在学理上和立法上都采纳了知识产权是私权这一基本定性的理论。明确知识产权的私权属性有三方面的重要意义：第一，私权属性的认定是知识财产进入市场进行交易的前提。从法律上看，商品交换的唯一前提是任何人对自己产品的所有权和自由支配权。① 只有确立知识产权的私权属性，即在性质上和物权上同处于一个水平和状态，才能保障知识财产进入市场。从这个意义上讲，确认知识产权的私权属性就是为了使知识财产获得和"物"一样的进入市场的公平机会。第二，私权具有对抗公权力侵害的属性，因此私权属性的确立，对于保护权利人的知识财产避免因国家行政机关的不当介入和侵害具有重要意义。第三，知识产权的私权的确立，说明知识产权和物权在法律性质上是一样的。二者都是私权，并且都是财产权。因此，应该遵从同等保护原则，对物和知识财产提供同等保护，而不应该特殊，不要打着私权的名义搞特权，进行特殊保护。

（二）知识产权是财产权

知识产权是知识产权人垄断特定知识财产并享受财产利益的权利。在我国民法学界，许多学者主张知识产权是物权，或者"准物权"，也是因为看到了知识产权的财产权特性。当今，知识产权作为一类独立的民事权利，已为我国学界和立法上的基本认识和主张。郑成思先生认为，财产权包括物权和知识产权，而不包括债权。笔者认为，财产权是人对财产的直接支配权，具有绝对、排他的法律性质，是和债权并列的对世权。

知识产权为民事权利的一种，知识产权人可以依自己的意志直接支配知识财产，因此，当然可以直接享受由知识财产带来的利益。不同的知识产权类型，知识产权人享有的财产利益也不相同。具体而言，完全知识产权人享有知识财产的全部利益，包括因使用价值和交换价值产生的用益和担保利益。完全知识产权人可对知识财产加以占有、复制、收益和处分，也可交由他人复制、收益和处分，并享受通过这些行为所带来的利益。用益知识产权人，仅可以享受知识财产的使用价值产生的利益，表现为自己使用和许可他人使用，并享受利益。而担保知识产权人享受就知识财产的交换价值产生的担保利益。因此，知识产权主要是一种财产权，是以财产利益为内容的权利。

（三）知识产权是绝对权

知识产权是一种绝对权。以权利人可以对抗的义务人的范围不同为标准，民事权利可以分为绝对权和相对权。绝对权是指义务人不确定、权利人无须通过义务人实施一定行为即可实现的权利，如物权、人身权。由于绝对权的权利人可以向一切人主张权利，可以对抗他以外的任何人，因此又称为对世权。相对权是指义务人为特定人，权利人必须通过义务人实施一定行为才能实现的权利，如债权。由于相对权的权利人只能向特定的义务人主张权利，他对抗的是特定的义务人，因此又称为对人权。② 知识产权为绝对

---

① 《马克思恩格斯选集》（第46卷上），人民出版社1979年版，第454页。
② 佟柔：《中国民法》，法律出版社1990年版，第39页；王利明：《民法》，中国人民大学出版社2000年版，第46页。

权（对世权），是可以对抗一切人的权利，对知识产权的侵害可成立侵权行为之债。绝对权包含两方面的内容：一是积极权能，即权利人享有行使或不行使的选择权及其采取的具体的行为方式的选择权；二是消极权能，即权利人在其权利受到不当限制或者侵害时，依法享有排除该不当限制或者侵害的权利，包括采取自助和自卫行为以及请求行政与司法救济等方式。

（四）知识产权是支配权

支配权是知识产权的本质属性，我国民法学界和知识产权法学界较为一致的观点是认为知识产权是支配权。物权概念中的支配，就是指依据自己的意志独立对物加以管领或者处置。① 知识产权概念中的支配，是指依据自己的意志独立对知识财产加以管领或者处置。知识产权的支配权属性和物权的支配权属性既有联系，又有区别：第一，二者的联系。二者都属于绝对权，二者的权利客体的法律性质一样，同为财产，并且二者都是独立的，并不依赖于同一定人的关系，因此权利人可以针对任何第三人提起的诉讼要求保护。第二，二者的区别。（1）支配的基础不同。物权的支配基础在于对物的"占有"，而知识产权的支配基础在于对知识财产的"占有"。（2）权利客体本质不同。虽然二者的权利客体的法律性质一样，同为财产，但是客体的本质却是不同的。物权的客体为"物"，本质是物质实在，包括物理学上的物质和能量。知识产权的客体为"知识财产"，本质为思想。（3）权利内容有区别。物权作为支配权，法律对其权利内容限制较少，但对知识产权限制较多，尤其表现在知识产权不行使方面。知识财产的本质为思想，因此权利人不享有无条件拒绝使用（包括授权他人使用）知识财产的权利。知识产权法上的非自愿许可制度就是以校正不使用（包括授权他人使用）为目的而形成的一项权利限制制度。

二、知识产权的特征

知识产权是新型民事权利、是私权利，是有别于财产所有权的无形财产权。它具有以下四个特征。

（一）客体的无形性和可复制性

知识产权的载体都是有形的，而其客体即智力成果和工商业标识信息是无形的，并可以无限复制。例如，作者是著作权的权利主体，小说是著作权的权利客体，而书是著作权的权利载体；发明人是权利主体，专利制冷技术是作为专利权的权利客体，电冰箱是权利载体。

---

① 王利明：《再论物权的概念》，载《社会科学研究》2006 年第 5 期。

（二）专有性

专有性是知识产权与所有权的共同特征，但有其独特的法律表现在：(1) 独有性，权利人垄断其专有权利，没有法律规定或未经权利人许可，任何人不得使用其知识产品；(2) 排他性，不允许有两个以上同一属性的知识产权并存，两个相同发明创造，只能将专利权授予一个。

（三）地域性

有形财产权一般没有地域限制。知识产权在空间上则不是无限的，而要受地域的限制。除签有国际公约或双边互惠协定外，知识产权没有域外效力，其他国家对其没有保护义务，任何人都可以在自己的国家内无须许可、不必付酬、自由使用该知识产品。

（四）时间性

时间性是指知识产权仅在法律规定的期限内受到保护，一旦超出有效期限，这一权利就自行灭失，相关知识产品即成为整个社会的公共财富，为全人类所共同拥有。这是与有形财产权的主要区别之一。

第三节 知识产权法的概念、体系

国家通过立法保护知识产权，因此我们需要了解知识产权法的概念和体系。知识产权法的概念是什么，这是我们首先要了解的。对于知识产权法的体系，世界各国的规定有所不同，我国的知识产权法主要是由著作权法、专利法和商标法三大法律制度构成的。

一、知识产权法的概念、体系

知识产权法，是调整因知识产品而产生的各种社会关系的法律规范的总和。它是国际上通行的确认、保护和利用著作权、专利权、商标权以及其他智力成果专有权利的一种专门法律制度。

知识产权法律体系通常包括以下几种法律制度：(1) 著作权法律制度；(2) 专利权法律制度；(3) 工业版权法律制度；(4) 商标权法律制度；(5) 商号权法律制度；(6) 地理标志权法律制度；(7) 商业秘密权法律制度；(8) 反不正当竞争法律制度。本书主要阐述著作权、专利权和商标权三大知识产权的法律制度。

二、著作权法律制度

在我国现行法律制度中，著作权，也称版权，是指作者及其他著作权人对文学、艺术、科学作品依法所享有的各项专有的人身权和财产权的总称。我国著作权法主要规定了如下制度。

（一）著作权的主体和客体制度

著作权的主体，是指依法对文学、艺术和科学作品享有著作权的人，也称著作权人，包括作者及其他享有著作权的法人、组织和国家。著作权的客体，亦即作品，是指在文学、艺术和科学领域内，具有独创性并能以某种有形形式复制的智力创造成果。

我国《著作权法》规定的作品类型有：（1）文字作品；（2）口述作品；（3）音乐、戏剧、曲艺、舞蹈、杂技艺术作品；（4）美术、建筑作品；（5）摄影作品；（6）电影作品和以类似摄制电影的方法创作的作品；（7）工程设计图、产品设计图、地图、示意图等图形作品和模型作品；（8）计算机软件；（9）法律、行政法规规定的其他作品。[①]

不受我国《著作权法》保护的作品及不适于著作权法保护的作品和非作品有：（1）依法禁止出版、传播的作品，也称为违禁作品；（2）法律、法规，国家机关决议、决定、命令和其他具有立法、行政、司法性质的文件及其官方正式译文等作品不适用著作权法保护；（3）历法、数表、通用表格和公式，因缺乏作品必备的最低的创造性要件，而不适用著作权法的保护；（4）时事新闻仅是单纯的事实消息，不包含作者的智力创作性劳动，则不属于著作权法保护的作品范畴。

（二）著作权权能制度

著作权的权利内容包括著作人身权和著作财产权两部分。

著作人身权，是指与作者的人身利益密切相关但没有直接财产内容的权利。它是作者基于自身的创作行为而享有的最基本的权利。作者的人身权具有永久性（即该权利的法律保护不受期限限制，发表权除外）、不可转让性（即人身权由作者保留，不得转让；即使作者死亡后，其继承人也不能违背作者生前明示或者可推知的意愿而行使著作人身权）的特征。我国著作权法对著作人身权规定有署名权、发表权、修改权和保护作品完整权四项权能。

著作财产权，是作者从对其作品的使用中获得经济利益的权利，是著作权制度中的一个重要权能。著作财产权与著作人身权不同，著作财产权可以授权许可他人使用，可以放弃，也可以继承、转让。著作财产权转让后，对应作品上的著作人身权的归属并没有发生变化，仍然属于作者。而且著作财产权的法律保护也是有时间限制的。我国著作权法规定的著作财产权包括：复制权、发行权、出租权、展览权、表演权、放映权、广播权、信息网络传播权、摄制权、改编权、翻译权、汇编权等十多项权能。

（三）取得制度

关于著作权的取得，世界各地存在自动取得和登记取得两种制度，我国实行的是自

[①] 《中华人民共和国著作权法》第一章第三条。

动取得制度，也称"自动保护主义"或者"创作取得主义"。它是指作品创作完成后，作者自动取得著作权，不再需要履行其他任何法律手续。作者通过创造性的劳动，创造出文学、艺术或者科学作品，这些作品要受到法律的保护，其前提条件是必须依法取得著作权。

（四）著作权限制制度

1. 保护期限制度

著作权的保护期限，即著作权的时间限制，是指法律规定的对著作权给予保护的期限。超过这个期限，著作权人便丧失其著作权，作品将自动进入公有领域，成为人类的公有的文化遗产，任何人都可以依法自由使用。

（1）著作人身权的保护期限。我国著作权法规定：①发表权的保护期限与著作财产权的保护期限相同；②除发表权以外，其他三项权能，即作者的署名权、修改权和保护作品完整权的保护期不受时间期限的限制，永远受法律保护。

（2）著作财产权的保护期限。公民的作品，其著作财产权的保护期限为作者终生及其死亡后 50 年，截至作者死亡后第 50 年的 12 月 31 日。如果是合作作品，截至最后死亡的作者死亡后第 50 年的 12 月 31 日；法人或者其他组织的作品，著作权（署名权除外）由法人或者其他组织享有的职务作品，其财产权的保护期限为 50 年，截至作品首次发表后第 50 年的 12 月 31 日，但作品自创作完成后 50 年内未发表的，不再受著作权法保护（即只保护创作完成之日起算的 50 年）；电影作品和以类似摄制电影的方法创作的作品、摄影作品，其财产权的保护期为 50 年，截至作品首次发表后第 50 年的 12 月 31 日，但作品自创作完成后 50 年内未发表的，不再受著作权法的保护。

2. 合理使用制度

合理使用，是指在一定情况下，不经著作权人的同意，不向其支付报酬，可以使用其作品的制度。合理使用也称"自愿许可"。根据我国《著作权法》第二十二条的规定，合理使用的范围包含下列情形：

（1）为个人学习、研究或欣赏，使用他人已发表的作品。

（2）为介绍、评论某一作品或者说明某一问题，在作品中适当引用他人已经发表的作品。

（3）为报道时事新闻，在报纸、期刊、广播电台、电视台等媒体中不可避免地再现或者引用已经发表的作品。

（4）报纸、期刊、广播电台、电视台等媒体刊登或者播放其他报纸、期刊、广播电台、电视台等媒体已经发表的关于政治、经济、宗教问题的时事性文章，但作者声明不许刊登、播放的除外。

（5）报纸、期刊、广播电台、电视台等媒体刊登或者播放在公众集会上发表的讲话，但作者声明不许刊登、播放的除外。

（6）为学校课堂教学或者科学研究，翻译或者少量复制已经发表的作品，供教学或者科研人员使用，但不得出版发行。

（7）国家机关为执行公务在合理范围内使用已经发表的作品。

（8）图书馆、档案馆、纪念馆、博物馆、美术馆等为陈列或者保存版本的需要，复制本馆收藏的作品。

（9）免费表演已发表的作品，该表演未向公众收取费用，也未向表演者支付报酬。

（10）对设置或陈列在室外公共场所的艺术作品进行临摹、绘画、摄影、录像。

（11）将中国公民、法人或者其他组织已经发表的以汉语言文字创作的作品翻译成少数民族语言文字作品在国内出版发行。

（12）将已经发表的作品改成盲文出版。

3. 法定许可制度

法定许可，是指根据法律的直接规定，以特定方式使用他人已发表的作品，可不经著作权人许可，但应按规定向其支付报酬，并尊重著作权人的其他权利的制度。

我国《著作权法》规定的法定许可情形如下：

（1）作品在刊登后，除著作权人声明不得转载、摘编的以外，其他报刊可以转载，或者作为文摘资料刊登，但应当按规定向著作权人支付报酬。

（2）录音制作者使用他人已合法录制为录音制品的音乐作品制作录音制品，可以不经著作权人许可，但应当按照规定支付报酬；著作权人声明不许使用的不得使用。

（3）广播电台、电视台播放他人已发表的作品，可以不经著作权人许可，但应当向著作权人支付报酬。

（4）广播电台、电视台播放已经出版的录音制品，可以不经著作权人许可，但应当支付报酬。当事人另有约定的除外。

（5）为实施九年制义务教育和国家教育规划而编写出版教科书，除作者事先声明不许使用的外，可以不经著作权人许可，在教科书中汇编已经发表的作品片段，或短小的文字作品、音乐作品或者单幅的美术作品、摄影作品，但应当按照规定支付报酬，指明作者姓名，作品名称，并且不得侵犯著作权人依法享有的其他权利。

4. 强制许可制度

强制许可，是指在著作权人无正当理由而不允许他人使用其作品时，著作权行政管理部门依据申请人的申请，批准申请人有偿使用相关作品的制度。我国著作权法没有规定强制许可制度，但是由于我国加入了《世界版权公约》和《伯尔尼公约》，所以，公约中有关强制许可的规定，也是我国著作权制度的重要部分。

（五）著作权的利用制度

著作权是一种潜在的精神利益和经济利益，作品在有关的民事主体之间流通时著作权才能转化为实际的精神财富和物质利益。这种流通过程中的转化必然伴随着一系列权利归属的变化，即权利的转移。著作权的利用，是指通过转让、许可使用等权利转移的方式实施作品著作权的行为。

1. 著作权转让

著作权转让，是指著作权人将其作品上的著作财产权的一部分或者全部，在法律保护期限内，转移给他人的法律行为。其法律后果是，著作权一经转让，出让人就丧失了原有著作权的相应权能。在转让期限内，受让人成为著作权的继受主体，有权使用作品，有权再向第三人转让该著作权。著作权的转让仅限于著作财产权。著作权的转让，与作品载体的所有权无关，并非作品原件上物权的转让。

2. 著作权许可使用

著作权许可使用，是指著作权人授权他人以一定的方式，在一定的时期和一定的地域范围内使用其作品的法律行为。依照我国著作权法规定，著作权人有权以复制、发行、出租、展览、表演、放映、广播、信息网络传播、摄制、改编、翻译、汇编等方式使用自己的作品，同时也有权许可他人以上述方式使用其作品，并依照约定或者根据法律的有关规定获得相应报酬。

著作权人通过许可使用合同可以将著作财产权中的一项或多项权能许可他人使用，同时向被许可人收取一定数额的著作权使用费，以实现其经济利益。这种形式被称为著作权许可证贸易。目前，各国之间实行著作权贸易最主要的内容是互相购买作品上的复制权和翻译权的许可授权。著作权的许可使用是一种重要的法律行为。许可人和被许可人之间的权利、义务关系可以通过合同进行约定。当许可使用合同约定的期限届满后，被许可的著作权将回归到原著作权人。

3. 著作权的其他利用

著作权人的著作财产权除许可使用和转让外，还可以用作强制执行、信托、债的质押、破产财团的对象等。

（六）相关权制度

相关权又称邻接权或作品传播者权，是指作品的传播者在传播作品的过程中对其创造性劳动成果依法享有的专有权利。我国《著作权法》规定相关权的主体包括：出版者、表演者、录音或录像制作者和广播组织。加入对出版者权利的规定，是中国著作权法的一个特色。

1. 出版者权

出版者权，是指出版者对其出版的作品的版式设计所享有的权利。出版者是图书、报纸、期刊等的出版单位。出版者权的客体既涉及作品本身，又涉及作品的载体。对作品本身而言，出版者通过与作者约定可以拥有专有出版权；对作品载体而言，出版者对其出版的作品的版式设计享有专有使用权。

2. 表演者权

表演者权，是指表演者依法对其表演活动所享有的权利。著作权人将其作品的表演权许可给表演者行使，表演者即依法获得表演该作品的权利。没有著作权人的授权，表演者就不可能获得表演该作品的权利；否则，未经著作权人的同意，便擅自进行表演该作品，即构成对著作权人的著作权侵权。

3. 录音录像制作者权

录音录像制作者，是指录音录像制品的首次制作人。法律保护的是录音录像制品的首次制作者通过对材料、技术的选择或是通过对录制的部分进行选择所作的努力。转录他人录音录像制品的人，不享有该权利。

4. 广播组织权

广播组织，是指广播电台、电视台。在我国，作为相关权主体的广播电台、电视台，只能是那些依法核准的、专门从事广播电视节目的制作，并且面向其覆盖范围内不特定的公众播放图文、声像信息的单位。企事业单位内部和乡镇地方组织为了宣传需要而设立的广播电台、电视台不包含在相关权主体范围内。广播电台、电视台基于播放作品、录音录像制品和视听作品的行为享有广播组织权。

邻接权受到如下限制：（1）期限限制，即邻接权的保护期限是 50 年，自邻接权产生到产生后第 50 年的 12 月 31 日；只有版式设计权的保护期限是 10 年，截止于使用该版式设计的图书、期刊首次出版后第 10 年的 12 月 31 日。（2）合理使用限制，狭义著作权的 12 种合理使用行为，同样适用于对著作邻接权的限制，即对表演者、录音录像制作者，广播电台、电视台、出版者权利的限制。

（七）著作权侵权责任制度

1. 侵犯著作权的行为

侵犯著作权的行为，是指未经著作权人同意，又无法律根据，擅自对享有著作权的作品进行使用或者以其他非法手段行使著作权人专有权利的行为。

（1）只承担民事责任的著作权侵权行为。依据我国《著作权法》的规定，以下 11 种侵权行为只承担民事责任：①未经著作权人许可发表其作品的；②未经合作作者许可将与他人合作创作的作品当作自己单独创作的作品发表的；③没有参加创作，为谋取个人名利，在他人作品上署名的行为；④歪曲、篡改他人作品。即未经作者同意，有损作品内容、表现形式、标题及其形象完整性的行为；⑤剽窃他人作品的；⑥未经著作权人许可，以展览、摄制和以类似摄制电影的方法使用作品，或者以改编、翻译、注释等方式使用作品的；⑦使用他人作品应当支付报酬而未支付的；⑧未经电影作品和以类似摄制电影的方法创作的作品、计算机软件、录音录像制品的著作权人或者与著作权有关的权利人许可，出租其作品或者录音制品的；⑨未经出版者许可，使用其出版的图书期刊的版式设计的；⑩未经表演者许可，从现场直播或者公开传送其现场表演，或者录制其表演的行为；⑪其他侵犯著作权以及相关权的行为。以上 11 种是只承担民事责任的著作权侵权行为，即该类著作权侵权行为只承担停止侵害、消除影响、赔礼道歉、赔偿损失等民事责任。

（2）可能承担综合法律责任的侵权行为。我国《著作权法》还规定了 8 种可能承担综合法律责任的侵权行为：①未经著作权人许可，复制、发行、表演、放映、广播、汇编、通过信息网络向公众传播其作品的行为；②出版他人享有专有出版权的图书的行为；③未经表演者许可，复制、发行录有其表演的录音录像制品或者通过信息网络向公众传播其表演的行为；④未经录音录像制作者许可，复制、发行、通过信息网络向公众传播其制作的录音录像制品的行为；⑤未经许可，播放或者复制广播、电视的行为；⑥未经著作权人或者邻接权人许可，故意避开或者破坏权利人为其作品、录音录像制品等采取的保护著作权或邻接权的技术措施的行为；⑦未经著作权人或邻接权人许可，故意删除或者改变作品、录音录像制品等的权利管理电子信息的行为；⑧制作、出售假冒他人署名的作品的行为。以上这8种侵权行为，根据情况，除承担民事责任外，如果同时损害公共利益的，要承担行政法律责任；如若构成犯罪的，依法追究刑事责任。

2. 侵犯著作权的法律责任

侵犯著作权的法律责任，包含民事责任、行政责任和刑事责任。

（1）民事责任。我国著作权法规定的民事责任方式主要有：停止侵害、消除影响、公开赔礼道歉、赔偿损失。

（2）行政责任。有些侵权行为不仅侵害了著作权人的权益，同时还欺骗了广大公众，损害了社会利益，破坏了国家正常的经济秩序。针对这类行为，除了依法要承担民事责任外，还应承担相应的行政责任。我国《著作权法》第四十八条规定了8种可以处以行政处罚的侵权行为。对这类侵犯著作权行为给予行政处罚的机关是著作权行政管理部门。行政处罚的方式包括责令停止侵权行为、没收违法所得、没收和销毁侵权复制品、罚款。非法经营额5万元以上的，著作权行政管理部门可处非法经营额1倍以上5倍以下的罚款；没有非法经营额或者非法经营额5万元以下的，著作权行政管理部门根据情节轻重，可处25万元以下的罚款。对于情节严重的侵权行为，著作权行政管理部门还可以没收主要用于制作侵权复制品的材料、工具、设备等。

（3）刑事责任。我国现行《刑法》第二百一十七条和第二百一十八条明确了严重侵犯著作权的行为应承担的刑事责任，即违法所得数额较大或者有其他严重情节的，处3年以下有期徒刑或者拘役，并处或者单处罚金；违法所得数额巨大或者有其他严重情节的，处3年以上7年以下有期徒刑，并处罚金。我国著作权法虽然没有直接规定侵犯著作权行为应承担的刑事责任，但规定对《著作权法》第四十八条所列的侵权行为构成犯罪的依法追究刑事责任。

三、专利权法律制度

（一）专利、专利权、专利法的概念

"专利"一词英文为 Patent，这个概念在英语里有"独占"和"公开"双重含义。汉语"专利"一词本没有"公开"的含义，经过几十年来的使用和宣传，我国公民已经了解了专利一词的现代含义。一般情况下，专利是指受专利法保护的发明创造。发明

创造即为专利权的客体。

专利权是公民、法人或其他组织对其获得专利的发明创造依法享有的专有权利。专利权是一项重要的知识产权。

专利法是指以促进发明创造的保护和利用为目标，调整因发明创造产生的各种社会关系的法律规范的总称。我国现行《专利法》是 1984 年 3 月 12 日第六届全国人民代表大会常务委员会第四次会议通过的，自 1985 年 4 月 1 日起施行，于 1992 年第一次修正、2000 年第二次修正、2008 年第三次修正。

（二）我国专利权的客体：发明创造

各国对专利权客体的规定不尽相同。在我国，专利权的客体是发明创造。所谓发明创造，是指发明、实用新型和外观设计。

我国专利法所称发明，是指对产品、方法或其改进所提出的新的技术方案。

发明存在多种分类方法，但专利法上最为基本的一种分类法，是将发明分为产品发明和方法发明。产品发明，是指以有形形式出现的一切发明，如机器、仪器、装置、器具和各种物质等。产品发明又可以分为三类：物品发明、物质发明、材料发明。方法发明，是指与某种活动有关的发明。方法至少可以分为三类：制造加工方法、作业方法、使用方法，即用途发明。

我国专利法所称的实用新型，是指对产品的形状、构造或者其结合所提出的适于实用的新的技术方案。

我国专利法所称的外观设计，是指对产品的形状、图案或者其结合以及色彩与形状、图案的结合所作出的富有美感并适于工业应用的新设计。

各国专利法对不授予专利权的客体都作出明确规定。我国专利法规定，违反国家法律、社会公德或者妨害公共利益的发明创造，不授予专利权；对科学发现、智力活动的规则和方法、疾病的诊断和治疗方法、动物和植物品种、用原子核变换方法获得的物质、对平面印刷品的图案、色彩或者二者的结合作出的主要起标识作用的设计，不授予专利权。这些既不授予发明专利也不授予实用新型专利权。

（三）专利权的取得和终止、内容和限制

1. 专利权的取得和终止

专利权取得，可分原始取得和继受取得两种。

（1）原始取得。专利权的原始取得，又称直接取得，是指不以他人已经存在的专利权为前提，基于取得人完成的发明创造，从而取得专利权的方式。在专利权的原始取得制度上，取得原则非常重要。

①禁止重复授权原则。禁止重复授权原则，是指对同样的发明创造只能授予一项专利权。专利权的基本含义是权利人禁止他人未经其许可实施其发明创造。因此，对于同样的发明创造，即使有两个以上的申请人分别提出了专利申请，并且都符合授予专利权

的条件，也不能都授予专利权，否则在多项专利权之间就会发生冲突。

②先申请原则和先发明原则。如果两个以上的申请人分别就同样的发明创造申请专利，假如他们的申请都符合专利法的要求，专利权归谁则成为关键。事实上存在"先发明原则"和"先申请原则"两个解决原则。

先发明原则，即当存在这种情况时，对最先完成发明创造的人授予专利权。保护最先完成发明创造的人，从道理上讲更为合理，但它的缺点是：第一，可能助长对发明创造保密的倾向，不利于发明创造的尽早公开和传播；第二，判断谁是最先完成发明创造的人比较困难；第三，对于取得专利权的人而言，在一段时期内其权利处于不稳定状态，并威胁交易的安全。

先申请原则，即当存在这种情况时，对最先提出申请的申请人授予专利权。保护最先提出专利申请的人，有利于发明创造的尽早公开；处理程序较为简单。但是，这一原则也有缺点：第一，对于先完成发明创造而后提出申请的申请人不公平；第二，科研人员在研究、设计上一有成就，就会争先恐后申请专利，易导致大量不成熟、价值不高的专利申请，给专利审查工作增加不必要的负担。为此，我国专利法规定了先用权，即在专利申请日以前已经制造相同产品、使用相同方法或者已经做好制造、使用的必要准备，并仅在原有范围内继续制造、使用的，不视为侵犯专利权；在专利审查程序中同时采用了延迟审查制，使申请人在提出申请以后的若干时间内有机会考虑是否请求专利局对其申请进行实质审查，以免浪费审查资源。这样可以减少采用先申请原则所带来的缺点。现在，绝大多数国家采用先申请原则，只有美国和菲律宾采用先发明原则。我国专利法也采用先申请原则。

③优先权原则。优先权原则是巴黎公约的基本原则之一，是先申请原则的例外。依照巴黎公约，申请人在任一巴黎公约成员国首次提出正式专利申请后的一定期间内，又在其他巴黎公约成员国就同一内容的发明创造提出专利申请的，可将其首次申请的申请日作为其后续申请的申请日。这种将后续申请的申请日提前至首次申请的申请日的权利便是优先权。在要求优先权时，首次申请日被称作优先权日；享有优先权的一定期限被称作优先权期。

我国《专利法》规定的优先权有外国优先权和本国优先权两种。申请人自发明或者实用新型在外国第一次提出专利申请之日起12个月内，或者自外观设计在外国第一次提出专利申请之日起6个月内，又在中国就相同主题提出专利申请的，依照该外国同中国签订的协议或者共同参加的国际条约或者依照相互承认优先权的原则，可以享有优先权。这种优先权，称为外国优先权。申请人自发明或者实用新型在中国第一次提出专利申请之日起12个月内，又向专利局就相同主题提出专利申请的，可以要求享有第一次申请的优先权。这种优先权称为本国优先权。

（2）继受取得。专利权的继受取得，又称传来取得，是指取得人以他人的已经存在的专利权为前提取得专利权。继受取得主要有两种方式：①专利权的转让，即根据转让合同，受让人有偿取得出让人的专利权；②专利权的转移，即专利权因转让以外的事由发生的转移，包括继承人根据继承程序继承被继承人的专利权、受赠人根据赠与合同取得专利权和法人因兼并、破产等原因发生的专利权转移。

(3) 专利权的终止。专利权的终止是指专利权因法律规定的原因的发生而归于消灭。

专利权的终止，按发生的原因，分为四种情形：①专利权因书面声明放弃而终止；②专利权因期限届满又不续展而终止；③专利权因无人继承而终止；④专利权因未缴纳年费而终止。

至于专利权被宣告无效，专利权视为自始即不存在，专利权自始即无效，所以专利权的终止不包括对专利权的无效宣告。专利权终止后，发明创造成为无主财产，进入公有领域，任何人均可自由使用。但专利权终止没有追溯的效力，即对已经实施过的、终止的专利权不能再宣告无效或已经放弃的专利权不能再重新恢复。

2. 专利权的内容

专利权的内容主要包括独占实施权、转让权、实施许可权、标记权四项。

独占实施权是指专利权人依法对其专利产品或者专利方法及依照专利方法直接获得的产品或者外观设计专利产品享有的进行制造、使用、许诺销售、销售、进口的专有权利。专利法规定，发明和实用新型专利权被授予后，除本法另有规定的以外，任何单位或者个人未经专利权人许可，都不得实施其专利，即不得为生产经营目的制造、使用、许诺销售、销售、进口其专利产品，或者使用其专利方法以及使用、许诺销售、销售、进口依照该专利方法直接获得的产品；外观设计专利权被授予后，任何单位或者个人未经专利权人许可，都不得实施其专利，即不得为生产经营目的制造、销售、许诺销售、进口其外观设计专利产品。

转让权是指专利权人将其专利权转移给他人所有的权利。专利权转让的方式有出卖、赠与、投资入股等。我国专利法规定，中国单位或者个人向外国人转让专利申请权或者专利权的，必须经由国务院对外经济贸易主管部门会同国务院科学技术行政部门批准。转让专利申请权或者专利权的，当事人应当订立书面合同，并向专利局登记，由专利局予以公告，专利申请权或者专利权的转让自登记之日起生效。

实施许可权是指专利权人通过实施许可合同的方式，许可他人实施其专利并收取专利使用费的权利。2008年《专利法》第十二条规定，任何单位或者个人实施他人专利的，应当与专利权人订立实施许可合同（不强调必须是书面合同），向专利权人支付专利使用费。被许可人无权允许合同规定以外的任何单位或个人实施该专利。

实施许可主要有独占实施许可、排他实施许可、普通实施许可、分许可、交叉许可等方式。不同的许可方式特点及当事人的权利义务不尽相同。

标记权是指专利权人有权在其专利产品或者该产品的包装上标明专利标记和专利号。发明人或者设计人也有权在专利文件中写明自己是发明人或者设计人。专利标记是指标明有关产品享有专利保护的字样，如"中国专利""中国发明专利"等。

3. 对专利权的限制

专利权的限制主要包括期限限制、推广应用、强制许可、不视为侵犯专利权的法定情形等。

（1）期限限制。专利权的期限限制，意味着专利权的保护期不是无限的。保护期届满，专利技术进入公共领域，任何人均可以自由使用。这是出于社会公众利益的考虑。各国对专利权的保护期限规定不尽相同。我国专利法规定，发明专利权的期限为20年，实用新型专利权和外观设计专利权的期限为10年，均自申请日起算。

（2）推广应用。我国《专利法》第十四条规定，国有企业事业单位（不包括集体所有制单位和个人的发明专利）的发明专利，对国家利益或者公共利益具有重大意义的，国务院有关主管部门和省、自治区、直辖市人民政府报经国务院批准，可以决定在批准的范围内推广应用，允许指定的单位实施，由实施单位按照国家规定向专利权人支付使用费。

（3）强制许可。强制许可是国家专利主管部门，根据具体情况，不经专利权人许可，授予他人（单位或个人）实施发明或者实用新型专利的一种法律制度。

（4）不视为侵犯专利权的法定情形。这样规定目的是为了防止专利权的行使会妨碍正常的生产、生活秩序，平衡专利权人和专利技术使用者的利益。我国专利法规定的不视为侵犯专利权的情形有五种：

①专利产品或者依照专利方法直接获得的产品，由专利权人或者经其许可的单位、个人售出后，使用、许诺销售、销售、进口该产品的。

②在专利申请日前已经制造相同产品、使用相同方法或者已经做好制造、使用的必要准备，并且仅在原有范围内继续制造、使用的。

③临时通过中国领陆、领水、领空的外国运输工具，依照其所属国同中国签订的协议或者共同参加的国际条约，或者依照互惠原则，为运输工具自身需要而在其装置和设备中使用有关专利的。

④专为科学研究和实验而使用有关专利的。

⑤为提供行政审批所需要的信息，制造、使用、进口专利药品或者专利医疗器械的，以及专门为其制造、进口专利药品或者专利医疗器械的。

（四）专利权的主体

1. 发明人（设计人）、申请人、专利权人

专利法所称的发明人或设计人，是指对发明创造的实质性特点做出创造性贡献的人。

发明创造行为是一种具有探索性的智力劳动，这种行为具有一定的人身属性，只有具体的自然人才能从事这种行为，所以发明人只能是自然人。此外，由于发明是一种事实行为，不是法律行为，因此，对于没有法律行为能力的未成年人，也可以成为发明人。发明人作为发明创造完成人的身份在各国的法律和有关国际条约中均得到体现。发明人在自己发明的权属证上的署名权是属于人身权的范畴，依据民法的有关原理，这项权利是不能随专利权的变更而变更的。

专利法上的专利申请人是指依法有权提出专利申请的人，依据专利法有关规定，非职务发明创造申请专利的权利归非职务发明创造的完成人，职务发明创造申请专利的权利归单位。

所谓专利权人即指享有专利权的人，依据《专利法》的规定，专利申请被批准后，申请人就成为专利权人。在现实中，专利权人与专利申请人是两个有本质区别的概念。

2. 职务发明创造主体

职务发明创造是指执行本单位的任务，或者主要是利用本单位的物质技术条件所完成的发明创造。"本单位"，也包括临时工作人员所在的临时工作单位。发明人是发明和实用新型技术方案的提出人；设计人是外观设计的设计人。

职务发明创造申请专利的权利属于该单位；申请被批准后，该单位为专利权人。

3. 非职务发明创造主体

非职务发明创造，是指职务发明创造以外的所有发明创造，主要有三种：①不属于任何单位的独立的发明人或者设计人作出的发明创造；②在单位原有科研、开发任务的工作人员退职、退休或者调动工作1年以后所作出的发明创造；③虽然是有关单位的工作人员，但在有关单位不是执行科研、开发任务，并且不是利用本单位的物质技术条件所完成的发明创造。

非职务发明创造，申请专利的权利属于发明人或者设计人；申请被批准后，该发明人或者设计人为专利权人。

4. 合作完成的发明创造主体

两个以上的单位或者个人合作完成的发明创造，除另有协议的以外，申请专利的权利属于共同完成的单位或者个人，申请被批准后，申请的单位或者个人为专利权人。专利申请权或者专利权的共有人对权利的行使：（1）有约定的，从其约定。（2）没有约定的，共有人可以单独实施或者以普通许可方式许可他人实施该专利；许可他人实施该专利的，收取的使用费应当在共有人之间分配。（3）其他情形，行使共有的专利申请权或者专利权应当取得全体共有人的同意。

5. 委托完成的发明创造主体

一个单位或者个人接受其他单位或者个人委托所完成的发明创造，除另有协议的以外，申请专利的权利属于完成或者共同完成的单位或者个人，申请批准后，申请的单位或者个人为专利权人。依照规定：（1）申请专利的权利和专利权的归属适用合同优先的原则。委托双方签订的合同应当是书面的委托开发合同，内容必须符合合同法尤其是其中关于技术开发合同的规定。（2）在没有合同的情况下，申请专利的权利和专利权属于完成或者共同完成的单位或者个人。

6. 外国人主体

在我国境内有经常居所或者营业所的外国人、外国企业或者外国其他组织，在中国申请专利的，从专利法有关规定推知，享有与我国国民同样的待遇。

在中国没有经常居所或者营业所的外国人、外国企业或者外国其他组织在中国申请专利的,依照其所属国家同中国签订的协议,或者共同参加的国际条约,或者依照互惠原则,根据专利法规定办理。这类组织和个人申请专利和办理其他专利事务的,应当委托依法设立的专利代理机构办理。

7. 权利继受主体

权利继受主体,是指通过受让、继承、受赠等方式取得可以获得专利的权利的人。权利的继受有三种情形:(1)申请专利的权利的继受,即在发明创造作出以后、申请提出以前,继受对发明创造提出专利申请的权利;(2)专利申请权的继受,即在专利申请提出以后、授予专利以前,继受"专利申请"的所有权;(3)专利权的继受。

后两种情形需要履行特殊的手续,如专利申请权、专利权的转让应当按照规定由当事人订立书面合同,向专利局登记,由专利局予以公告,转让自登记之日起生效。第一种情形即申请专利的权利的转移,与专利局的程序无任何关联,继受人可直接以自己的名义提出专利申请。

(五)授予专利权的条件

广义授予专利权的条件,包括五个方面:(1)具备形式条件,即专利申请要求的申请文件和程序规定及以下四项实质条件;(2)授予专利权的发明创造,必须是专利法意义上的发明创造;(3)授予专利权的发明创造,必须不违反国家法律、社会公德或者不妨碍公共利益;(4)授予专利权的发明创造,必须是不属于专利法规定的不授予专利权的客体;(5)授予专利权的发明、实用新型,应当具备新颖性、创造性和实用性,授予专利权的外观设计必须具备新颖性,并不得与他人在先取得的合法权利相冲突。狭义的授予专利权的条件仅指实质条件的第5项条件,也被称为可专利性。

1. 授予发明、实用新型专利权的条件

我国专利法规定:授予专利权的发明和实用新型,应当具备新颖性、创造性和实用性。

(1)新颖性。根据2008年《专利法》的规定,新颖性是指该发明或者实用新型不属于现有技术;也没有任何单位或者个人就同样的发明或者实用新型在申请日以前向国务院专利行政部门提出过申请,并记载在申请日以后公布的专利申请文件或者公告的专利文件中。即一项发明或者实用新型,如果不属于现有技术,也不存在抵触申请的情形,就具备新颖性。

现有技术,是指申请日以前在国内外为公众所知的技术。在一件专利申请的新颖性的判断中,由他人在该申请的申请日以前向专利局提出并且在申请日以后(含申请日)公布的同样的发明或者实用新型专利申请,即损害了该申请日提出的专利申请的新颖性。这种损害新颖性的专利申请,称为抵触申请。2008年《专利法》第二十四条规定:"申请专利的发明创造在申请日以前6个月内,有下列情形之一的,不丧失新颖性:①在中国政府主办或者承认的国际展览会上首次展出的;②在规定的学术会议或者技术会议上首次发表的;③他人未经申请人同意而泄露其内容的。"

（2）创造性。创造性是指与现有技术相比，该发明有突出的实质性特点和显著的进步，该实用新型有实质性特点和进步。

发明有突出的实质性特点，是指发明相对于现有技术，对所属技术领域的技术人员来说，不是显而易见的。如果发明是其所属技术领域的技术人员在现有技术的基础上通过逻辑分析、推理或者有限的试验可以得到的，则该发明是显而易见的，也就不具备突出的实质性特点。

发明有显著的进步，是指发明与最接近的现有技术相比能够产生有益的技术效果，例如，发明克服了现有技术中存在的缺点和不足，或者为解决某一技术问题提供了一种不同构思的技术方案，或者代表某种新的技术发展趋势。

（3）实用性。实用性是指该发明或者实用新型能够制造或者使用，并且能够产生积极效果。

是否具备实用性，应当在新颖性和创造性审查之前首先进行判断。

审查实用性时，应当遵循下列原则：以申请日提交的说明书（包括附图）和权利要求书所公开的整体技术内容为依据，而不仅仅局限于权利要求所记载的内容；能否实施，但它的实施是以所属技术领域的技术人员能否实现为标准；实用性与所申请的发明或者实用新型是怎样创造出来的或者与是否已经实施无关。

2. 外观设计获得专利权的实质条件

（1）新颖性。外观设计的新颖性，是指授予专利权的外观设计，应当不属于现有设计；也没有任何单位或者个人就同样的外观设计在申请日以前向国务院专利行政部门提出过申请，并记载在申请日以后公告的专利文件中。

现有设计，是指申请日以前在国内外为公众所知的设计。授予专利权的外观设计与现有设计或者现有设计特征的组合相比，应当具有明显区别。授予专利权的外观设计与现有外观设计相同和相近似，就没有新颖性。

（2）不得与他人在先取得的合法权利相冲突。授予专利权的外观设计，不得与他人在申请日以前已经取得的合法权利相冲突。一般情况下，可能与商标权和著作权相冲突，即外观设计专利权人未经许可，将他人的注册商标（包括经审定予以公告但尚未获得注册的商标）或者他人的作品作为其外观设计的一部分或全部。此外，也有可能与在先取得的厂商名称权、姓名权或肖像权等相冲突。

（六）专利申请和审批、复审与无效宣告

1. 专利申请文件

对于应当提交的申请文件及其内容，各国专利法的规定大体相同。我国专利法规定，申请发明或者实用新型专利的，应当提交符合专利法规定的请求书、说明书、权利要求书、摘要等文件；申请外观设计专利的，应当提交请求书、外观设计的图片或者照片及简要说明等文件。

2. 发明专利申请的审查

（1）初步审查和申请的公布。国务院专利行政部门收到发明专利申请后，经初步

审查认为符合本法要求的，自申请日起满18个月，即行公布。国务院专利行政部门可以根据申请人的请求早日公布其申请。

（2）实质审查。自申请日起3年内，①申请人随时提出实质审查请求，专利局对其申请进行实质审查；申请人无正当理由逾期不请求实质审查的，该申请即被视为撤回。②专利局认为必要的，例如，认为该申请的主题对国民经济的发展具有相当的重要性，需要及早审查以评定其专利性时，可以自行对发明专利申请进行实质审查。专利局在自行启动审查程序时，应当通知申请人，使之配合审查顺利进行。

申请不符合有关规定的，专利局即通知申请人在指定的期限内陈述意见；必要时，可对其申请进行修改。申请人在接到通知后，无正当理由期满不答复的，该申请被视为撤回。陈述意见或者进行修改后，仍然不符合规定的，应予以驳回。

（3）专利权的授予。发明专利申请经实质审查没有发现驳回理由的，由专利局作出授予发明专利权的决定，发给发明专利证书，同时予以登记和公告。发明专利权自公告之日起生效。

3. 实用新型和外观设计专利申请的审查

（1）按广义的专利授予的条件对实用新型专利申请和外观设计专利申请进行初步审查。

（2）实用新型和外观设计专利权的授予。实用新型和外观设计专利申请经初步审查没有发现驳回理由的，由专利局作出授予实用新型专利权或者外观设计专利权的决定，发给相应的专利证书，同时予以登记和公告。实用新型专利权和外观设计专利权自公告之日起生效。

4. 专利申请的复审

为了弥补在专利审查过程中可能出现的失误，专利法分别规定了复审和无效宣告程序。国家知识产权局专利局设立复审委员会，专门负责对专利局决定不服的案件的复审，并受理请求宣告专利权无效案件的审理工作。

专利申请人对专利局驳回申请的决定不服的，可以自收到通知之日起3个月内，向专利复审委员会请求复审。申请人可以请求复审的，一种是专利局经初步审查后驳回（三种专利）申请的决定；另一种是经实质审查后驳回发明专利申请的决定。

专利申请人对复审委的复审决定不服的，可以自收到通知之日起3个月内向人民法院起诉。

5. 专利权的无效宣告

自专利局公告授予专利权之日起，任何单位或者个人认为该专利权的授予不符合专利法规定的，可以请求专利复审委员会宣告该专利权无效。提出无效宣告的请求没有截止的期限，在专利权有效期内，可以提出无效宣告的请求；专利权期满或者终止后，也可以提出无效宣告的请求。

宣告无效的专利权视为自始即不存在。但是，宣告专利权无效的决定，对于在宣告专利权无效之前人民法院已经作出并已执行的专利侵权的判决、裁定，已经履行或者强制执行的专利侵权纠纷处理决定，以及已经履行的专利实施许可合同和专利权转让合同，不具有追溯力；不过，因专利权人的恶意而给他人造成的损失，应当给予赔偿。

（七）专利权的保护

1. 侵犯专利权的行为

侵犯专利权的行为，是指在专利权的有效期限内，任何他人在未经专利权人许可，也没有其他法定事由的情况下，以生产经营为目的实施专利的行为。

侵犯专利权行为的种类包括：（1）未经专利权人许可，制造专利产品的行为；（2）使用、许诺销售未经专利权人许可而制造的发明或者实用新型专利产品的行为；（3）销售未经专利权人许可而制造的专利产品的行为；（4）未经专利权人许可，进口专利产品的行为；（5）未经专利权人许可，使用专利方法的行为；（6）使用、许诺销售、销售、进口依照专利方法直接获得的产品的行为。

上述六种侵犯专利权的行为是根据专利法及相关的司法解释认定的，一般称之为直接侵权行为。在实践当中，还有相当数量的专利间接侵权行为。在实践中，间接侵犯专利权的行为主要有三种：（1）故意制造、销售专门用于专利产品的关键部件或者用于实施专利方法的专用设备或材料；（2）未经专利权人授权或委托，许可他人实施专利技术；（3）专利权共有人未经其他共有人同意而擅自许可他人实施该专利技术，或者擅自转让该专利权，或者擅自将该专利权作为股份与他人联营。

2. 假冒他人专利的行为

专利法规定，下列行为属于假冒他人专利的行为：（1）未经许可，在制造或者销售的产品、产品的包装上标注他人的专利号；（2）未经许可，在广告或者其他宣传材料中使用他人的专利号，使人将所涉及的技术误认为是他人的专利技术；（3）未经许可，在合同中使用他人的专利号，使人将合同所涉及的技术误认为是他人的专利技术；（4）伪造或者变造他人的专利证书、专利文件或者专利申请文件；（5）冒充专利，指的是以非专利产品冒充专利产品，以非专利方法冒充专利方法。假冒他人专利，根据不同情况，行为人应负的责任有民事责任、行政责任和刑事责任三种责任。根据《民法通则》第一百一十八条的规定，专利权人有权要求侵权人停止侵害、消除影响和赔偿损失。假冒他人专利的，除依法承担民事责任外，由管理专利工作的部门责令改正并予公告，没收违法所得，可以并处违法所得4倍以下罚款。没有违法所得的，可以处20万元以下的罚款。假冒他人专利构成犯罪的，依法追究刑事责任，根据《刑法》第二百一十六条规定，可能构成假冒他人专利罪；根据《刑法》第二百八十条的规定，可能构成伪造、变造国家机关的证件罪。

3. 侵犯专利权的诉讼

（1）有权审理的法院。由于专利侵权纠纷具有很强的技术性和法律性，为了保证审判质量，管辖权应当集中在少数法院。在我国，在级别管辖方面，专利纠纷一审案件，由省、自治区、直辖市人民政府所在地的中级人民法院和最高人民法院指定的中级人民法院管辖。二审案件由各省、自治区、直辖市高级人民法院管辖。在地域管辖方面，因侵犯专利权行为提起的诉讼，由侵权行为地或者被告住所地人民法院管辖。

（2）侵犯专利权的法律责任。目前世界各国中，美、英、法等国家对侵犯专利权仅用民事制裁；日、德等国家除民事制裁外，还有刑事制裁。我国专利法对侵犯专利权主要采用民事制裁，只有对假冒他人专利的情形，才由行政管理部门对之进行行政制裁，如果构成犯罪的才承担刑事责任。根据《民法通则》的规定，知识产权受到侵害的，权利人有权要求停止侵害、赔偿损失和消除影响。因此人民法院在审理专利侵权案件时，在案件事实清楚、分清责任的基础上，可以责令侵权人承担停止侵权、赔偿损失和消除影响等民事责任。

 四、商标权法律制度

（一）商标法的概念

商标法是指以促进商标的利用、保护为目标，调整因商标产生的各种社会关系的法律规范的总称。

1982年8月23日我国颁布了《中华人民共和国商标法》，并于1983年3月1日起正式实施。1993年作了第一次修改。2001年对商标法作了第二次修改，这次参照TRIPs和巴黎公约的有关规定，对《商标法》进行了大幅度的修改。2013年对商标法作了第三次修改，这是继《商标法》在2001年第二次修订后的又一次大规模修改。主要体现在以下三点：一是在与我国参加的国际条约保持一致的前提下，重在立足国内实际需要进行修改。二是加强针对性，围绕实践中存在的主要问题完善有关制度。三是采取修正案的形式，保持现行商标法体例结构的稳定性。2019年进行了第四次修改，这次修改是应我国内生需求，推动知识产权高质量发展的重要举措。

（二）商标权的客体

商标权的客体是商标。具体而言，由于商标权的取得方式不同，在实行"使用原则"的国家，商标权的客体是先使用的商标；在实行"注册原则"的国家，商标权的客体是先申请并已被核准的注册商标。

1. 商标的概念

TRIPs第十五条规定，任何一种能够将一个企业的商品或服务区别于其他企业的商品或服务的标记或标记的组合均为商标。所以，商标是指能够将一经营者的商品或服务与其他经营者的商品或服务区别开来并可被人感知的标志。

2. 商标的种类

（1）商品商标与服务商标。商品商标是指生产经营者在其生产、制造、加工、拣选或经销的商品上所使用的区别性标志。服务商标是指服务性行业所使用的区别性标志，即提供服务的人在向社会公众提供的服务项目上所使用的标志。

（2）视觉商标、音响商标和气味商标。按商标的被感知不同或按照商标的构成要素分类，可以分为形象商标或称为视觉商标（文字商标、图形商标、字母商标、数字商标、三维标志商标、颜色组合商标、组合商标）、音响商标和气味商标。

（3）联合商标、防御商标。联合商标是指同一商标所有人在同一种商品或者类似商品上注册的若干个近似商标。根据商标注册人的意愿和需要，将其中首先注册的或者主要使用的注册商标定为正商标（或称主商标），其余为正商标的联合商标。

防御商标是指同一商标所有人在非类似商品上注册的若干个相同商标。防御商标注册目的是为了防御。最先创设的商标为正商标，后在不同类别商品上使用的同一商标为防御商标。

（4）集体商标、证明商标和共有商标。集体商标是指以团体、协会或者其他组织名义注册，供该组织成员在商事活动中使用，以表明使用者是该组织成员的标志。集体商标的作用是向消费者表明使用该商标的商品或者范围来源于该集体组织成员。

证明商标，又称保证商标，是指由对某种商品或者服务具有监督能力的组织所控制，而由该组织以外的单位或者个人使用于其商品或者服务，用以证明该商品或者服务的原产地、原料、制造方法、质量或者其他特定品质的标志。

共有商标是两个或者两个以上的自然人、法人或者其他组织共同申请注册，商标专用权由共同注册人所共有的商标。共有人对于商标的权利，由共有人共同约定。

（5）驰名商标和非驰名商标。驰名商标也称周知商标，是指那些知名度高、商品销售量大、销售区域广、竞争力强、信誉高的商标，包括注册的和未注册的驰名商标。驰名商标之外的都是非驰名商标。

（三）商标权的主体

商标权的主体是指依法取得、享有商标权的人。商标权的主体分为原始主体和继受主体。商标权的原始主体，是指不以他人的商标权为前提取得并享有商标权的人。商标权的继受主体，是指以他人的商标权为前提取得并享有商标权的人。在使用原则下，商标权的原始主体是商标的先使用人；在注册原则下，商标权的原始主体是获得批准的商标注册申请人。

根据我国商标法的规定，自然人、法人或者其他组织对其生产、制造、加工、拣选或者经销的商品，需要取得商标专用权的，应当向商标局申请商品商标注册；上述主体对其提供的服务项目，需要取得商标专用权的，应当向商标局申请服务商标注册。可见，注册商标的申请人为自然人、法人和其他组织。申请被核准后，就成为商标权的主体。

外国人或者外国企业在中国申请商标注册的，应当按其所属国和我国签订的协议或者共同参加的国际条约办理，或者按对等原则办理。

（四）商标使用和注册的条件

1. 不得作为商标使用的标志

我国《商标法》第十条规定，下列标志不得作为商标使用：（1）同中国的国家名称、国旗、国徽、军旗、勋章相同或者近似的，以及同中央国家机关所在地特定地点的名称或者标志性建筑物的名称、图形相同的；（2）同外国的国家名称、国旗、国徽、军旗相同或者近似的，但该国政府同意的除外；（3）同政府间国际组织的名称、旗帜、徽记相同或者近似的，但经该组织同意或者不易误导公众的除外；（4）与表明实施控制、予以保证的官方标志、检验印记相同或者近似的，但经授权的除外；（5）同"红十字""红新月"的名称、标志相同或者近似的；（6）带有民族歧视性的；（7）夸大宣传并带有欺骗性的；（8）有害于社会主义道德风尚或者有其他不良影响的；（9）县级以上行政区划的地名或者公众知晓的外国地名，不得作为商标。但是，地名具有其他含义或者作为集体商标、证明商标组成部分的除外；已经注册的使用地名的商标继续有效。

2. 商标注册的条件

商标注册应避开下列消极条件，具备应有的积极条件：

（1）不得使用禁止作为注册商标使用的标志。按照我国《商标法》第十一条的规定，下列标志不得作为商标注册：①仅有本商品的通用名称、图形、型号的标志；②仅仅直接表示商品的质量、主要原料、功能、用途、重量、数量及其他特点的标志；③缺乏显著特征的标志。缺乏显著特征的标志，不具备注册商标的实质要件，当然不能作为商标注册。但是上述标志经过使用取得显著特征，并便于识别的，可以作为商标注册。

（2）注册商标不得与他人在先权利相冲突。在先权利是指在注册商标申请人提出注册商标申请以前，他人已经依法取得或者依法享有并受法律保护的权利，如著作权、专利权、名称权、姓名权等权利。

（3）三维标志的禁用条件。有三种三维标志的形状不能作为立体商标注册：①仅由商品自身的性质产生的形状，如通用的蜡烛形状、书本的形状等；②为获得技术效果而需有的商品形状，如剃须刀的形状等；③使商品具有实质性价值的形状，如轮胎的形状等。

（4）禁止违反驰名商标保护的规定。

（5）不得损害被代理人（代表人）的商标权益。商标法规定，未经授权，代理人或者代表人以自己的名义将被代理人或者被代表人的商标进行注册，被代理人或者被代表人提出异议的，不予注册并禁止使用。

（6）禁止违反关于地理标志保护的规定。商标法规定，商标中有商品的地理标志，而该商品并非来源于该标志所标示的地区，误导公众的，不予注册并禁止使用；但是，已经善意取得注册的继续有效。地理标志，是指标示某商品来源于某地区，该商品的特定质量、信誉或者其他特征，主要由该地区的自然因素或者人文因素所决定的标志。

商标注册的积极条件，主要包括两方面内容：

（1）商标应由法定的构成要素组成。

（2）商标应具有显著性。商标的显著性是指商标从总体上具有独自特征并能与他人的同一种或类似的商品或服务的商标相区别。显著性是商标的本质属性，是商标注册的基本条件。判断一个商标是否具有显著性，应从该商标的外观、颜色、形态、含义等方面加以比较。总体来说，如果一个商标所使用的要素标志立意新颖、简洁醒目，具有个性特征，与同一种或类似的商品或服务的注册商标进行比较在上述方面不相同也不相近似，则具有显著性。

（五）商标权的取得和终止、内容和限制

商标权，是指商标所有人依法对其商标进行支配的权利。在实行使用原则的国家，商标权是指商标所有人依法对其所使用的商标的权利。在实行注册原则的国家，商标权是指商标所有人依法对其注册商标进行支配的权利。

1. 商标权取得和终止

（1）商标权的取得。商标权的取得方式有两种：原始取得和继受取得。

商标权的原始取得，又称直接取得，是指不以他人已经存在的商标权为前提，基于取得人创设商标从而直接取得商标权的方式。在国际上，商标权的原始取得采取的原则不同，主要有使用原则、注册原则和混合原则。使用原则，是指按使用商标的先后来确定商标权的归属。目前只有挪威、菲律宾等少数国家采用这一原则。注册原则，是指按申请注册的先后来确定商标权的归属。世界上大多数国家规定，商标必须经过注册，才能取得商标权。采用注册原则的国家又可分为两类：大多数国家实行自愿注册，法律不予强制，我国现在即采用这个原则；个别国家如苏联采取强制注册原则，我国也曾采用。混合原则是上述两种原则的折中适用，即不注册使用与注册使用并行，两种途径都可以获得商标权。目前，英联邦的一些国家采用这一原则。

商标权原始取得中的优先权。我国商标法规定的优先权有外国优先权和本国优先权两种。商标注册申请人从他的商标在外国第一次提出商标申请之日起6个月内，又在中国就相同商品以同一商标提出商标注册申请的，依照该外国同中国签订的协议或者共同参加的国际条约，或者按照相互承认优先权的原则，可以享有优先权。这种优先权，称为外国优先权。外国人和外国企业、中国人和中国企业都可以享受。首次申请日被称为优先权日；享有优先权的一定期限被称为优先权期。

商标在中国政府主办的或者承认的国际展览会展出的商品上首次使用的，自该商品展出之日起6个月内，该商标的注册申请人可以享有优先权。这种优先权，称为本国优先权。

商标权的继受取得又称传来取得，是指取得人以他人的已经存在的商标权为前提取得商标权。有两种方式：①商标权的转让，即根据转让合同，受让人有偿取得出让人的商标权；②商标权的转移，即商标权因转让以外的事由发生的转移，包括继承、赠与合同、法人因兼并、合并、破产等原因发生的商标的转移。

（2）商标权的终止。商标权的终止是指商标权因法律规定的原因而归于消灭，分为因注册商标的注销而终止和因注册商标的撤销而终止两种情形。

①注册商标的注销。注销是指商标权人自动放弃注册商标或者商标局依法取消注册商标的程序。注册商标的注销有三种情形：第一，自动申请注销；第二，过期注销；第

三，无人继承注销。

②注册商标的撤销。撤销是指商标主管机关或商标仲裁机关对违反商标法有关规定的行为予以处罚，使原商标权归于消灭的程序。依照我国商标法规定，主要是违法使用撤销，即商标注册人违反商标法的规定使用注册商标，因而被商标局撤销注册商标。

2. 商标权的内容

根据我国商标法的规定，商标权主要具有四项权利内容。

（1）专有使用权。商标权人在核定使用的商品上专有使用核准注册的商标的权利，称为专有使用权。

（2）禁用权。是指商标权人拥有的禁止任何第三方未经其许可在相同或类似的商品或服务上，使用与其注册商标相同或近似商标的权利。

（3）转让权。商标权人根据法律的规定，将其注册商标转让给他人的权利，即转让权。

（4）使用许可权。是指商标权人根据法律的规定，许可他人使用其注册商标的权利。通常有独占使用许可、排他使用许可、普通使用许可三类。商标的使用许可只适用自愿许可，不适用强制许可。TRIPs 规定禁止对商标实行强制许可。

3. 商标权的限制

（1）期限限制。各国商标法均对商标权的期限作了限定。我国注册商标的有效期为 10 年，自核准注册之日起算。但有效期满需要继续使用的，可以续展，每次续展的有效期为 10 年。续展没有次数限制。商标权人通过续展，实际上可以达到无限期保护商标权的目的。

（2）合理使用。合理使用，是指注册商标由姓名或厂商名称构成时，他人以善意及合理的方法使用自己的与注册商标相同的姓名或厂商名称，以及商品名称、形状、品质、种类、数量、功用、产地等其他与注册商标相同的必要的标记的情形。合理使用不构成对商标权的侵犯。

（3）先使用权。先使用权，是指在他人申请商标注册前，已在相同或类似商品上善意使用相同或近似的商标的，在他人商标注册获准以后，可以在原有范围内继续使用。商标权人可要求其附加适当的区别标志，以免消费者对商品来源产生混淆。先使用权的保护，可以弥补先申请主义的缺点，保障善意的先使用人。

（4）商标权穷竭。商标权穷竭，是指使用注册商标的商品被商标权人或经其许可的其他人投放到市场上，商标权人在这些商品上的权利即告穷竭。在商品没有任何变化的条件下，商标权人无权阻止任何第三方在这些商品上继续使用同一商标。

（六）商标注册的申请和审核

1. 商标注册申请

（1）商品分类。申请商标注册的，应当按规定的商品分类表填报使用商标的商品类别和商品名称。我国采用《商标注册用商品和服务国际分类》（第八版）。新分类将商品和服务分为 45 大类。

（2）商标注册申请文件。每一件商标注册申请应当向商标局提交《商标注册申请书》1 份、商标图样 5 份；有些申请，还必须提交特别文件。如申请烟草制品商标注册的，必须提交国家烟草主管机关颁发的生产许可证；申请人申请报纸、杂志商标注册的，也应提供新闻出版主管部门的证明文件；申请人用人物肖像作为商标申请注册的，必须提供肖像权人的授权书并经公证机关公证。

2. 商标注册的审查与核准

（1）审查。各国对申请注册的商标存在两种做法：①实行审查原则，即对申请注册的商标既要进行形式审查，也要进行实质审查；②实行不审查原则（又称为登记原则），即只进行形式审查而不进行实质审查。我国一直采用审查原则。

我国商标法没有对形式审查和实质审查做出严格的区分，一般的做法是：各地工商部门在核准申请后，商标局在正式受理前，首先进行审查（形式审查），决定是否受理；如果决定受理，则需对商标的实体内容进行审查（实质审查）。商标局对申请注册的商标经审查得出注册的结论时发布初步审定公告。

（2）商标异议。对初步审定的商标，自公告之日起 3 个月内，任何人均可以提出异议。所谓异议，就是对初步审定公告的商标提出反对意见，要求撤销初步审定、不予公告。其中异议人既可以是利害关系人，也可以是无利害关系的任何人，被异议人就是商标注册申请人。虽然异议程序不是每一个商标注册申请必经的程序，但任何一个商标注册申请都要在初步审定公告之后经过 3 个月的异议期，才能获准注册。

（3）商标注册的核准。经商标局初步审定的商标公告期满，无人提出异议或者经裁定异议理由不成立的，商标局予以核准注册，登记在商标局保存的《商标注册簿》中，颁发商标注册证，并予以《商标注册公告》。该公告是关于审定商标生效的公开通知，向全社会宣布公告出的商标已经开始产生法律效力。在申请人缴纳有关费用后，向商标注册人颁发《商标注册证》，并刊登《商标公告》。

3. 复审和商标权无效裁定

商标局对于商标注册申请的审核结果有两种可能，即驳回商标注册申请或者核准商标注册。为了弥补可能造成的失误，商标法分别规定了复审和无效裁定程序。

国家工商总局设立商标评审委员会，负责处理商标争议事宜。商标评审委员会受理的复审和评审案件分为以下几种：（1）对商标注册申请的复审，即当事人不服商标局对他的驳回决定，向商评委提起复审申请的案件，作出决定；（2）对商标异议裁定的复审，即当事人不服商标局商标异议的裁定，向商评委提起复审申请的案件，作出裁定；（3）对撤销注册商标决定的复审，即对当事人不服商标局撤销注册商标的决定，向商评委提起复审申请的案件，作出决定；（4）对撤销注册不当商标决定的复审，即对当事人不服商标局撤销注册不当商标的决定，向商评委提起复审申请的案件，作出决定；（5）对撤销侵犯他人合法权益商标申请的评审，即对请求人提出的撤销侵犯他人合法权益商标的申请进行评审，并作出裁定；（6）对在先商标注册人提出的注册商标争议裁定申请进行评审，并作出裁定。

撤销注册商标的，其商标权视为自始不存在。撤销注册商标的决定或者裁定，对在撤销前人民法院作出并已执行的商标侵权案件的判决、裁定，工商行政管理机关作出并已执行的商标侵权案件的处理决定，以及已履行的商标转让或者使用许可合同，不具有追溯力。但是，因商标注册人的恶意给他人造成损失的，应当予以赔偿。

（七）商标权的保护

1. 侵犯商标权的行为

侵犯商标权的行为，是指未经商标权人同意，在相同或者类似的商品（或服务）上使用与注册商标相同或者近似的商标，或者有其他损害商标权人合法权益的行为。根据我国商标法的规定，侵犯商标权的行为有如下5种：(1) 未经商标注册人的许可，在同一种或者类似的商品或服务上使用与注册商标相同或近似的商标的；(2) 销售侵犯他人注册商标专用权的商品的；(3) 伪造、擅自制造他人注册商标标识或者销售伪造、擅自制造的注册商标标识的；(4) 未经商标注册人同意，更换其注册商标并将该更换商标的商品又投入市场的——反向假冒行为；(5) 给他人注册商标专用权造成其他损害的。

其他损害主要有以下情形：(1) 在同一种或者类似商品上，将与他人注册商标相同或者近似的标志作为商品名称或者商品装潢使用，误导公众。这类行为的方式从"作为商标使用"变为"作为商品名称或商品装潢使用"，其目的是利用他人注册商标的信誉进行不正当竞争。商品名称与商品装潢均为商品的标志。这种行为还会淡化注册商标的区别作用。(2) 故意为侵犯他人注册商标专用权行为提供仓储、运输、邮寄、隐匿等便利条件。这类行为的行为人不是直接使用商标，但他能造成侵害商标权人权利的后果。

根据相关司法解释，给他人注册商标专用权造成其他损害的还有：(1) 将与他人注册商标相同或者近似的文字作为企业的字号在相同或者类似商品上突出使用，容易使相关公众产生误认；(2) 复制、模仿、翻译他人注册的驰名商标或其主要部分在不相同或者不相类似商品上作为商标使用，误导公众，致使该驰名商标注册人的利益可能受到损害；(3) 将与他人注册商标相同或者相近似的文字注册为域名，并且通过该域名进行相关商品交易的电子商务，容易使相关公众产生误认。

2. 侵犯商标权的诉讼

因侵犯注册商标专用权行为提起的民事诉讼，由商标法所规定的侵权行为的实施地、侵权商品的储藏地或者查封扣押地、被告住所地人民法院管辖。对涉及不同侵权行为实施地的多个被告提起的共同诉讼，原告可以选择其中一个被告的侵权行为实施地人民法院管辖；仅对其中某一被告提起的诉讼，该被告侵权行为实施地的人民法院有管辖权。

人民法院在审理侵犯商标专用权纠纷案件中，依据《民法通则》《商标法》的规定以及案件的具体情况，可以判决侵权人承担停止侵害、排除妨碍、消除危险、赔偿损失、消除影响等民事责任，还可以作出罚款，收缴侵权商品、伪造的商标标识和专门用于生产侵权商品的材料、工具、设备等财物的民事制裁决定。工商行政管理部门对同一侵犯注册商标专用权行为已经给予行政处罚的，人民法院不再予以民事制裁。①

侵犯他人注册商标权构成犯罪的，除赔偿被侵权人的损失外，依法应追究刑事责任。对于侵犯注册商标罪，《商标法》和《刑法》作出明确规定：（1）假冒注册商标罪。未经注册商标所有人许可，在同一种商品上使用与其注册商标相同的商标，构成犯罪的，除赔偿被侵权人的损失外，依法追究刑事责任。（2）销售假冒注册商标商品罪。销售明知是假冒注册商标的商品，构成犯罪的，除赔偿被侵权人的损失外，依法追究刑事责任。（3）非法制造、销售非法制造的注册商标标识罪。伪造、擅自制造他人注册商标标识或者销售伪造、擅自制造的注册商标标识，构成犯罪的，除赔偿被侵权人的损失外，依法追究刑事责任。法人单位和其他组织的单位犯罪，对单位处以罚金，并对其负责的主管人员和直接责任人员，依上述规定处罚。

3. 其他违反商标法的行为

（1）注册商标的不当使用。不当使用的情形有：①自行改变注册商标的；②自行改变注册商标的注册人名义、地址或者其他注册事项的；③自行转让注册商标的；④连续3年停止使用的；⑤使用注册商标，其商品粗制滥造，以次充好，欺骗消费者的。

（2）未注册商标的不当使用。使用未注册商标，有下列行为之一的，由地方工商部门予以制止，限期改正，并可以予以通报或者处以罚款；①冒充注册商标的；②违反《商标法》第十条把禁止作为商标使用的标志作为商标使用的；③粗制滥造，以次充好，欺骗消费者的。

（3）违反强制注册规定的。国家规定必须使用注册商标的商品，必须申请商标注册，未经核准注册的，不得在市场销售。违反该规定的，由地方工商部门责令限期申请注册，可以并处罚款。

4. 驰名商标的特别保护

驰名商标是指经过长期使用、在市场上享有较高信誉并为公众熟知的商标。巴黎公约确立了在商标注册程序中以及在商标使用中保护驰名商标的原则。《巴黎公约》保护的驰名商标，既包括注册商标，又包括未注册商标。TRIPs将对驰名商标的保护提高到一个新的水平，表现如下：（1）把巴黎公约对驰名商标的保护延伸到驰名的服务商标；（2）把对已注册的驰名商标的保护范围扩大到禁止在非类似商品或服务上使用与驰名商标相同或近似的标志。

2003年4月17日国家工商行政管理总局令第5号发布，根据2014年7月3日国家工商行政管理总局令第66号修订，发布了《驰名商标认定和保护规定》，据此，对驰名商标保护的主要规定如下：

---

① 最高人民法院：《关于审理商标民事纠纷案件适用法律若干问题的解释》（2002年），第21条。

（1）保护范围。驰名商标既包括注册商标，也包括未注册商标，二者的保护范围有区别。就相同或者类似商品申请注册的商标是复制、模仿或者翻译他人未在中国注册的驰名商标，容易导致混淆的，不予注册并禁止使用；就不相同或者不相类似商品申请注册的商标是复制、模仿或者翻译他人已经在中国注册的驰名商标，误导公众，致使该驰名商标注册人的利益可能受到损害的，不予注册并禁止使用。

（2）认定的方式、机关和标准。认定驰名商标的方式分主动认定和被动认定。主动认定的认定机关一般是国家工商总局商标局和商评委；被动认定一般是指人民法院在审理商标纠纷案件中，根据当事人的请求和案件的具体情况，对所涉及的注册商标是否是驰名依法作出的事后认定，即坚持"个案认定，被动保护"的原则。驰名商标保护制度的任务是对驰名商标受到被他人抢注、复制、模仿等侵害时给予法律救济。这种救济的前提是，要有商标纠纷发生，主管机关对纠纷予以立案，在个案中体现保护。因此，驰名商标只对本案有效，不能用于市场促销活动，也不能用来对抗第三人。但是，当事人对曾经被行政主管机关或人民法院认定的驰名商标提出异议但不能提供该商标不驰名的证据材料的，受案机关可以不进行审查。

认定驰名商标应考虑下列因素：（1）相关公众对该商标的知晓程度；（2）该商标使用的持续时间；（3）该商标的任何宣传工作的持续时间、程度和地理范围；（4）该商标作为驰名商标受保护的记录；（5）该商标驰名的其他因素。认定驰名商标时，应当综合考虑各项因素，但不以该商标必须满足规定的全部因素为前提。

五、其他知识产权法律制度

除著作权法、专利法和商标法三大主要知识产权法律制度外，我国知识产权法律制度还包括植物新品种法律制度、集成电路布图设计法律制度和域名法律制度。

第四节　知识产权国际保护

近年来随着中国改革开放的步伐进一步加快，倡导开放与国际接轨成为主流趋势，关于知识产权保护的问题，逐渐成为备受国际与国内社会关注的话题。中国早在2001年加入世界贸易组织前后，就对相关法律法规、政策规章和司法解释进行了修订，使得中国知识产权保护在立法精神、权利内容、保护标准、法律救济手段等方面实现了与国际通行规则的一致。

一、知识产权国际保护制度概述

人类社会进入19世纪后，随着国际贸易的蓬勃发展，逐渐产生了知识产权在他国受到法律保护的问题,这最终导致了知识产权国际保护制度的形成。19 世纪下半叶,欧洲大多数国家逐渐走上了资本主义的发展道路,随着科学技术的日益进步和工业生产的迅速发展,在国际商业贸易不断扩大的同时,知识产权贸易市场也开始形成。一些知识产品从本国流入其他国度,成为人类的共同财富,促进了各国之间的文化交往。因此,知识产权的地域性限制与人类对文化、科学知识的国际性需求之间出现了巨大的矛盾。由于各国的知识产权法只能保护在本国取得的权利,无法保护在外国出版的作品、注册的商标等知识产品。这样,一国的知识产权往往在他国遭到严重的侵权。因此,知识产权的国际保护制度应运而生。知识产权国际保护,是指以国民待遇原则、最惠国待遇原则、自动保护原则及优先权原则等为基本原则,旨在确立并保护世界各类知识产权的双边或多边的国家间保护制度。

 二、知识产权国际公约

(一)《成立世界知识产权组织公约》

世界知识产权组织(World Intellectual Property Organization,WIPO)为一政府间国际组织,总部设在瑞士的日内瓦。1967 年 7 月 14 日,51 个国家的代表在瑞典首都斯德哥尔摩签署了《成立世界知识产权组织公约》。该公约于 1970 年 4 月 26 日生效,从而宣告了世界知识产权组织的正式诞生。目前世界知识产权组织已有一百八十多个成员。我国于 1980 年 6 月 3 日成为该组织的第 90 个成员。该公约规定了知识产权的范围,世界知识产权组织的宗旨、职责和组织机构。

(二)《保护工业产权巴黎公约》

《保护工业产权巴黎公约》(Paris Convention for the Protection of Industrial Property,简称《巴黎公约》)是保护工业产权方面最重要的一项国际公约。该公约于 1883 年 3 月 20 日在巴黎签订,并于 1884 年 7 月 7 日正式生效。该公约先后进行了 7 次修订。《巴黎公约》共有 164 个成员。我国于 1985 年 3 月 19 日成为该公约的第 96 个成员。

(三)世界贸易组织的《与贸易有关的知识产权协定》

世界贸易组织(WTO)的《与贸易有关的知识产权协定》(agreement on trade-related aspects of intellectual property rights,TRIPs)于 1993 年 12 月 15 日通过,1996 年 1 月 1 日开始生效。我国(大陆)于 2001 年 12 月 11 日加入 WTO,随后我国台湾地区也以"单独关税区"身份加入 WTO。此前,我国香港、澳门特别行政区以"单独关税区"身份并以"中国香港""中国澳门"的名义参加世界贸易组织从而成为该组织的创始成员。因此,在 TRIPs 协议方面,我国存在"一国四席"的情况。

（四）《保护文学艺术作品伯尔尼公约》

《保护文学艺术作品伯尔尼公约》（Berne Convention for Protection of Literary and Artistic Works，简称《伯尔尼公约》），是世界上第一个保护版权的国际公约，于 1886 年 9 月 9 日在瑞士首都伯尔尼签订，1887 年 12 月 5 日生效，由缔约国组成伯尔尼联盟。之后该公约经过多次修订与修正，其最新文本是 1971 年的巴黎修订本。我国于 1992 年 10 月 15 日正式成为该公约的成员。《伯尔尼公约》的基本原则是国民待遇原则、自动保护原则、独立保护原则。《伯尔尼公约》具体规定了应予保护的作品。

（五）《世界版权公约》

《世界版权公约》于 1952 年 9 月 6 日在瑞士日内瓦缔结。该公约于 1955 年 9 月 16 日开始生效，生效后的公约于 1971 年在巴黎修订过一次。目前有 98 个成员。我国于 1992 年 10 月 30 日正式成为该公约的成员。《世界版权公约》确立的基本保护原则有：国民待遇原则、非自动保护原则。受《世界版权公约》保护的作品有：文学、科学、艺术作品，包括文字、音乐、戏剧和电影作品，以及绘画、雕刻和雕塑等。

（六）其他国际知识产权公约

其他国际知识产权公约有：1961 年 10 月 26 日在罗马签订的《保护表演者、唱片制作者和广播组织公约》；1971 年 10 月 29 日在日内瓦签订的《保护唱片制作者防止唱片被擅自复制公约》；1970 年 6 月 19 日在华盛顿签订的《专利合作条约》（简称 PCT）；1891 年 4 月 14 日在马德里签订的《商标国际注册马德里协定》（简称《马德里协定》）；1961 年 12 月在法国巴黎签订的《国际植物新品种保护公约》等。

第三章　知识产权科技信息检索与应用

当今世界正处于信息时代，每天都有海量的数据产生，并以指数级速度增长。如何有效地获取、管理这些数据，是信息时代各国面临的主要问题之一。最近几年，信息检索技术的研发及应用在我国备受重视。《国家中长期科学和技术发展规划纲要（2006~2020年）》中将信息产业及现代服务业确定为国民经济和社会发展的重点领域之一，并将现代服务业信息支撑技术及大型应用软件、下一代网络关键技术与服务作为优先发展的主题。另外，国家工业和信息化部制定的《2006~2020年国家信息化发展战略》中也提到了关键信息技术的自主创新计划。技术创新是企业持续发展的重要支撑，国内相关申请人应当充分利用我国在这一领域的学术研究成果和广阔的市场前景，提升知识产权产出与保护的意识和能力。而信息检索正是上述优先发展主题的重点支撑技术，其重要程度不言而喻。因此，知识产权科技信息检索技术，越来越成为企业和各科研院所创新发展的重点。

随着科学技术的进步与知识经济的发展，专利信息是专利活动的产物，记载了发明创造的成就和轨迹，是当今时代最重要的技术文献和知识宝库。当前，全球企业经济一体化的进程不断加强，技术创新的规模和进程以前所未有的速度发展。从世界范围看，运用专利战略保护自己的知识产权、增强竞争优势已经成为市场竞争中最为有效的手段。而作为制订、运用专利战略的基础和前提，专利信息工作无疑是十分重要的。对于企业而言，面对竞争激烈的市场环境，企业要得以生存，并在竞争中求得发展，就必须不断地进行自主创新。

从知识产权保护的角度上看，信息可以分为作品性信息和非作品性信息。作品性信息主要指经智力加工过或经激活的信息产品，如情报研究作品、咨询研究作品、计算机程序作品、数据库作品、多媒体作品等；非作品性信息主要指未经智力加工过或未经激活的信息产品，如社会、经济、军事等事实性信息。只有对作品性信息才存在知识产权保护问题。在网络环境下，用户可能会遇到分布在世界各地的、属于不同著作权人的、分别处于各种媒体上的信息，这些信息可能是正享有版权的作品，也有可能是不受版权保护的，还可能作品财产保护已期满。如果使用一些正在受到知识产权保护的作品，就必须得到著作权人的许可。否则，不经著作权人同意，对作品随意使用，则构成侵权行为。

知识产权是人们对脑力劳动创造的成果依法享有的权利。广义的知识产权，包括一切入类创造的智力成果。从法律保护的角度看,有形财产权保护的核心是"占有",而知识产权保护的核心则是"使用"。专利作为反映技术水平的重要指标,它在某种程度上是科技实力的一种度量。专利的灵魂是创新,必须提高自主创新能力,专利文献是一种集技术、法律和经济信息于一体的特殊文献,它既是具有创新思想的技术文献,也是昭示发明权限的法律文件,还是潜在的经济信息源。权威统计报告显示新出现的发明成果约90%以专利文献的形式问世,其中约70%未见于非专利文献,专利文献作为一种记载和传递科技成果的重要信息资源,已成为推动技术进步的智慧源泉。

第一节　专利文献信息的类型与特点

2004年经济合作与发展组织（OECD）所有成员的科技部部长共同签署了一个宣言,提倡为了减少政府与公众之间的信息不对称,增强互信和理解,政府有义务向社会开放由公共资金支持得到的档案数据,公众可以自由获取、共享这些数据,其中就包括专利信息。

世界知识产权组织的研究结果表明,全世界最新的发明创造信息,90%以上首先都是通过专利文献信息反映出来的。专利信息是指以专利文献为基础所形成的与专利申请相关的各种信息。专利文献是专利制度的产物,经过漫长的发展过程,已成为占全世界每年各种图书期刊出版总量1/4的重要出版物。世界知识产权组织（WIPO）有关统计表明：若能运用好专利文献,能节约40%的科研开发经费,同时少花60%的研究开发时间。高等院校是知识技术密集型单位,每天都有大量新的项目投入研究,专利文献利用的好坏,已成为影响高校发展的重要因素之一。由于我国专利制度建立较晚,知识产权的重要作用在很多单位还未受到足够重视,因此有必要对高校科技发展中专利文献的利用加以探讨,以应对激烈的国内外市场竞争和世界经济一体化、贸易自由化的新形势。

 一、专利文献信息概念

（一）专利文献

专利文献主要指各专利管理机构（包括专利局、知识产权局及相关国际或地区组织）在受理、审批、注册专利过程中产生的记述发明创造技术及权利等内容的官方文件及其出版物的总称。世界知识产权组织1988年编写的《知识产权教程》中对专利文献下了这样的定义：专利文献是包含已经申请或被确认为发现、发明、实用新型和工业品外观设计的研究、设计、开发和试验成果的有关资料,以及保护发明人、专利所有人及工业品外观设计和实用新型注册证书持有人权利的有关资料的已出版或未出版的文件

(或其摘要）的总称。从承载的内容来看，专利文献既可以是批准为专利的发明创造的资料，也可以是关于申请的发明创造的资料；从公开与否来看，专利文献资料有些公开出版，有些则仅供存档或复制使用。由此可见，专利文献是专利信息的汇集，是人类智力成果的集中体现，也是科技人员获取、利用现有知识，提高投入产出性价比的重要手段。

专利文献不是一般意义上的科技文献，严格地讲，它是具有法律规范意义的文件，它集科技、法律、经济信息于一体，是一种标准化了的科技信息资源。

作为公开出版物的专利文献包括：各专利管理机构以单行本方式公开出版的描述发明创造内容和限定专利保护范围的专利文件，如专利申请、专利、实用新型、外观设计等单行本；各专利管理机构以公报方式出版的公告性定期连续出版物，如专利公报。

专利文献是各国专利局及国际性专利组织在审批专利过程中产生的官方文件及其出版物的总称。

（二）专利信息

专利信息是指以专利文献作为主要内容或以专利文献为依据，经分解、加工、标引、统计、分析、整合和转化等信息化手段处理，并通过各种信息化方式传播而形成的与专利有关的各种信息的总称。

专利信息泛指人类从事一切专利活动所产生的相关信息的总和。

专利信息是专利活动的一种反映。专利作为一种客观事物，是人类社会的客观存在，专利信息是这种社会客观存在的表现形式。专利信息是专利现象的表述。专利现象不能够自我显示和表述，信息在专利的发生、发展中同时发生，其主要目的是表达和显现专利作为客观事物的存在。

专利信息是人们认识专利的中介。人们在从事经济、技术等活动中都要接触和利用专利，而人们认识专利现象则必须通过显示专利存在方式的信息，专利信息是连接认识主体和客体的中介与桥梁。

专利信息包含的种类有：技术信息、法律信息、经济信息、战略信息。

专利信息应用的三个层面：（1）专利信息的一般检索。一般用于查新、侵权和了解一般技术方案等。（2）专利信息的课题分析。一般用于课题分析，对技术的发展和法律状态进行分析、判断。（3）专利信息的战略性分析。一般围绕竞争战略目标进行信息收集、加工、分析并提出建议。为企业制定竞争战略，提供决策参考。

（三）专利文献信息

专利文献和专利信息原本是两个概念，它们相辅相成，既有区别又有联系。

专利信息包括文献型专利信息和非文献型专利信息，绝大部分专利信息是以文献型信息的形式存在，例如，它们存在于各种类型的发明专利单行本、实用新型单行本、外观设计单行本，以及各种类型的专利公报、文摘、索引等之中。因此，就有了"专利文献是专利信息的载体,专利信息是专利文献所承载的内容"的说法。

一直以来,人们在利用专利文献或专利信息的过程中,并不在意他们所利用的是专利文献还是专利信息,而只关心通过利用专利文献或专利信息能否解决他们的实际问题。因此,为减少人们在利用专利文献或专利信息过程中不断出现的概念混淆和不解,本书中将两个概念在特定场合下合称为"专利文献信息"。

二、专利文献的产生

专利文献是一个巨大的知识宝库。在文献的发展史上,专利文献被称为特种文献,所谓特种文献是指它具有极其重要的使用价值,即可直接转化为生产力和受到法律保护。

专利制度是利用法律和经济手段鼓励发明创造、促进经济发展的保障制度,伴随该制度的建立和发展产生了专利文献,而专利文献的形成则标志着具有现代特点的专利制度的最终形成。回顾专利文献的形成和发展,也是专利制度的发展历史。

(一)专利法的产生与专利制度的建立

世界上第一部专利法是威尼斯共和国于1474年3月19日颁布的《发明人法规》(Inventor By laws)。随着资产阶级工业革命的发生,1449年,英国产生了最早的发明专利。1624年是世界专利史上的重要一年,英国的《垄断法》(Statute of Monopolies)开始实施。该法宣告所有垄断、特许和授权一律无效,仅对"新制造品的真正第一个发明人授予在本国独占实施或者制造该产品的专利证书和特权,为期14年或以下,在授予专利证书和特权时其他人不得使用"。《垄断法》被公认为现代专利法的鼻祖,它明确规定了专利法的基本范畴。直至今天,这些范畴仍对专利法具有很大影响。其后,欧美其他国家纷纷效仿英国。1790年,美国颁布了当时世界上最系统、最全面的一部专利法——《美国专利法》。1791年,第一部《法国专利法》问世(见表3-1)。然而,这期间各国的专利法均有两大共同的特征:其一是在授予专利权时没有明确的权利要求;其二是不进行检索和技术审查。

表3-1　　　　　世界部分工业化国家颁布与专利相关法律时间表

序号	国家	年份	序号	国家	年份
1	英国	1624	6	奥地利	1840
2	美国	1790	7	俄罗斯	1842
3	法国	1791	8	瑞典	1849
4	西班牙	1826	9	巴西	1859
5	墨西哥	1840	10	印度	1859

续表

序号	国家	年份	序号	国家	年份
11	阿根廷	1864	14	土耳其	1879
12	意大利	1864	15	日本	1885
13	德国	1877	16	加拿大	1899

随着专利制度的进一步发展，专利审查原则和检索制度应运而生。最早明确审查原则的法律是1877年的德国专利权的简称，它是由专利行政机关依据发明申请所颁发的立法，该法突出强调了专利审查原则，实行专利审查制的国家。1902年，英国修订专利法，明确规定审查员必须对50年来的英国专利进行检索，从而奠定了专利检索制度的基础。自1905年起，英国正式开始实行专利申请检索制度。1932年，英国进一步修订专利法，进而将专利申请的检索范围扩大到英国以外的国家。自此，专利制度在世界范围内发展迅速。1984年，我国颁布《中华人民共和国专利法》，建立专利制度。

（二）专利文献的形成与发展

自有专利历史记录以来，第一项专利是由英国的亨利六世于1449年授予发明人有关彩色玻璃加工制造方法的垄断权，为期20年。当时即对发明人提出了将该方法传授给当地的英国人的要求。另据记载，1516年，英国皇室在向发明制作硝酸钾方法的发明人科克拉姆和巴恩斯颁发专利之前，以其曾讲授硝酸钾的制法以及将制作秘诀写成书面材料为由，给予300英镑的奖励。

专利文献的起源可追溯到17世纪，即英国专利申请人斯特蒂文特于1611年自愿在专利申请中附加的一份描述其发明的文件。然而，第一份成为印刷体且留存至今的专利文献，则是英国1617年的第1号专利说明书。这份5页的专利文献阐述了发明的实施方案，说明了专利权的保护范围。1709～1714年，在英国安娜女王统治时期，英国的相关法规中对描述发明内容的专利说明书提出了明确要求，并且将提交专利说明书的时间规定为授权后6个月内。

1852年英国经历了现代世界专利史上最为重要的变革，即颁布《专利法修改法令1852》（The Patent Law Amendment Act 1852）。如果说1624年英国《垄断法》的颁布奠定了专利制度的基础，那么《专利法修改法令1852》的实施则标志着专利文献正式诞生。依据该法，发明人在提交专利申请时必须充分陈述其发明内容，提交专利说明书；说明书须予以公布，公布日为自申请日起3周内；在专利申请时，可以提交临时说明书，但必须在6个月内完成。这是在专利史上首次以立法的形式对专利文献作出的明确规定。依据《专利法修改法令1852》，英国于1852年设立了所谓现代意义上的专利局，同年开始正式出版专利说明书，并将出版早期专利说明书的年代向前追溯至1617年，编排文献系列号，且正式印刷出版。现存第一份英国专利文献号是1/1617（即1617年的第一件专利）。此外，英国专利局还陆续编制了各种索引及分类文摘等文献。1857年英国专利局图书馆正式开放。部分国家保存的第 1 件专利说明书时间表,如表 3 – 2 所示。

表 3 – 2　　　　　　　　部分国家保存的第 1 件专利说明书时间表

序号	国家	年份	序号	国家	年份
1	法国	1791	7	奥地利	1899
2	俄国	1814	8	澳大利亚	1903
3	德国	1877	9	荷兰	1904
4	瑞典	1885	10	波兰	1924
5	瑞士	1888	11	韩国	1948
6	丹麦	1894	12	中国	1965

1883 年,英国再次修订专利法,主要修改内容为:其一,将完整的专利说明书的提交时间规定为授权之前;其二,专利在申请后无论是否授权都要公开出版。该规定在某种程度上体现了现代专利制度的基本理念——以技术公开交换法律保护,代表着最具现代特征的专利制度最终形成。

专利文献的产生对推动人类科学技术的进步发挥了重要的作用。世界上许多对人类文明产生重要影响的发明都以专利文献的形式予以公开且被授予专利权。近代发明有 1752 年富兰克林发明的避雷针、1812 年斯蒂芬森发明的火车、1867 年诺贝尔发明的炸药、1887 年爱迪生发明的留声机以及 1893 年狄塞尔发明的内燃机;现代发明包括瓦瑞金的电视、惠特尔的喷气式推进器、卡尔松的施乐静电复印术、雷德勒的 CT 扫描仪以及斯迪贝茨的现代数字计算机等。

目前,全球出版专利文献的国家、地区和国际性组织达 90 多个。每年出版专利说明书 100 万件以上,中国自 1985 年 9 月 10 日第 1 件专利说明书出版至今,已累计出版三种专利文献超过 200 万件。这些专利文献报道的技术内容广泛、技术覆盖面广、技术新且时间快,是当代高技术信息的宝库,也是世界上管理精确、组织严密的追溯性资料。专利文献已成为科学技术研究和企业技术创新的重要信息资源,并将为其提供永恒的动力。

在漫长的专利制度发展史中,虽然早期专利没有专利说明书,但是,某些事件的发生已显出专利文献的萌芽。

目前,国际上公认较早开展专利情报分析的国家为日本、美国。早在 1968 年,日本绘制出了世界上第一幅专利地图;而从 20 世纪 70 年代起美国就已经开始了专利计量学研究。直到今日,他们在专利情报分析的研究领域中依然引领着分析技术尖端技术的发展趋势。

我国于 1985 年 4 月开始实施专利法,并在同年 9 月正式出版专利文献。据中国专利报报道,截至 2017 年底,中国专利申请总量已激增为 138.2 万件,授权专利总量已达到42万件,并正在以每年25%的速度递增,一跃成为世界专利数增长速度第1位的专利大国。我国专利文献以其内容丰富、别致新颖的构思,反映了我国人民改造自然与社会的聪明才智和科学技术发明成就与水平,已成为中国发展经济、繁荣科学、推动社会进步的重要资源。

科研人员经常查阅和研究专利文献,有利于启迪思维,开阔视野,增强科研能力。重要的是能从别人的发明和设计中得到启示和萌生新的创造意识,进而提出新问题,运用新方法,作出新设计,获得新成果。

三、专利文献信息的特点

概括起来网络环境下的专利文献信息有以下特点:(1)数据库资源丰富,内容广博,集专利、技术、法律、经济信息于一体。每年各国Ⅲ版的专利文献已超过150万件,全世界累计可查阅的专利文献已超过6000万件。目前,因特网上的各类专利数据库不断增多和发展,包括中华人民共和国国家知识产权网、中国知识产权网、中国台湾专利、美国专利数据库、欧洲专利数据库等几十个国家的专利数据库。(2)时效性强,更新速度快,检索平台交互性能好,检索功能在不断完善和加强,服务更加全面和周到,具有个性和特点。(3)信息完整而详细。专利信息一般都依照专利法规中关于充分公开的要求对发明创造的技术方案进行完整而详尽的描述,并且参照现有技术指明其发明点所在,说明具体实施方式并给出有益效果。这些关键信息一般是无法在其他文献中获取的。(4)内容新颖,出版迅速;涉及技术领域广泛,实用性强。

(一)数量巨大,定期连续公布

专利文献是世界上数量最大的信息源之一。据统计,全世界累积可查阅的专利文献已超过8000万件。2000年以来,专利文献的年度公布出版逐年上升,2006年以后各专利机构每年公布约300万件。世界上每年发明创造成果的90%~95%可以在专利文献中查到,有近80%的专利未在其他刊物上发表。

专利文献以连续报道的形式公布,各国、地区或组织专利机构在本国或本组织的官方网站上定期公布专利文献。国家知识产权局依据《中华人民共和国专利法实施细则》(以下简称《专利法实施细则》)第九十条和第九十一条,定期连续出版中国专利公报,提供各种专利单行本的查询,并在政府网站上每周三公告最新专利申请和授权专利。

专利文献信息已步入大数据时代,目前全世界约有8000万专利文献,而我国近年申请量稳居世界第一,面对海量的专利文献数据,如果我们能有效地从纷繁复杂的专利文献海洋中获得有价值的消息,利用有效的数据挖掘手段,是可以演变专利技术轨迹的。

(二)涉及所有技术领域,传播最新科技信息

专利文献涵盖了几乎所有技术领域,除法律规定不受理的,如《中华人民共和国专

利法》(以下简称《专利法》)第二十五条规定,从小到大,从简到繁,几乎涉及人类生活的各个领域。影响世界科技发展的重要发明,如瓦特的蒸汽机、爱迪生的留声机和电灯、贝尔的电话、莱特的飞机、贝尔德的电视机、奔驰的汽车、王选的激光照排等技术的发明创造内容都是第一时间在专利文献中予以披露的。

专利文献随时在传播最新技术信息。首先,申请人在一项发明创造完成之后总是以最快速度提交专利申请,以防竞争对手抢占先机;其次,发明创造通常首先以专利文献而非其他科技文献的形式向外界公布,以确保其专利的新颖性;最后,大多数国家实行了专利申请早期公开制度,加快了技术信息向社会的传播速度。

(三) 内容详尽,集多种信息于一体

申请人必须按照专利法的有关规定,例如,申请中国专利时需依《专利法》第二十六条规定,在专利申请的说明书中对发明创造作出清楚、完整的说明,并且这种说明以所属技术领域的技术人员能够实现为准,因此,专利文献对技术信息的揭示完整而详尽。

专利文献记载了人类取得的每一个技术进步,是一部活的技术百科全书;专利文献中的权利要求书,用于说明发明创造的技术特征,清楚、简要地表述请求保护的范围,专利文献上还对专利的有效性、地域性予以即时报道,这些都是对专利实施法律保护的可靠依据;专利文献上的信息与经贸活动结合紧密。

(四) 形式统一,数据规范,便于检索

专利单行本具有法定的文体结构,从发明创造名称、所涉及的技术领域和背景技术,到发明内容、附图说明和具体实施方式等,每项内容之间都有具体的撰写要求和固定的顺序,并严格限定已有技术与发明内容之间的界线;其独立权利要求从整体上反映发明创造的技术方案,记载解决技术问题的必要技术特征,使专利文献的阅读更加方便、易懂。

专利文献扉页上的专利文献著录项目有统一的编排体例,并采用国际统一的专利文献著录项目识别代码(INID码),在一定程度上排除了在阅读专利文献著录项目时的语言障碍,为专利文献的信息化应用打开了方便之门。各专利机构都统一使用分类法对专利文献依所属技术领域进行分类,超越了各种自然语言的禁锢,为实现计算机智能检索打下了良好的基础。

四、专利文献结构

与其他文献类型相比,专利文献有着特殊的信息构成,如优先权、同族专利和专利引文等都是联结相关专利的重要因素,也都是专利检索系统中的重要检索点。要想理解和运用好专利文献检索系统,必须了解和正确解读专利文献及其特殊的信息构成。

(一) 专利单行本

专利单行本,也被统称为专利说明书,是用以描述发明创造内容和限定专利保护范围的一种官方文件或其出版物。

目前各专利管理机构出版的每一件专利单行本基本包括以下组成部分:扉页、权利要求书、说明书、附图,有些专利管理机构出版的专利单行本还附有检索报告。

1. 扉页

扉页是揭示每件专利的基本信息的文件部分。

扉页揭示的基本专利信息包括:专利申请的时间、申请的号码、申请人或专利权人、发明人、发明创造名称、发明创造简要介绍及摘要附图(机械图、电路图、化学结构式等)、发明所属技术领域分类号、公布或授权的时间、文献号、出版专利文件的国家机构等。

在专利单行本扉页上,专利的基本信息是以专利文献著录项目形式来表达的。

2. 权利要求书

权利要求书是专利单行本中限定专利保护范围的文件部分。

权利要求分为独立权利要求和从属权利要求。独立权利要求从整体上反映发明或者实用新型的技术方案,记载解决技术问题的必要技术从属权利要求用附加的技术特征,对引用的权利要求作进一步限定。

3. 说明书及附图

说明书是清楚完整地描述发明创造的技术内容的文件部分。附图用于补充说明书文字的描述。

说明书包括:技术领域、背景技术,发明内容、附图说明、具体实施方式等。

4. 检索报告

检索报告是专利审查员通过对专利申请所涉及的发明创造进行现有技术检索,找到可进行专利新颖性或创造性对比的文件,向专利申请人及公众展示检索结果的一种文件。

出版附有检索报告的专利单行本的国家或组织有:欧洲专利局、世界知识产权组织国际局、英国专利局、法国工业产权局等。附有检索报告的专利单行本均为申请公布单行本,即未经审查尚未授予专利权的专利文件。检索报告有两种出版方式:附在公开出版的专利单行本中,或单独出版专利单行本中的检索报告以表格式报告书的形式出版。

(二) 专利公报

专利公报是各国专利机构报道最新发明创造专利的申请公布、授权公告等情况以及专利局业务活动和专利著录事项变更等信息的定期连续出版物。

1. 专利公报的类型

专利公报的类型根据专利申请及授权的报道形式可分为题录型、文摘型和权利要求型专利公报。

2. 专利公报的主要内容

各国专利公报主要内容分为以下三大部分,并有严格的编排格式。

(1)申请的审查和授权情况,包括:有关申请报道,有关授权报道有关地区、国际性专利组织在该国的申请及授权报道,与所公布的申请和授权有关的各种法律状态变更信息等;

(2)其他信息,如专利文献的订购、获得信息,工业产权局专利图书馆服务的有关信息等;

(3)各类专利索引,包括:号码索引、分类索引、人名索引等。

3. 专利公报的特点和作用

专利公报是二次专利文献最主要的出版物。专利公报有连续出版、报道及时、法律信息丰富的特点。专利公报可用于了解近期专利申请和授权的最新情况,也可用于进行专利文献的追溯检索,还可掌握各项法律事务变更信息。

第二节 专利文献信息检索的作用

随着互联网的高速发展,世界上许多国家和知识产权组织都先后设立了网上专利信息检索系统,使网上专利数据库不断增多和发展,检索功能在不断完善和增强,服务更加全面、周到并具有不同的个性和特点。在网络检索空间方面大大超越了传统的专利信息检索范围,专利信息资源的丰富、获取的便利、传输的快捷,给专利信息检索带来了前所未有的变化。专利文献信息检索促进技术创新。

专利信息是人类社会的财富,它记载了人类社会发明成果的成就和轨迹,是当今社会非常重要的技术文献和知识宝库。当今世界是一个充满竞争的世界,企业与企业之间的市场竞争特别激烈。企业要求生存、谋发展,就必须持续地进行自主创新。而专利信息的收集、分析以及专利竞争情报的科学运用是企业开展自主创新的基础。

专利信息的收集、分析、科学运用在企业产品定位、技术开发、技术跟踪、成果交易等创新决策中有广泛的应用。据报道,专利文献资料里含有90%~95%的技术成果;企业通过研究已有的专利技术,参考其创新思想,可缩短近60%的产品研发时间,节约大概40%的研发费用。从某种程度上看,专利信息的分析利用水平影响甚至决定着企业在研发、生产、销售、知识产权保护中的各种决策行为,如产品定位、技术研发、专利策略、专利评价与评估、专利权保护、合作、兼并等。专利信息的分析和合理利用贯穿了企业生产经营的全过程,是企业在市场竞争立于不败之地的关键。通过专利文献中技术的发展脉络,能够及时发现现有技术的空白点及改进点,有助于研究者及时调整技术研究及企业发展方向及战略,研发出更加符合用户需求的产品。

专利信息分析在企业技术成果交易中发挥着重要的作用。技术成果引进是世界各国、各地区为加快本国、本地区科技发展所采取的有效措施。据有关资料报道，战后的日本在 20 多年里，通过对专利信息的检索，根据国内技术，经济发展的需要，先后从国外引进了 2 万多项专利技术。在此基础上，通过不断消化，吸收和再创新，改变了过去技术落后的面貌，成为仅次于美国的技术、经济强国。据有关测算，日本引进这些技术仅花了 35.37 亿美元，是研发这些技术所需投资 2000 亿美元的 1/56。这一重大举措为日本节约了大量研发费，争取了不少宝贵时间。专利信息可以为企业开展产品贸易保驾护航。企业在进行产品贸易活动中，利用专利技术的时间性和地域性信息进行分析，可以初步判断其产品贸易国的相关专利技术受保护的时间与申请保护的范围，然后对相关专利技术优先权、专利技术地域性等内容进行深入分析，从而避免在产品贸易活动中构成对他人专利的侵权，承担相应的法律责任。

斯坦福大学的罗伯特·A.伯格曼教授在《技术与创新的战略管理》一书中指出，企业技术创新是针对市场进行的技术开发活动，"技术创新成功与否的终极标准是在商业方面而并非单纯是技术方面。"所以，在技术创新决策过程中，技术创新主体关注的因素既包括产品技术的发展状况，也包括市场需求和行业竞争者的动态。

通常认为，一篇专利文献所描述的现象具有其偶然性，但当对由若干篇专利文献汇聚而成的一类专利文献信息进行统计分析时，就可以得到带有一定普遍性的结论，从而归纳出某个产品技术领域的规律性。例如，我们可以通过统计某一国家或地区在某个特定范围、某类产品或技术专利申请的集中度，了解其技术创新热点，进而了解该国家或地区在这一时间范围（或今后一段时间）的市场需求；如果在上述统计分析过程中加入申请人信息，我们不但可以了解上述信息，还可以获悉申请人在这些开发热点方面各自的技术特长和保护策略。

企业要在竞争中立于不败之地，就一定要具备创新能力，尤其是在技术上进行创新。企业技术创新竞争的实质就是企业抢先开发技术、抢先获取和利用创新技术的竞争。而专利制度的实行和企业专利工作的深入工作，是促进企业竞争领先的有效措施和得利手段，因此，研究分析和利用专利信息，已成为企业竞争情报工作的重要内容。

虽然一件专利文献只反映了某一方面的具体细节，但将个别的、零散的专利信息进行系统的分析研究，就能从中发现企业经营活动的规律及其发展方向，特别是在发现竞争对手和判断竞争对手的市场策略方面，专利信息是一种极为重要的情报源。

一、传播技术信息

（一）提供技术参考

在创新活动中利用专利文献可以帮助研究人员解决遇到的技术难题，找出最佳解决方案。按照专利法规中有关"充分公开"的规定，在专利申请说明书中应对发明创造的技术方案进行清楚、完整的说明，并且以所属技术领域的一般技术人员能够实施为准。因此，专利说明书一般都对发明创造的技术方案进行完整而详尽的描述，并且列举具体的应用实例，大部分还附有详细的附图，对技术方案的理解有重要参考价值。另外，专利文献不仅详细说明本发明的内容，同时也对该技术领域的已知技术做简要介绍，从这一点来说，专利文献提供了一个对特定技术的发展进程进行探索的独特视角。

（二）启迪创新思路

在创新活动中通过查阅专利文献还可以开阔思路、激发灵感，在他人智慧成果的基础上做出新的发明创造。

（三）避免重复研究

充分利用专利文献，可以避免重复走前人的路，缩短60%的科研周期，节约40%的科研经费。在较长的一个历史时期内，研究工作起点低，低水平的重复研究开发，是制约我国科技发展的一个重要因素。我国的科技投入原本不够充分，而低水平的重复研究开发，又进一步加剧了矛盾。因此，充分利用专利文献在有效配置科技资源，提高研究开发起点和水平，避免人力、财力、物力的浪费方面具有特别重要的作用。

二、检测竞争对手并制定市场发展战略

通过检测竞争对手拥有的专利信息可以推断竞争对手的市场趋势，从而制定自己的发展战略。专利信息不仅揭示了某一专利技术的内容及占领市场、战胜对手方面的意图和策略。由于目前世界上大多数国家都采用先申请原则，同样的发明谁先申请，谁就可能获得专利权，进而占领市场。因此，专利信息虽然不是直接的市场情报，然而通过对专利情报的分析，可以发现有关产品及材料进入市场的时间、规模等经济信息，探测出竞争对手的市场范围和市场策略。德国克房伯公司的人造菌的专利比英国人在英国申请专利早了一天，从而在英国取得了专利权，占领了英国市场。

对于一个企业来说，开发一项新产品和技术，并在一定的地域内和特定的时间内申请专利保护，都直接渗透着企业明确的经济目的和市场意图，因此，通过专利信息，了解竞争对手在一段时间内申请了多少专利，申请的是什么类型和什么内容的专利，在哪些国家申请的，可以间接地收集竞争对手的新产品开发策略，未来的市场策略等方面的信息。

随着专利工作的深入开发和国际竞争的加剧，我国的许多企业和科研机构开始注重运用专利信息进行竞争，开拓和保护国内外市场。信息产业部、中科院、中国石化集团特别注重专利战略的研究与运用，在产业政策的制定和产业发展中发挥了积极作用。中国海尔集团特别重视专利战略的研究和运用工作，每天都有专利申请，并向多个国家和地区申请专利。北京大学、清华大学的发明也分别向美、日、俄、德、澳等国提出申请。海尔集团由于重视专利情报工作，在1999年全国洗衣机出口下降的情势下，依然

保持了出口上升的势头。江苏好孩子集团平均不到一天就申请一项专利，运用专利保护占据了国内市场和国际市场的优势。

通过某国或某一企业在某一技术领域专利申请量的变化，可以发现其市场策略。在 20 世纪 70 年代初，日本通产省经过充分研究，认定国家的未来取决于电子计算机工业及其基础半导体工业，于是在 70 年代后期，日本通产省出资 1.3 亿美元，加上私人投资共 3.2 亿美元，建立客商合作的半导体研究中心，研究出 1000 多项发明，使其半导体公司在某些技术方面赶上并超过美国。

通过对专利情报的检索，可以发现，某一企业或某一技术领域里向哪些国家申请了专利，从而推断出其进军国际市场的战略。从外国在中国申请专利的情况来看，一些工业发达国家的企业已把专利战略的触角伸向我国，纷纷来中国申请专利，将主攻方向对准了我国这个广大的市场，旨在争夺市场，控制市场，一些技术领域已基本被外国专利覆盖，高技术领域的发明专利申请量国外约占 50% 以上，如在我国宣布长征三号火箭进入国际航天市场，可为各国提供卫星发射提供卫星发射服务之际，美国修斯航空公司立即向中国专利局提交了 4 份关于卫星发射的专利申请，这显然是准备进入中国航天市场的战略行动。我国稀土矿的工业储量占世界已探明储量的 80%，既是资源大国，又是生产大国和消费大国，是我国的优势工业，但近几年来，强烈受到国外专利的攻击。美国、日本、德国、荷兰等国公司在我国申请了大量的专利，使我国稀土产品的生产、出口过程中，受到外国企业的许多次侵权控告，处境十分不利。

选择在哪些国家申请专利，从根本上说取决于占领市场的需要，一旦一项发明的创造在国外有广泛的市场，就应向国外申请专利，如我国专家陈世杰发明的全塑船，向一些拥有较多岛屿的国家，如有"千岛之国"之称的印度尼西亚等国申请了专利，就是基于市场的考虑。随着企业专利意识的增强和开发国际市场的需要，我国企业在国外的专利申请量呈上升趋势，通过在国外取得专利权，为向这些国家出口有关产品，或在这些国家投资建厂或许为他人在这些国家使用自己的发明创造有利的条件。

查阅专利信息可及时发现竞争对手的情况，具体如下：

（一）确认竞争者

专利文献上列有申请人、设计人、发明人的姓名，而同类技术产品的专利申请人、发明人、设计人则必然是竞争对手，故只要将这些申请人、发明人或设计人的姓名定期收集，并按各个申请人申请数量的多少进行排序、归纳和统计，就能得出本企业竞争对手名称的一览表。对于一个企业而言，有的对手只是技术上的对手，比如著名的科研机构或高等院校，为了促进企业的技术更上一层楼，可采取与之合作的对策。有的对手是产品上的对手，如具有一定生产规模的企业，则应密切监视其技术产品开发动向，并采取相应的对策。

在植物新品种研究领域，查《中国专利索引》1998 年下半年的分类索引，来自国外的申请较多，国内申请量和授权且排名依次是四川农科院作物研究所、安徽农科院作物研究所及南京农业大学,而外国申请人只有四家。这说明国内实力较强的研究新植物及其方法的机构主要有四川农科院和南京农业大学,可列为竞争对手。

我国有关机构曾研究了世界各国微波炉的专利申请情况,发现世界各国微波炉的专利技术主要集中在日本,其中松下、东芝、日立、夏普和三洋的实力较为雄厚,而松下与东芝拥有一半的专利申请,是强劲的对手。此外,韩国的金星和三星也是不容忽视的竞争者。

(二) 判断竞争对手的技术特点

各企业技术水平的高低和经济实力的强弱,在很大程度上取决于企业发明活动的活跃程度,具体表现为专利申请量以及拥有有效专利量的多少,因此,各企业提出的专利申请量和目前拥有的有效专利就成了衡量其技术水平的标准。通过对竞争对手所有的全部专利进行定期统计分析,分类排序,并考察其分析情况,可以从中获得竞争对手企业的技术开发及经营战略等方面的数据,由此可逐步判断出竞争对手研究开发的重点、技术政策及发展方向。通过分析竞争对手发展专利的情况,可推断其重要的技术;通过分析竞争对手专利申请与专利批准数的比例,可考察其技术的先进程度;通过分析竞争对手拥有的发展专利数量与实用新型专利数,可以判断企业技术产品开发的成熟程度;按时间顺序分析竞争对手技术的专利申请量,可推断竞争对手的技术开发方向。

通过对专利信息的分析,可以获得竞争对手在不同地域或国家的主要竞争策略、市场经营活动,以及竞争企业间的技术合作、技术许可、动向。

(三) 分析市场趋向

通过专利信息可以研究一个企业的专利申请模式、企业寻求专利保护的国家,可以绘制出它开拓市场的地域分布图,从而发现企业寻求商业利益的市场趋向。

(四) 提供决策依据

通过专利信息分析,为国家制定产业政策提供参考;为企业决策者把握特定技术的开发、投资方向以及制定企业的专利战略等方面提供依据。

三、专利文献是专利技术的法律文件

专利文献是法律文件,从法律角度上讲,专利就是指专利权。专利权是一种知识产权,受国家法律保护。在保护范围内要利用专利来进行生产、销售和经营等活动,就必须经专利权人同意或国家特许,否则就是侵权。专利文献公开了一项发明创造受到法律保护的技术范围,是侵权判定的依据。通过检索专利文献,可确定专利权的保护范围和期限;可掌握一项发明创造是否获得专有权,获得许可证的情况,专利的专利权人等相关法律信息;可了解专利是否在时间和地域上有效或侵权,并据此计算支付合理的使用费，而无效的专利技术则成为社会的公共财产，可以无偿使用。

专利文献具有经济性，专利是知识产权的组成部分，通过申请专利，发明人将获得排他独占的专利权。拥有专利支撑的高新技术，就能在市场竞争中处于有利地位，占领并赢得一方市场。发明人有望收回研究开发所付出的投入，并获得丰厚的回报。在国际技术竞争日趋激烈，科技发展日新月异的今天，各国都认识到专利文献在企业技术进步和生产经营活动中的重要性。根据专利文献检索与信息分析，可获得多种经济与商业信息。某国专利申请量及质量，可反映该国的经济质量和技术水平的动态；某行业中专利申请活动的改变，可指示其生产中的变化，并可对未来活动作出预测。专利申请活动的程度及专利的有效期限，是衡量一个公司实力及谈判能力的尺码。在进行新产品开发时，通过专利文献分析和比较国内外各公司的相关技术差异，可采取相应的专利申请策略来获得最大限度的市场保护。从专利信息中会发现某家公司某种经营专利申请的趋势，可展示其正在开拓的新市场。同族专利文献的分布状况，反映了该发明创造潜在的国内外技术市场和在全球的经济势力范围。

（一）警示竞争对手

专利文献不仅向人们提供了发明创造技术内容，同时也向竞争对手展示了专利保护范围。

人们申请专利的目的是寻求对其发明创造的保护。绝大多数专利申请人是基于以下认识申请专利的：专利制度承认人们的智力劳动成果，承诺保护专利权人的专利权，因此他们可以在专利制度这把大伞保护下，通过实施其受专利保护的发明成果获得最大化商业利益。

然而，专利权人最担心的是竞争对手侵犯其专利权。所以专利权人寄希望于通过专利文献信息公布，向竞争对手传达一种警示信息。专利文献不仅向人们提供了发明创造技术内容，同时也向竞争对手展示了专利保护范围。甚至许多专利权人在其专利产品上标注专利标记，以便让使用该产品的人可以轻而易举地找到该专利的说明书，了解其专利保护的内容，从而达到保护知识产权的目的。

（二）防止侵权纠纷

任何竞争对手都要尊重他人的知识产权，杜绝恶意侵权行为，避免无意侵权过失，以形成良好的市场竞争氛围。专利文献可以起到这方面的借鉴作用。专利文献中含有每一件专利的保护范围信息（权利要求书）、专利地域效力信息（申请的国家、地区）、专利时间效力信息（申请日期、公布日期）。专利文献信息恰似一面镜子，只要随时照一照（检索专利的法律信息），就可以实现自我约束，避免纠纷发生。

（三）发挥专利信息的预警作用

加入WTO之后，在对外贸易中我国企业碰到的技术壁垒也日渐增多，如何有效预警贸易技术壁垒,如何利用专利信息进行预警呢?众所周知,技术性贸易壁垒比关税壁垒的隐蔽性更强,透明度更低,更不易监督和预测。但它对贸易的影响往往是关键性的,而且可以通过技术改进来规避。

常用的预警贸易技术壁垒的方法和途径一般是经常了解和收集国外尤其是发达的WTO成员方制定的技术法规情况及相关资料等。各国相关技术法规预警的针对性很强,但因时效性差,所以法规出台时,与之相应的一套专利网也已建立,此时我们再选择预警的相应措施已受到极大制约,形成被动。据有关报道,在欧盟相关法案出台前两三年,很多欧盟企业就已经申请了很多专利,但我国的出口企业指导法案准备启动的前两三个月,才知道这一标准。目前我们对专利的重视程度是否还很欠缺,专利不等同于普通技术情报,专利同时还含法律和商业信息。技术法规往往表面是技术限定,背后是专利支撑。如果没有专利,技术可以任意无偿使用,也就不存在技术性贸易壁垒了。我们应从国际技术贸易的宏观角度,来把握专利的影响与作用,我国各行业要善于跟踪出口产品的专利信息,进行对外贸易技术壁垒的预警研究,以便尽早规避可能产生的技术性壁垒。制药业在保持信息获取能力和创新能力的基础上,如果有政策支持,则胜算幅度增大。我们一定要善于利用专利,要善意利用从属专利作筹码,这样就相当于站在他人的肩膀上。例如,对于制药行业,我们应该跟踪国外的医药专利信息,分析哪些新化合物可能是具有市场前景的新药,抢先一步研发其新工艺、新复方、新剂型、新医疗用途,以获得该新化合物的从属专利。力争用从属专利作为筹码进行交叉许可,突破外国专利阵,换取新药的生产、销售权利。实施这一战略的关键点是:选题准、跟进早、有创新。这三步都离不开专利的全面检索和系统分析。

四、专利文献信息检索蕴涵着巨大的经济价值

利用专利信息研究竞争对手的市场战略,应透过现象抓住本质,结合各方面的信息,进行全面的综合分析研究与利用,才能得出正确的结果。

应深入竞争对手在国外申请专利的意图。有时候向一国申请专利,并不是直接为了占领该国市场,而是为了在技术上控制在该国的竞争对手,使其无法生产出与自己竞争的产品,从而使自己在国际市场竞争中处于有利地位。日本为了同我国争夺国际稀土产品市场,并不是在所有的稀土产品进口国申请专利,而是向我国申请了大量的有关专利,企图从技术方面控制我国,使我国不能生产出与其相抗衡的产品,达到占领国际市场的最终目的。

竞争对手在国外申请专利的数量并不是越多,其市场策略就越成功,还应考虑其内在价值性和必要性。对于比较高难的发明,只要在有生产能力的国家申请即可,而向一般的应用国家申请则是多余。对于难度低,易仿造,应用广的技术产品,除了向生产国申请外,还应向使用国申请。

监测竞争对手的市场策略,应仔细研究其专利的数量和内容、专利的实施率、专利

许可证贸易状况及专利产品的市场占有量等因素。如果竞争对手的专利申请数量多，但自己实施的不多，则表示其采取了出售专利技术或转让专利或技术贮备的市场战略；当竞争对手围绕某一主要技术有较多的外国专利申请时，则说明其可能采取了专利网络战略；如果竞争对手向国外申请专利时，说明其将进军国际市场；当竞争对手申请的发明专利多并自己实施，则采取的是新技术产品的市场开拓策略，当企业发明申请专利极少，而实用新型专利较多，则说明其采取的是市场追随型战略。

可以发现竞争对手的新产品市场。当竞争对手由于原来产品不相关的专利申请时，则预示着其有全新产品出现；当竞争对手有先进专利申请时，则表明将会开发出较先进的产品。当竞争对手购买某一技术领域专利时，预示其将在这一领域投资生产。企业该通过各种途径，搜集相关情报，设法获取竞争对手的新产品技术的有关参数，预测其可能的应用范围，为本企业采取对策做好参谋。

发现竞争对手的潜在市场。竞争对手由于某种特殊需要研制的发明专利，刚刚出现时，常会局限在非常狭窄的应用领域内。随着技术的完善和时间的推移，就可能扩大应用领域。应仔细研究竞争对手这种专利的实施利用情况，观察围绕这种专利是否有关联的实用新型和外观设计专利出现，结合其与其他行业、部门的联系，寻求应用的途径，从而发现这种专利的潜在市场。

发现竞争对手的市场合作策略。现代市场竞争的加剧和社会因素的复杂多变，有时企业依托自身的力量难以在市场上立足，需要和其他企业合作开发市场，常见的形式有两种：一是各企业将相互拥有的专利权拿上来合作，以生产合作的形式出现；二是和其他企业开发合作专利给水，谋求市场的拓展。这时，不但要观察了解竞争对手，更重要的是深入研究合作方的情况及合作的条件，作出正确的判断，制定相对应的竞争策略。

五、专利文献检索在创新基金和科技查新中具有重要意义

（一）对于科技立项或博士开题科技查新的应用意义

在应用科技立项或者博士开题前，为了防范决策出现失误和重复科研的情况发生，需要对一些相关现有技术实行专利文献的检索，从而对于领域中的最新科研状况进行分析，以此对项目的新颖性以及可实施性进行判断。另外，对立项技术也应该进行在知识产权中的应用分析，并在进行科研期间跟踪检索，防范在获得成功后才发觉专利成果在别人的保护范围内，从而造成人力、财力以及物力的大量浪费。国家愈来愈重视知识产权，因此要求在科研项目中应该对相关项目领域的知识产权情况进行判断和分析。专利文献在创新基金以及科技查新的报告等重大项目中的作用非常重要。

（二）对于成果鉴定科技查新的应用意义

鉴定科技成果是对其水平和质量进行评价的方式之一，它包括了技术报告、项目科

研报告、查新报告、社会效益以及经济效益的分析报告等从而得出了有效鉴定，并在一定程度上促进了科技成果的发展。有的科研项目想要获得自主专利，因此在鉴定成果的时候就要评价出科研项目是否具有专利性，并对相关专利文献进行检索和分析。

（三）对于成果转化科技查新的应用意义

如今，知识产权变得越来越重要，不管是企业还是高校，当新产品或者新技术在投入产业之前，都必须进行全面整体的专利查新，以便对技术产品的创新方面进行了解，有效避免侵权的情况发生。

第三节　专利文献种类

一、专利文献种类及代码

专利文献种类繁多，有的被称为发明说明书或单行本，有的被称为实用新型说明书或单行本；有的经过审查，有的未经过审查；有的没有授予专利权，有的授予专利权，而不同种类的专利文献表示了不同的法律信息。

（一）各种专利文献产生的原因

法律规定的专利保护客体和专利申请的审查制度及审批程序是产生各种专利文献的根源。

1. 不同专利保护客体产生不同种类的专利文献

（发明）专利：发明专利申请（中国），欧洲专利申请，专利申请公开说明书（日本），美国专利；

实用新型：实用新型专利（中国），注册实用新型说明书（日本），实用新型说明书（德国）；

外观设计：外观设计专利（中国），美国外观设计；

植物专利：美国植物专利申请公布，美国植物专利。

2. 专利审查制度及审批程序也导致产生不同种类的专利文献

（1）登记制产生一级公布专利文献。

一级公布：申请注册。

注册时公布专利文件，该文件属于未经实质审查注册的专利文件。

（2）初步审查制产生两级公布或一级公布的专利文献。

两级公布：申请申请公告授权。

申请公告时公布专利文件，该文件属于未经实质审查尚未授予专利权的专利申请文件；授权时不再公布专利文件。

一级公布：申请授权。

授权时公布专利文件，该文件属于未经实质审查授予专利权的专利文件。

（3）半审查制（也称文献报告制）产生两级公布的专利文献。

两级公布：申请申请公用授权。

申请公开时公布专利文件，该文件属于未经实质审查尚未授予专利权的专利申请文件；授权时也公布专利文件，该文件属于经文献检索授予专利权的专利文件。

（4）完全审查制产生一级公布的专利文献。

一级公布：申请授权。

授权时公布专利文件，该文件属于经实质审查授予专利权的专利文件。

（5）早期公开延迟审查制产生三级公布或两级公布的专利文献。

三级公布：申请申请公开审查公告授权。

申请公开时公布专利文件，该文件属于未经实质审查尚未授予专利权的专利申请文件；审查公告时再次公布专利文件，该文件属于经实质审查尚未授予专利权的专利申请文件；授权时如果还公布专利文件，该文件属于经实质审查授予专利权的专利文件。

三级公布：申请申请公开授权。

申请公开时公布专利文件，该文件属于未经实质审查尚未授予专利权的专利申请文件；授权时再次公布专利文件，该文件属于经实质审查授予专利权的专利文件。

（二）专利文献种类相关的国际标准

为协调各局工业产权信息活动，同时规范化标识各工业产权局不同种类的专利文献，WPO制定了《用于标识不同种类专利文献的推荐标准代码》标准（以下简称ST.16）。该标准规定了几组字母代码，用它们简化标识各工业产权局公布的不同种类的专利文献。

1. ST.16的主要内容

第1组：用于在发明专利申请基础上形成的并作为基本或主要编号序列的文献。

A——第一公布级，表示在公开阶段产生的发明专利申请说明书，它只受临时的法律保护；

B——第二公布级，表示已经过实质审查尚未授予专利权的发明专利文件；

C——第三公布级，表示已经过实质审查并授予专利权的发明专利文件。

第2组：用于编号序列不同于第1组的实用新型文献。

U——第一公布级，表示未经实质审查尚未授予专利权的实用新型文件；

Y——第二公布级，表示未经实质审查授予专利权的实用新型文件；

Z——第三公布级，表示已经过实质审查并授予专利权的实用新型文件。

第3组：用于特殊系列的专利文献。

M——药物专利文献；

P——植物专利文献；

S——外观设计文献。

第4组：用于未被1~3组所涵盖的，或由专利申请衍生或与之相关的特殊类型文献。

R——单独公布的检索报告；

T——对其他工业产权局或机构已经公布的专利文献的全文或部分译文公布。

第5~7组（此处省略不赘述）。

2. 阿拉伯数字在代码中的应用

在各工业产权局出版的专利文献中，在字母标识代码之后常辅以一位阿拉伯数字作为补充信息。

0——为一些工业产权局的内部用法；

1~7——使用范围及含义，由各工业产权局，视需要自行决定；

8——表示在专利文献扉页以及再版扉页上的著录项目、文中的某一部分、附图或化学式有更正；

9——表示在专利文献任意一部分有更正，这种更正导致该文献部分或完全再版。

（三）国别代码相关的国际标准

为便于各局工业产权以编码形式标识国家、其他实体及政府间组织时使用，WIPO制定了《ST.3 用双字母代码表示国家、其他实体及政府间组织的推荐标准》（见表3-3）。

表3-3　　　　　　　　主要国家、地区及组织代码

代码	名称	代码	名称
AP	非洲地区知识产权组织（讲英语国家）	HK	中国香港特别行政区
AT	奥地利	JP	日本
AU	澳大利亚	KR	韩国
CA	加拿大	MO	中国澳门特别行政区
CH	瑞士	OA	非洲地区知识产权组织（讲法语的国家）
CN	中国	RU	俄罗斯
DE	德国	SU	苏联
EP	欧洲专利局	TW	中国台湾地区
ES	西班牙	US	美国
FR	法国	WO	世界知识产权组织
GB	英国		

二、专利文献编号

(一) 专利编号种类

专利编号包括申请号和文献号。

1. 申请号

申请号是各专利管理机构在受理专利（注册证书）申请时为每件申请编制的序号，它通常用于各专利管理机构内部各类申请和审批流程中的文档管理，也是申请人与其进行有关专利事务联系的依据。

申请号包括：申请号；临时申请号；优先申请号；分案申请号；继续或部分继续申请号；增补或再公告专利申请号；复审或再审查请求号。

2. 文献号

文献号是各专利管理机构在公布专利文献（包括公开出版和仅提供查阅）或授权、注册、登记时为每件专利文件编制的序号。它是对公布的专利文献进行管理的方式之一。

文献号包括：公开号、申请公开号、申请公布号；申请公告号；展出号、审定公告号；授权公告号、专利号、注册号、登记号。

(二) 申请号编号

1. WIPO 标准

WTPO 为使各工业产权局在制定自己的申请号体系时采取统一标准，特制定《ST. 13 工业产权申请编号建议》的标准。标准中关于"申请编号建议"放在第五条，具体可以查看建议中第五条的全部内容。

2. 各国基本做法

（1）按年编号，即申请号由年代和当年申请序号组成。表示年代的方式又分为：公元年、本国纪年以及用某一特定数字表示。

公元年表示：2003 年以前的中国，如 85 1 00463.6；

国际申请编号，如 PCT/DE 2003/003945；

本国纪年表示：2003 年以前的日本，如特愿昭 57 - 183216；

用某一特定数字表示：1995 年以前的德国，如 P 2514787.9 - 41。

（2）连续编号。即申请号的组成仅为连续编排的序号，包括按总编号和多年循环编号。

总顺序编号：苏联，如 327099/29 - 12；

多年循环编号：美国，如 06/463217。

(三) 文献号编号

1. WIPO 标准

WIPO 为使各国在制定本国专利文献号体系时采取统一标准，特制定《ST.6 对公布的专利文献编号的建议》标准。标准基本内容查看建议中 13 – 14。

2. 各国基本做法

（1）连续编号，美国从 1836 年第 1 号排起，如 US6674332 B1；欧洲，如 EP 1123452 A1。

（2）按年编号。日本特许公开每年从第 1 号排起，如 JP2004 – 103245 A。

（3）沿用申请号。如 1989 年前的中国：申请号为 85 1 00001，公开号 CN 85 1 00001。

三、专利文献著录项目

为了从不同角度揭示专利文献中载有的发明创造技术信息、向公众展示各种与专利有关的法律信息，各工业产权局对专利文献中的一些信息进行归纳提取，以专利文献著录项目的形式，记录在各种专利单行本扉页专利公报中。简单地说，专利文献的著录项目就是表示各种专利信息特征的项目。

（一）著录项目中体现的各种专利信息

专利文献著录项目所表示的信息主要为：专利技术信息、专利法律信息和专利文献外在形式信息。

1. 专利技术信息

专利技术信息是通过专利文件中的说明书、附图等文件部分详细展示出来的。

为便于人们从各种角度便捷地了解该发明创造信息，通过发明创造名称、专利分类号、摘要等专利文献著录项目来揭示专利的技术信息。

2. 专利法律信息

专利法律信息包括专利保护的范围，专利的权利人，发明人，专利的生效时间、专利申请的标志等。

有关专利保护的范围的法律信息是通过专利文件的权利要求书展示出来的，能够表示专利保护范围信息特征的专利文献著录项目主要是代表发明信息的专利分类号。其他法律信息则以法律信息特征的方式反映在专利文件的扉页上，用申请人、发明人、专利权人、专利申请号、申请日期、优先申请号、优先申请日期、优先申请国家、文献号、专利或专利申请的公布日期、国内相关申请数据等专利文献著录项目来揭示不同法律信息特征。

3. 专利文献外在形式信息

专利文献具有一般文献所拥有的所有文献外在形式，进而就有了表示专利文献外在形式的信息特征。

表示专利文献外在形式信息特征的专利文献著录项目主要是：文献种类的名称，公布专利文献的国家机构，文献号，专利或专利申请的公布日期。

（二）发明和实用新型专利文献著录项目相关国际标准

为了消除了专利文献用户在浏览各国专利文献时的语言困惑，WIPO 制定了《ST.9 关于专利及补充保护证书著录项目数据的建议》标准，规定了专利文献著录项目识别代码，即 INID 码。该标准包括以下八大方面内容：

（1）专利、补充保护证书或专利文献的标识；
（2）专利或补充保护证书申请数据；
（3）巴黎公约优先权数据；
（4）使公众获悉的日期；
（5）技术信息；
（6）与国内或前国内专利文献（包括其公布的申请）有关的其他法律或程序参引；
（7）与专利或补充保护证书有关的当事人标识；
（8）国际公约（不包括巴黎公约）的数据识别，以及补充保护证书法律事项的数据标识。

（三）外观设计专利文献著录项目相关国际标准

为了标识外观设计专利文献著录项目，WIPO 还制定了《ST.80 工业品外观设计著录数据推荐标准》，同样包括八大方面内容，用 INID 码表示有关著录项目。主要内容如下：

（1）注册/续展数据；
（2）申请数据；
（3）巴黎公约优先权数据；
（4）公众可获得信息的日期；
（5）其他信息；
（6）有法律关系的其他申请和注册参引；
（7）与申请或注册有关的当事人的标识；
（8）按照"关于工业设计国际注册海牙协定"进行国际注册的工业设计的数据及与其他国际公约有关的数据标识。

四、专利引文

专利引文是指在专利文件中列出的与本专利申请相关的其他文献，如专利文献以及科技期刊、论文、著作、会议文件等非专利文献。根据引用目的的不同，专利引文可分为审查对比文件和说明书中的引用参考文献。

专利引文与申请专利的发明创造密切相关，它记录了专利审查员在专利审查过程中、发明人在进行发明创造时的智力活动，从而全面反映专利信息交流的现状与趋势。它内容丰富、新颖，使用者可以通过它，也就是通过专利审查员或发明人的力量，获取更丰富的信息资源。

五、国际专利分类

（一）IPC 概述

1. IPC 的建立与版次

1954年12月19日，欧洲理事会主要国家：法国、德国、英国、意大利、瑞士、荷兰、瑞典等签订了《关于发明专利国际分类法欧洲公约》，根据该公约制定了《发明的国际（欧洲）分类表》，并于1968年9月1日出版生效。1971年3月24日《巴黎公约》联盟成员在法国斯特拉斯堡召开全体会议，通过了《国际专利分类斯特拉斯堡协定》，于1975年7月10日正式生效，截至2012年，该协定已有61个成员国。中国于1977年6月19日正式成为其成员。

国际专利分类表的建立使各工业产权局获得了统一的分类，以便于按照相同的原则编排各自出版的专利文献，从而实现对专利信息的高效传播利用。

从建立至今，国际专利分类表各版次使用时间为：
第1版：1968年9月1日至1974年6月30日；
第2版：1974年7月1日至1979年12月31日；
第3版：1980年1月1日至1984年12月31日；
第4版：1985年1月1日至1989年12月31日；
第5版：1990年1月1日至1994年12月31日；
第6版：1995年1月1日至1999年12月31日；
第7版：2000年1月1日至2005年12月31日。
IPC 改革：
2006.01：2006年1月1日至2006年12月31日；
2007.01：2007年1月1日至2007年9月30日；
2007.10：2007年10月1日至2007年12月31日；
2008.01：2008年1月1日至2008年3月31日；
2008.04：2008年4月1日至2008年12月31日；
2009.01：2009年1月1日至2009年12月31日；
2010.01：2010年1月1日至2010年12月31日；
2011.01：2011年1月1日至2011年12月31日；

2012.01：2012 年 1 月 1 日至当前。

IPC-2006.01 版将与发明创造有关的全部技术领域概括成 8 个部，129 个大类，739 个小类，约 70000 个组，其中约 10% 为大组。

2. 分类号的编排

国际专利分类表由高至低依次排列分类号，设置的顺序是：部、分部、大类、小类、大组、小组。

（1）部。部是分类表等级结构的最高级别。用大写英文字母 A～H 表示 8 个部的类号，每个部有部的类名，如：

A 人类生活必需

B 作业；运输

C 化学；冶金

D 纺织；造纸

E 固定建筑物

F 机械工程；照明；加热；武器：爆破

G 物理

H 电学

部内有由信息性标题构成的分部，分部有类名，没有类号。

例如，C 部设 3 个分部：

分部：化学

分部：冶金

分部：组合技术

（2）大类。每个部都被细分成若干大类，大类是分类表的第二等级。每个大类的类号由部的类号及其后的两位数字组成。每个大类的类名表明该大类包括的内容。

例如，A44 服饰缝纫用品；珠宝。

某些大类带有一个索引，该索引是对该大类内容的总括信息性概要。

（3）小类。每个大类都包括一个以上小类，小类是分类表的第三等级。每个小类类号是由大类类号加上一个大写字母组成。

例如，A21B 食品烤炉；焙烤用机械或设备。

小类的类名尽可能确切地表明该小类的内容。大多数小类都有一个索引，该索引是对该小类内容的总括信息性概要。

在小类中大部分涉及共同技术主题的位置设置了指示该技术主题的导引标题。

（4）组。每一个小类被细分成若干组，可以是大组（分类表的第四等级），也可以是小组（依赖于分类表大组等级的更低等级）。每个组的类号由小类类号加上用斜线分开的两个数组成。

①大组。每个大组的类号由小类类号、1 位到 3 位数字、斜线及 00 组成。大组类名在其小类范围以内确切限定了某一技术主题领域。大组的类号和类名在分类表中用黑体

字印刷。

例如，A43 B5/00 运动鞋。

②小组。小组是大组的细分类。每个小组的类号由其小类号、大组类号的1位到3位数字、斜线及除00以外的至少两位数字组成。任何斜线后面的第3位或随后数字应该理解为其前面数字的十进位细分数字。小组类名在其大组范围之内确切限定了某一技术主题领域。该类名前加一个或几个圆点指明该小组的等级位置，即指明每一个小组是它上面离它最近的又比它少一个圆点的小组的细分类。

例如，E21 B43/11 ·射孔器；渗透器。

   E21 B43/112 ··带可伸长射孔件的射孔器，例如，液体驱动的

解读时，小组类名必须依赖并且受限于其所缩排的上位组的类名。

（5）完整的分类号。

一个完整的分类号由代表部、大类、小类、大组或小组的类符号结合构成。例如，A01B33/00，A10B33/08。

A 部—第一级

01 大类—第二级

B 小类—第三级

33/00 或 33/08 组（包括大组和小组）

大组—第四级

小组—第五及更低的等级

3. 分类表的等级结构

国际专利分类表是一种等级分类系统。较低等级内容的细分。低等级的内容是其所属较高等级内容的细分。

国际专利分类表按部、大类、小类、大组、小组由大到小的递降次序排列类目。但在小组间的等级结构是由各小组类名之前的圆点数来确定的，而不是根据小组的编号确定。根据此等级原则，小组的技术主题范围是由它前面级别比它高的组共同确定的。

在分类表的设置中，为了避免小组类名的重复，圆点也用来替代那些等级直接比它高一级的组的类名。

例如：

A47B 13/00 桌子或写字台的零件（抽屉入 A47B 88/00；一般家具的入 A47B 91/00）

A47B 13/02 ·底架

A47B 13/04 ··木制的

A47B 13/06 ··金属制的

A47B 13/08 ·桌面，其桌边（不限定于桌面的入 A47B 95/04）

A47B 13/10 ··除圆形或四边形外的其他形状的桌面

A47B 13/12 ··透明的桌面

A47B 13/14 ·· 可拆卸的服务桌
A47B 13/16 ·· 成为桌子部件的玻璃板、烟灰缸、灯、蜡烛等物的支座

(二) IPC 使用

1. 发明技术主题的分类

分类的主要目的是便于技术主题的检索。同一的技术主题都分到同分类位置上，从而应能从同一的分类位置检索到，这个位置是检索该技术主题最相关的。

（1）发明信息与附加信息。专利文献中可以找到两种类型的信息。它们是"发明信息"和"附加信息"。分类号的选择规则对两种类型的信息发明信息是相同的。

发明信息是某专利文献全部公开文本（例如，说明书、附图、权利要求书）中代表对现有技术的贡献的技术信息。就现有技术背景而言，发明信息是利用专利文献的权利要求所提供的指引来确定，并且应当关注说明书和附图。"对现有技术的贡献"是指专利文献中明确披露的所有新颖的和非显而易见的技术主题，该技术主题不代表现有技术的那部分，即专利文献中的技术主题与已经公知的所有技术主题集合之间的差异。

附加信息是非微不足道的技术信息，它本身不代表对现有技术的贡献但对检索者而言却有可能构成有用的信息。附加信息通过确定，例如，组合物或混合物的构成部分或者方法或结构的要素或组成部分，或者已经分类的技术主题的用途或应用，来补充发明信息。

（2）发明的技术主题。发明的技术主题可以指方法，产品，设备或材料（或它们的使用方法或应用方式）。

①方法。包括：聚合、发酵、分离、成形、运送、纺织品处理、能量传递和转换、建筑、食品制备、试验、操作机器的方法及其作用方式、信息处理和传输。

②产品。包括：化合物、组合物、织物、制造的物品。

③设备。包括：化学或物理工艺设备、各种工具、各种器具、各种机器、各种执行操作的设备。

④材料。包括：混合物的组分。

应当注意的是：一个设备，由于它是通过一种方法来制造的，可以看作是一件产品。但术语"产品"只是用来表示某一方法的结果，而不管该产品（例如某化学或制造方法的最终产品）其后的功能如何，而术语"设备"是与其某种预期的用途或目的联系在一起的，例如，用于产生气体的设备、用于切割的设备。材料本身就可以构成产品。

（3）发明技术主题的分类位置。国际专利分类力图保证与某发明实质上相关的任何技术主题都尽可能地作为一个整体来分类，而不是将它们的各组成部分分别分类。

专利文献中所涉及的发明的技术主题，或者是与某物的本质特性或功能相关，或者是与某物的使用方法或应用方式有关。

①功能分类位置。一个"一般"的物，即以其本质特性或功能为特征；该物或者

不依赖某一特定应用领域，或者即使忽略对应用领域的说明，在技术上也无影响，即该物不专门适用于在该领域的应用。

②应用分类位置。"专门适用于"某一特定用途或目的的物，即为给定用途或目的而改进或专门制造的物。例如：A61F224 是专门适用于嵌入人体心脏中的机械阀的分类位置。某物的特定用途和应用：例如，专门用于特定目的或与其他装置结合的过滤器分类在应用分类位置（例如，A24 D 3/00，A47 J 31/06）。

把某物合并到一个更大的系统中：例如，B60G 包括把板簧合并到车轮的悬架。

一些分类位置，如小类，相对于分类表中其他分类位置并不总是绝对功能性或绝对应用性。例如：虽然 F16K（阀门等）和 F16N（润滑）两者都是功能性小类，但是 F16N 包括某些专门适用于润滑系统的阀门的应用性位置（F6N2300—单向阀的专门应用）。而反过来，F16K 也包括闸阀或滑阀润滑特性的应用性位置（F6K3/36—与润滑有关的特性）。

此外，词语"功能分类位置"和"应用分类位置"并非绝对。所以一个特定位置可能比另一个位置更多具有功能性，但却比再另一个位置较少具有功能性。

（4）发明技术主题的分类。准确认定与每一个发明实质相关的技术主题非常重要。发明信息经常仅涉及某一特定应用领域，应用分类位置旨在完全包括这类主题的分类。

2. 多重分类与混合系统

根据专利文献的内容，其中所揭示的信息可能要求给出一个以上的分类号：例如，当不同类别的技术主题（即分类表提供了专门分类位置的方法、产品、设备或材料）构成发明信息时；当发明主题的基本技术特征涉及功能分类位置和应用分类位置二者时，需要对文献多重分类。当专利文献中的附加信息对检索有用时，为了指明这些附加信息，也推荐多重分类或结合引得分类。

（1）技术主题的多方面分类。多方面分类是多重分类的一种特殊类型。多方面分类应用于以其性质的多个方面为特征的技术主题，例如，以其固有的结构和其特殊的应用和特性为特征的，只依据一个方面对这类技术主题分类将会导致检索信息的不完全。所给出的分类号不应当限于只包括被确定技术主题一个方面在分类表中一个或几个分类位置，还应当注意将可能需要分类的技术主题的其他并非微不足道的方面分类到分类表中更多的分类位置。

IPC 用附注来指明特别希望采用多方面分类的位置。按照所涉及技术主题的性质，这样的附注根据所指明的各个方面指定了该技术主题的强制分类；或者当希望增加专利检索的效率时，这样的附注包含了多方面分类的建议。

（2）二级分类表。对于一些技术主题，IPC 中提供了二级分类表。这些二级分类表用于根据本身已经强制分类在其他分类位置上的主题的各个方面进行强制补充分类。用于二级分类的这类分类表的例子有小类 A01P（化合物或制剂的杀生，害虫驱避，害虫引诱或植物生长调节活性）、A61P（化合物或药物制剂的治疗活性）、A61Q（化妆品或类似梳妆用配制品的使用）和 C12S（使用酶或微生物的方法）。

（3）混合系统及引得表。为了提高分类表的效力，在分类表中的特定区域内引入了混合系统的概念。混合系统只存在于 IPC 的高级版。

每一个混合系统由分类表和与其结合的补充引得表组成。引得表指明了分类位置未包括的方面。在混合系统内分类时，首先给出适合技术主题的所有分类号。然后，如果能够确定对检索目的有用的信息要素，可以添加与这些分类号中的一个或多个分类号结合使用的、引得表中的任何合适的引得码。引得码具有与分类号类似的格式。在有分类表的小类中，引得表放置在分类表之后而其编号通常以数码 101/00 开始。某些 IPC 小类只用于引得的目的，与一个或几个小类的分类号结合使用，这是在它们的类名中指出的，引得小类所采用编号体系，通常与在分类表小类的引得码表中采用的编号体系相同，但是有时其编号体系所包含的组号，可能与那些标准分类号的组号相似。

引得码只能结合分类号使用，在分类表中每一处引用均由附注指明。同样，在每一个引得码表前面的附注，类名或导引标题指明这些引得码与哪些分类号结合，为了便于表达，引得表尽可能以等级方式安排，某些表的这种编码方式使执行数据库检索时可以截断引得码。

例如，小类 C04B 中的部分引得表。

C04B103/00 有效组分的作用或特性

C04B103/10 ·加速剂

C04B103/12 ··促凝剂

C04B103/14 ··速硬剂

C04B103/20 ·阻滞剂

C04B103/22 ··缓凝剂

C04B103/24 ··缓硬剂

C04B103/30 ·减水剂

（4）引得码的使用。引得码用于确定已经分类的发明技术主题的信息在对技术主题的两个或更多的信息要素进行引得时，应当使用包括该要素等级最低的引得码组。在引得表大组中剩余主题的引得，限于对检索有用时使用。范围非常宽泛；一般的大组仅作为信息性标题使用，不应作为引得使用。

3. 选择分类位置的规则

（1）选择小类。首先确定相关的部，然后确定分部和大类。在选定的大类下，可以确定最令人满意的包括该主题的小类。确定了小类后，可参考该小类类名之后出现的参见和附注以及其分类定义，核对其范围是否足够宽泛，是否足以包括待检索的技术主题。

（2）选择组。检查在所选定的小类中使用了下述 3 个一般分类规则（通用规则、最先位置规则和最后位置规则）中的哪一个，以及在其局部是否应用了任何特殊分类规则。

（3）通用规则。通用规则是 IPC 分类表中的"默认"分类规则，并且应用在 IPC

没有指定优先分类规则或特殊分类规则的所有区域。在 IPC 分类表中应用通用规则的区域不采用一般优先规则。但是，为了限制不必要的多重分类和选择最充分代表待分类技术主题的组也会采用优先原则，如技术主题复杂性较高的组优先于技术主题复杂性较低的组；技术主题专业化程度较高的组优先于技术主题专业化程度较低的组。

（4）优先规则。优先分类规则的目的是提高分类的一致性。与通用规则相反，优先规则在指定区域所有组之间给出一般优先规则。在适用这些分类规则的区域的第一位置前或较高等级位置，用附注明显地标示出如下内容。

①最先位置规则。采用最先位置规则的区域，给出附注，如"在本小类/大组/小组中的每一等级，如无相反指示，分类入最先适当位置"。

根据这一规则，通过依次在每一缩排等级查找包括该技术主题任何部分的最先组的位置，直到在最低等级的合适缩排等级为分类选定小组，来为发明技术主题进行分类。当一篇专利文献中公开了多个特定的技术主题时，它们中的每个都分别应用最先位置规则。当为发明主题选定合适小类位置后，使用下述程序用以确定更细的分类位置：(a) 确定小类中至少部分包括该发明技术主题的最先大组；(b) 确定该大组之下至少部分包括该发明主题的最先一点组；(c) 经由连续缩排的各个等级的小组，重复前面步骤，直到确定包括该发明主题的最低等级的合适的（即带有最多数目的圆点）最先小组为止。如果在分类表应用最先位置规则的区域没有提供组合体的专门分类位置，那么该组合体分类在至少包括其子组合体之一的最先组。

②最后位置规则，采用最后位置规则的区域，给出附注，如"在本小类大组小组中的每一等级，若无相反指示，分人分类表中最后的适当位置"。

根据这一规则，通过依次在每一缩排等级查找包括该主题的任何部分的最后组，直到在最低等级的合适的缩排等级位置为分类选定小组，来为发明技术主题进行分类。当专利文献中公开了几个特定的技术主题时，它们中的每个都分别应用最后位置规则。当选定合适的小类后，使用下述程序用以确定更细的分类位置：

(a) 确定在小类中至少部分包括该发明主题的最后大组；(b) 确定该大组下至少部分包括该发明主题的最后一点组；(c) 经由连续缩排的各个等级的小组，重复前面步骤，直到确定包括该发明主题的最低等级的合适的（即带有最多数目的圆点）最后小组为止。如果在分类表应用最后位置规则的区域没有提供组合体的专门分类位置，那么该组合体分类在至少包括其子组合体之一的最后组。

（5）特殊规则。凡是使用特殊分类规则的区域，都在相关分类位置用附注清楚地指明。

4. 专利文献中分类号和引得码的表示

分类号和引得码的顺序如下：

（1）代表发明信息的分类号，将其中那个最充分代表该发明的分类号于首位。

（2）代表附加信息的分类号。

（3）引得码。

将分类号和引得码以一列或更多列的表格形式表示，而一列的各行只有一个分类号或引得码。

六、其他专利分类法

尽管大多数国家在其公布的专利文献上都采用国际专利分类号，但是在审查专利申请进行专利文献检索中，为了提高检索工作的有效性，有些专利局仍然沿用本局的内部分类系统，并且还在不断地研究、发展。现概要介绍最具代表性的几个内部分类系统。

（一）欧洲专利局专利分类系统

欧洲专利局内部用于检索的分类系统为分类系统。

——ECLA（EPOClassification）分类系统，基于在IPC分类系统下细分的系统。

——IdT（IndelingderTechniek）分类系统，即前荷兰专利局的分类系统。

——ICO引得码（indexingcodes）系统，仅用于计算机检索。

1. ECLA的建立

1968年以前，前国际专利研究所IIB，后被EPO接收，采用荷兰专利局的IdT分类系统。IdT分类系统主要是根据德国专利局的分类系统建立的。

1968年9月1日，当IPC第1版生效后，IIB（后来EPO继续做）决定将其检索文档的分类系统从IdT系统转入在IPC系统之下继续细分，建立了ECLA系统。

由于IdT系统与IPC系统有很大的不同，但为了保证检索文档的分类质量，决定在一定时间内，对不同的技术领域，逐步关闭IdT系统。即逐步将IdT系统的文献按ECLA系统重新分类。从那时起，新专利文献就根据ECLA进行分类，（除IdT未关闭部分的技术领域）。多年来，已组织审查员对大量的文献重新分类，或者审查员在检索工作中逐步对文献重新分类，现在90%以上的IdT文献都已经根据ECLA分类。从1991年起，全部新专利文献只根据ECLA系统分类（即意味着IdT系统全部关闭）。

2. ECLA的编排及等级结构

ECLA系统的分类原则是以国际专利分类（IPC）为基础的，分类位置的编排设置与IPC基本相同，ECLA的八个部与IPC一样，ECLA的类名、类号、参见、附注、分类规则、分类方法等都可引用IPC的相关定义。

例如：
部 A
大类 A01
小类 A01B
大组 A01B1/0
小组 A01B102

分类的目的是为了检索方便，分类系统必须适应高效检索工具的需要 IPC 修订周期较长，不能适应科学技术的发展，在某些活跃的技术领域集中了过多的文献，所以 ECLA 随着技术的发展不断修改，从而形成一个动态的分类体系。ECLA 系统一般是每组的专利文献保持在 100 件以内，否则就对这个小组细分。其次是对有些分类位置的技术主题概念定义不清或定义过时、不利于有效检索的分类条目，需经调整后再使用或者完全不使用。

例如：

A01D25/00 挖掘甜菜类作物的机械

A01D25/00B · ［N：起重机的辅助装置］

A01D25/02 · 带刚性工作部件的机械

A01D25/04 · 带移动式或旋转式工作部件的机械

A01D25/04B · · ［N：带驱动工作部件］

A01D25/04B1 · · · ［N：带驱动旋转工作部件］

A01D25/04B2 · · · ［N：带振荡工作部件］

A01D25/04B3 · · · ［N：带循环链的］

从上例中可以看出，ECLA 分类表中，内部细分，增设的小组符号由英文字母顺序（一个字母）和数字（最多三位数字）组成。方括号中的短语是该小组的类名，并用"N："表示 ECLA 的内部细分类。

在 ECLA 系统中，对 IC 的某些组增加了内容，指出了包括哪些主题不包括哪些主题，所增加的技术主题内容也放在符号［N：］内。

ECLA 系统中也可增加参见，其作用与 IPC 中参见作用相同，可以用于指示优先、指引有关技术主题等。

（二）美国专利分类法

1830 年以前，美国的专利文献按年代顺序排列，1831 年首次颁布了专利分类法。当时只是将不同的技术领域分成 16 个组，将所有的专利文献按 16 组分类，并在文献上标上分类号，直到 1837 年才制定了新的分类表，设置 22 个大类。180 多年以来，随着技术的发展，分类表不断修改完善，逐渐形成一套仅用于美国专码与商标局的分类体系。按照该分类体系，编排分类检索文档，供审查检索使用。直到 1969 年 1 月 7 日，美国专利与商标局在其出版的专利说明书及公报上标注与本国专利分类相对应的国际专利分类号（见表 3-4）。

表 3-4　　　　　　　　　　　美国专利分类表

大类	5	床
……		
二级小类	12.1	沙发床

续表

大类	5	床
三级小类	12.2	·可拆卸沙发床
……		
三级小类	17	·可伸展的
四级小类	18.1	··滑动部件
五级小类	19	···前后都可滑动
五级小类	20	···带旋转的滑动
五级小类	21	···水平面的改变

1. 分类表

分类表的设置在实践中得到不断的发展，形成按技术主题功能分类的分类系统。以前，曾经根据应用技术行业和设备的用途划分技术主题的分类位置。将一定技术领域的全部相关设备分类到一个合适的分类位置。一些最早的大类就基于这个原理，那些大类号一直沿用至今，如养蜂业，屠宰业等。

目前的分类表有450个大类，设定大类序号从002至987，其中有许多空缺号码。全部小类约15万个，是目前世界上较详细的分类系统之一。

分类系统共分两个等级——大类，小类。

大类——将类似的技术范围设置成大类，有大类类名和类目。

小类——在大类下的继续细分，即根据不同的技术主题又划分成不同级别的小类，并以缩位点表示，在每一个大类中，小类的排列由大类表确定。在其下的任何小类的类目和定义进一步地被大类标题和定义所限定。

美国分类号的等级：美国分类号为"大类号/小类号"形式，单从这种形式看不出分类等级和上下位关系，而分类等级和上下位关系只有通过查看详细分类表才能了解。

在大类5"床"下面的细分是小类，其中没有圆点的称为二级小类如12.1，有一个圆点的称为三级小类，有两个圆点的称为四级小类，依次类推。

下位类从属于离它最近的上位类，下位类的含义要结合离它最近的上位类的类名来考虑。小类19从属于小类18.1，而小类18.1从属于小类17。如美国专利分类号5/19的完整含义应该是5（大类）+12.1（二级小类）+17（三级小类）+18.1（四级小类）+19（五级小类）共五级组成，应理解的类名是"前后都有滑动部件的可伸展的沙发床"。随着技术的发展，技术内容的增加，美国的分类原则逐渐改为优先考虑"最接近的功能"的分类原则。"最接近的"表示基本的、直接的、或必要的功能。因此"最接近的功能"意味着通过类似的自然法则，作用于类似的物质或物体，可以获得类似的效果的工艺方法，产品装置等集中在同一类目中。也就是说，这种分类原则不管被分类的对象的用法如何，只要能得到一个相似结果的装置或工艺过程，都分在同一类中。例如，将热交换装置设置成一个分类位置。牛奶冷却器、啤酒冷却器等都在这个类目中。

在这个热交换技术范围内,再根据热交换的其他技术特征进行进一步的细分类。在这样的功能分类位置就可对该技术主题本身进行完整的检索。

2.《专利分类表定义》

美国专利分类定义是对分类表的补充说明,详细描述其分类体系中所有大类及小类所包括的技术范围,并通过附注对使用者指出相关的分类位置。

小类的分类定义必须根据大类的定义,任何原始小类的分类定义都从属于它上一等级小类的分类定义,分类定义的作用与 IPC 中的各种参见、附注的作用近似,但分类定义更为全面。

例如,美国专利分类的 26 大类,其类名是:纺织品、织物的整理;其分类定义是:本类为纺织品纤维的处理以及其后续,使其有良好的市场效果。由于在整理皮毛的过程中,皮毛修整与织物的表面纤维或纱线的处理,特别是绒毛纤维的处理类似,因此皮毛修整设置在本大类的 15 小类及其下属小类中。另外拉伸塑料薄膜的设备,与纤维的拉伸设备,在功能上是类似的,前者也被置于本大类的 54 小类及其下属小类中。然而拉伸塑料薄膜的过程,应分入 264 大类(塑料及非金属制品的成型及处理)。纺织品及纤维的漂白、染色、洗涤及化学处理过程入 8 大类。染色及漂白,纺织品及纤维的水处理及化学处理,织物纤维的水处理设备入 68 大类,在许多分类定义中都设置有附注,这些附注一般通过解释词成举例来等等,补充分类定义。

3.《分类索引》

为了帮助使用者尽快地查阅分类表,在分类表的相关位置准确地确定《分类索引》分类号,《分类索引》起到了辅助分类工具的作用。

分类索引的组成:在索引的前部有一个按英文 26 个字母顺序排列的大类表,正文部分是分类索引。分类索引是由 65000 个按英文字母顺序排列的技术名词,在这些技术名词之下,将有关的类目列出。《分类索引》只起引导作用,使用者根据主题词尽快查到相关技术主题的分类位置,然后再查阅美国专利分类表,确定准确的分类号。索引将相关的技术主题类号归结在一起,以便使用者了解相关技术主题的所有类号,便于选择。

4.《分类表修正页》

分类表的修正页在一年中随时都可以公布,它是一个关于美国专利分类系统修改变化的报告,其报告内容如下:

· 报告分类表的变化情况,修改的部分如删除、转走的大类、小类、新建立的大类等。

· 小类分类定义的变化,以支持大类、小类的变化所引起的分类位置的变化,如建立新的分类定义,或者对原有分类定义作进一步修改、补充、完善。

· 告知删除小类的文献已经转入新建立的小类或已有的小类中。列出新建立的小类和 IPC 相关小类的对照表。

七、外观设计分类法

（一）国际外观设计分类法

1. 国际外观设计分类法的产生

1968年10月8日，在瑞士洛迦诺举行的巴黎公约成员外交会上通过了《建立工业品外观设计国际分类协定》，也称《洛迦诺协定》，从而建立了国际外观设计分类体系，制定了国际外观设计分类表。该协定于1971年4月27日生效。目前共有52个国家实施《洛迦诺协定》，另有8个国家签署了《洛迦诺协定》。

《洛迦诺协定》旨在对巴黎公约成员保护的外观设计，在分类管理上进行统一的规范管理，以便于分类定题查找，更有效地利用外观设计专利文献，也避免在国际交换外观设计文献时，因各国分类体系不同而带来的重新分类问题。因此，根据《洛迦诺协定》，要求各公约国的工业产权在其所公布的外观设计保存或注册的官方文件上以及在正式公布这些文件时在有关同物上标明国际外观设计分类号。

《洛迦诺协定》建立了一个专门联盟"洛迦诺联盟"，由加入该协定的所有国家组成。该联盟还组成"专家委员会"，由专家委员会定期修订国际外观设计分类表。国际外观设计分类表用英文和法文两种文本出版，两种文本具有同样的权威性，根据《洛迦诺协定》规定，分类表的正式版本还可以用其他文种出版，如中文版的外观设计分类表。现在使用的是第9版，已于2009年1月1日生效。

2. 各国应用的情况

中国于1996年6月17日向WPO申请加入《洛迦诺协定》，并于1996年9月19日正式批准生效，之后国家知识产权局专利局一直采用洛迦诺分类法对外观设计专利申请进行分类，给出合适的分类号，并标示在公开的外观设计专利文献上。分类号的表示形式是：大类号、小类号、英文版产品系列号。

例如，"汽车"的分类号是12-08-A0224，其中：

"12"表示大类号，类名是：运输或提升工具；

"08"表示小类号，类名是：汽车、公共汽车和货车；

"A0224"表示在此小类下的英文版产品系列号，类名是：汽车。

目前外观设计专利文献上，只标出大类号和小类号。

有的国家在采用洛迦诺分类法时，在分类号的表示方法上略有不同。例如，法国、捷克、挪威、日本、美国只用大类号和小类号表示，汽车的分类号只用12-08表示。但有的则在大类号和小类号后面跟上一个英文版产品系列号的一个英文字母，例如，汽车的分类号用12-08A表示，这样的国家如澳大利亚。

根据《洛迦诺协定》，洛迦诺联盟的每一国家保留将洛迦诺分类法作为主要的或作为辅助的分类体系使用的权利。这意味着洛迦诺联盟国家有自由采用洛迦诺分类法作为工业品外观设计分类或仍然维持本国现有关于工业品外观设计的分类法,而把洛迦诺分类法作为辅助分类法,一并记载在外观设计的文献上。专利局收藏的外观设计文献,如奥地利、澳大利亚、瑞士、捷克、德国、法国、英国、日本、挪威、俄罗斯(苏联)、泰国都采用洛迦诺分类号标注在外观设计的文献上。日本在意匠文献上除用本国外观设计分类号外,于1998年4月也开始采用洛迦诺分类号,美国于1997年也开始采用洛迦诺分类号标注在美国外观设计文献上,同时也标注本国的外观设计分类号。

3. 分类表的编排、等级结构、表示方法

洛迦诺分类表的编排结构采用两级分类制,即由大类和小类组成。用阿拉伯数字按顺序编排,并有英文版产品系列号及法文版产品系列号。

第9版外观设计分类表由32个大类,23个小类,7024个条目组成。每一个大类分成若干个小类。

例如,17类乐器

大类号:17类

大类类名:乐器

例如,17-03弦乐器

小类号:17-03

小类类名:弦乐器

"洋琴"的产品系列号:

D0356 英文版产品系列号

T0462 法文版产品系列号

洛迦诺分类号的表示方法是用符号"Cl."表示,例如,Cl.01-02。也可以用缩写符号"LOC"(Locarno 洛迦诺)表示,并用圆括号内的阿拉伯数字表示分类号所在的版次。例如,LOC(9)Cl.08-05。

(二)欧洲共同体外观设计分类法(欧洲洛迦诺分类)

对于任何一件注册式共同体外观设计的申请和注册,主要并且强制性的部分是为外观设计所使用或组合的产品定名(清晰地指明产品的自然属性,且每一项产品应属于同一类别)。必要时,这些信息交由位于卢森堡公国的欧盟翻译中心进行翻译。OHIM (Office for Harmoniaton in the Internal Market,内部市场协调局)需等待大约两个月的时间收到翻译,这与外观设计注册程序相冲突,因为外观设计注册程序必须快捷,以尽早提供有效保护。为了缓解这一问题,OHIM使用一种被命名为欧洲洛迦诺分类的产品术语表。

欧洲洛迦诺分类实际上是OHIM的一个外观设计分类数据库,在洛迦诺分类的基础上形成,不改变其分类结构,只是扩展了洛迦诺分类表中能产品名称(共32个大类,88000个术语)。因此,该数据库实际上是按洛迦诺分类的一个附加产品术语表,但稍有区别。

申请人在递交申请时可使用这一术语表,指出产品所属类目,以避免翻译的时间延误。

(三) 美国外观设计分类法

1842年,美国通过一项对工业品外观设计保护的专利法案,成为专利法的一个组成部分。并在每周公布的公报上公告授权的外观设计专利,也记录在光盘载体中供大家查阅。其中的著录项目有涉及主题的分类号,在1997年5月6日之前,美国只采用本国的外观设计分类号(US.C1)表示,在此之后,既采用US.C1,又采用洛迦诺分类号。

美国专利商标局对外观设计专利申请要进行形式审查和实质审查,如外观设计的产品具有装饰性、新颖性和非显而易见性,根据美国专利法的规定,授予外观设计专利。因此,为了向审查员提供一个有效的外观设计专利文献的检索手段,科学地管理大量的外观设计专利文献而制定的外观设计分类法显得尤为重要。

美国为了鼓励发展装饰艺术,专利法规定,可获专利权的外观设计必须具有装饰性,具有该物品或其构成部分的外观设计的功能性,外观设计分类法正是基于这种功能性的内容分类,或对外观设计的用途进行分类。将具有相同功能的外观设计主题分在同一个类目里,以便从这一类目中检索到相关主题的外观设计专利文献。

例如,座椅的外观设计专利文献分在大类D6(家具)中,不管那些座椅是用于家庭、工作场所、车辆中等,而具有相同功能的外观设计再进步根据其特殊的功能特征,有特色的装饰性外观或表面形状等,根据需要再进行不断地细分。

美国外观设计分类表根据不同的主题分成33个大类。33个主题的大类的排列顺序与洛迦诺分类法类似,下面列举几个大类号及类名的排列表。

D1 食用的产品

D2 服装和服饰用品

D3 旅行用品,个人物品和贮藏箱或携带物品

D4 刷子

D5 纺织品或纸按码出售的织物;片材类

D6 家具

每一个大类分成若干个小类,以便对外观设计特定的类型进行有效的检索。因此小类的主题范围从属于特定的功能性、特殊的功能特征或有特色装饰性的外观和形状。

例如,大类D6的主题类名是"家具",又根据不同家具的类型分成许多小类,例如座椅,桌子,贮藏柜,家具的部件及元件等小类,若同一个小类里有许多文献,必须将此小类更进一步地分类成"下属的"或叫"缩格位"的小类,以便有效地检索到特定类型的外观设计文献。

在大类D6家具中,有关座椅的外观设计专利文献量大,为了便于检索设置了单独的小类,把座椅的一些不同特征分成不同"缩格位"的小类。

大类 D6 家具

334・座椅

335・・被结合或可变换的

336・・・有工作面或储藏单元的

337・・・・有复数面的座位

338・・・・在座位的前面有定位的工作面的

339・・・・・青少年用的高椅

340・・・・・可又开腿坐的

341・・・・・有不对称的附件

342・・・在前面有附件的座椅

343・・・有服饰物支撑件的，如衣物架

344・・可旋转或可摇动的

345・・・模拟的

346・・・有复数面的座位

347・・・悬挂的

348・・・接触地板的弧形转轮

从上述分类位置可以看出，从属小类包含大量外观设计文献时，这个主题的小类可再进一步细分成另外的从属小类。例如，D6/344 旋转或摇动的座椅分类已经被展开成几个从属小类，根据功能性类型，装饰性外观或形状，分成小类 D6/345 到 D6/348。

在分类表中设置的附注也是用来澄清、阐明每一个大类的技术主题所包含的范围，附注编排在每一个大类的前面，当分类或检索时，必须考虑附注的内容。

例如，大类 D10 包含了测量，测试成信号仪器，设置了钟的位置。然而 D10 的附注指出与收音机或电视机结合的钟的外观设计专利应分类在 D14 包含在录音，通讯或信息再现仪器的大类中。附注进一步指出与标示或显示设备结合的外观设计专利应分类入 D20 销售和广告设备的大类中。

（四）日本外观设计分类法（意匠分类法）

日本外观设计分类法专门对日本的外观设计（意匠）进行分类，并标注在所公布的外观设计的文献上。日本 1998 年 4 月开始启用洛迦诺分类法，将洛迦诺分类号标注在外观设计文献上，同时本国的分类法仍然沿用。介绍意匠分类法的目的是在读者使用日本老文献时有所帮助。

日本外观设计分类表主要的设置思想是根据物品的用途分类，必要时考虑产品的功能特征，若再继续细分时，则根据产品的外形进行分类。

分类表的编排结构依次是：部，大类，小类，外形分类，共分成四级。

部：以物品的用途进行分类，共分成 13 个大部，以英文字母 A—N 表示，每一个字母代表部。

例如：

A 部制造食品及嗜好品

B 部衣服及随身用品

C 部生活用品

D 部住宅设备用品

E 部趣味娱乐用品及体育比赛用品

F 部事务用品及销售用品

G 部运输及搬运机械

H 部电气、电子元件及通信机械器具

J 部一般机械器具

K 部产业用机械器具

L 部土木建筑用品

M 部不属 A—L 部的其他基础产品

N 部不属于其他部的物品

大类：在部的类名下，按物品的用途主题范围划分大类，如下例中的 A1 大类。

小类：在大类类名下，按物品的用途主题范围划分小类，例如，A1 - 15 外形分类：在小类下面的继续细分，根据物品外形进行分类。不同于从部到小类按物品用途主题分类附注：为了在分类表中明确分类范围，在分类的每个分类类目中加了"附注"，对分类类目的解释、运用；对分类类目特定用词的说明；与其他分类类目的界线，解释其他分类项目的注意事项；分类时考虑的分类规则；分类时的优先规则；分类的其他注意事项等。

第四节 专利文献信息检索的原理及方法

专利文献是极为重要的科技信息来源，无论是申请专利、申报课题，还是开发新产品、处理专利侵权纠纷，都离不开专利文献的检索。随着网络技术的不断发展，专利检索系统层出不穷，普通用户想要准确无误地选择数据库，快速、全面、准确地获取所需专利信息，就需要掌握数据库各自的收录范围，了解各数据库的优势与不足。

 一、专利信息检索概念

专利信息检索是从事专利文献工作的人们在其长期工作概括出来的一种特指查找专利资料活动的术语。在科研课题立项、技术难题的攻关、新产品的开发、最新发明创造申请专利、国外技术的引进、专利侵权纠纷的处理、了解竞争对手的情况之前，人们首先该做的事就是查找专利信息。

专利信息检索是指使用者根据需要，借助一定的检索工具，从专利信息集合中找出符合特定要求的专利信息的过程和行为。

目前的专利信息检索主要是在计算机或计算机检索网络的终端机上进行，因此专利信息检索可理解为根据某一（些）专利信息特征从各种专利数据库中找出符合特定要求的专利文献或信息的过程。

上述专利信息检索概念中包含三个方面的含义：线索、工具和目的。

根据某一（些）专利信息特征，即专利信息检索的线索；从各种专利数据库中找，即专利信息检索的工具；找出符合特定要求的专利文献或信息，即专利信息检索的目的。

也就是说，专利信息检索概念是根据"要达到的目的、掌握的线索和选择的工具"概括而成的。

二、专利信息检索种类

专利信息检索种类是按照检索人要达到的目的来划分的。根据不同的检索目的专利信息检索可分为专利技术信息检索、新颖性检索、创造性检索、侵权检索、专利法律状态检索、同族专利检索、技术贸易检索等种类。

（一）专利技术主题检索

1. 专利技术主题

专利技术，从狭义角度解释，指具有专利属性（新颖性、创造性、实用性、排他性、地域性、时间性等）的发明创造技术；从广义角度解释，泛指所有提出过专利申请并被公布了的发明创造技术。

2. 专利技术主题检索概述

专利技术主题检索是指从某个技术主题角度对专利文献进行的检索其目的是找出与被检索技术主题相关的参考文献。

（1）检索对象。针对特定专利技术主题。

（2）检索目的。查找可供参考的相关技术主题的专利文献。

（3）检索要求。检全。

（4）别称。专利技术信息检索，专利参考文献检索。

（5）检索线索。主题词，IPC 号。

3. 适用范围

（1）产业技术分析及技术发展趋势预测。检索所有与准备分析的产业或准备预测的技术的所属技术领域相关的专利文献，作为分析依据的基础数据。

（2）科研立项。检索专利中已有的所有与准备立项研究的技术主题相关的专利文献以供全面了解该技术领域技术现状，为确定研究方向、避免重复研究提供参考。

（3）技术创新及新产品研发。检索与准备进行的技术创新及新产品研发技术主题相关的专利，以供全面了解该技术领域技术现状，为分析该技术领域的技术热点和空白点提供参考，同时提高创新起点。

（4）解决技术难题。检索与遇到的技术难题相同技术主题的专利文献，为找出能够解决该技术问题的各种技术方案提供参考。

（5）先进技术引进。检索与准备引进的技术相关的专利，为判断准备引进的技术的水平提供参考。

（二）专利技术方案检索

1. 专利技术方案

技术方案一般是指在某一特定技术领域中采用特定技术手段解决特定技术问题的一种具体技术应用方案。它与技术主题的关系是：每项技术方案根据其所属技术领域或其所属技术领域及技术范围都可归属到某一特定技术主题范围内。

专利技术方案则是指某一相同特定技术领域或某一相同特定技术领域内相同特定技术范围的申请专利的发明创造技术的一种具体技术应用方案。

2. 专利技术方案检索概述

专利技术方案检索是指从某个技术方案角度对包括专利文献在内的全世界范围内的各种公开出版物进行的检索，其目的是找出与被检索技术方案可进行新颖性或创造性对比的文件。

（1）检索对象。针对特定技术方案。

（2）检索结果。查找可进行专利新颖性或创造性判断的对比文件。

（3）检索要求。检准。

（4）别称。专利新颖性或创造性检索，专利对比文件检索。

（5）检索线索。主题词，IPC 号。

3. 适用范围

（1）申请专利。检索与准备申请专利的技术方案相同或相似的专利对比文件，检准，供判断申请专利的技术方案新颖性或创造性。

（2）产品出口。检索与准备出口的产品所涉及的技术方案相同或相似的专利，检准，供判断是否会侵权。

（3）专利预警。检索与准备采用的技术方案相同或相似的专利，检全，供分析经营风险及制定规避预案。

（4）成果鉴定。检索与申报发明成果的技术方案相同或相似的专利对比文件，检准，供判断成果的新颖性或创造性。

（5）侵权应诉。检索与被诉侵权的产品所涉及的专利技术方案相同或相似的对比文件，检准，供判断被诉侵权专利的新颖性或创造性以便作为提出无效请求的依据。

（6）评价专利权。检索与被评价的未经实质审查授予专利权的专利技术方案相同或相似的对比文件，检准，供评价专利权的稳定性。

（三）同族专利检索

1. 同族专利检索概述

同族专利检索是指以某一专利或专利申请为线索，查找与其同属于一个专利族的所有成员的过程

（1）检索对象。特定专利或专利申请。

（2）检索目的。找出同属于一个专利族的其他成员。

（3）检索要求。检全。

（4）别称。专利地域性检索

（5）检索线索。专利编号，专利相关人，主题词。

2. 适用范围

（1）科研立项/技术创新。检索所有已找到的与科研或创新项目技术主题相关的专利的同族信息，检全，以便于掌握现有技术的专利地域性信息。

（2）技术引进。检索准备引进的专利技术的同族信息，检全，了解该专利技术在其他国家是否也提出专利保护，以便于进一步了解其在其他国家的审批情况。

（3）产品出口。检索出口产品所涉及的专利的同族信息，检全，了解该专利在产品出口目的地国及其他国家、地区的地域效力。

（4）专利预警。检索已找到可能被侵权专利的同族信息，检全，了解该专利在其他国家、地区的地域效力，以便于制定规避方案。

（5）侵权应诉。检索被诉侵权的专利的同族信息，检全，以便于了解该专利还在哪些国家申请了专利，进而了解在其他国家的审批情况，以及是否得到不同审批结果。

（6）产业分析/趋势预测。检索已找到的特定技术领域的所有专利的同族信息，检全，以便于去除重复的技术方案，使产业技术分析和技术发展趋势预测更加准确。

（四）专利法律状态检索

1. 专利法律状态种类

（1）专利权有效。检索当日或日前，被检索的专利已获权，并且至检索日之后的下一个交费日前专利是有效的。

（2）专利权有效期届满。在检索当日或日前，被检索的专利已获权，但至检索当日或日前专利权有效期已超过专利法规定的期限（包括超过扩展的期限）。

（3）专利申请尚未授权。在检索当日或日前，被检索的专利申请尚未公布，或已公布但尚未授予专利权。

（4）专利申请撤回或被视为撤回。在检索当日或日前，被检索的专利申请被申请人主动撤回或被专利机构判定视为撤回。

（5）专利申请被驳回。在检索当日或日前，被检索的专利申请被专利机构驳回。

（6）专利权终止。在检索当日或日前，被检索的专利虽已获权，但由于未缴纳专利费而在专利权有效期尚未届满时提前失效。

（7）专利权无效或部分无效。在检索当日或日前，被检索的专利曾获权，但由于无效宣告理由成专利权被专利机构判定为无效。

（8）专利权转移。在检索当日或日前，被检索的专利或专利申请发生专利权人或专利申请人变更。

2. 专利法律状态检索概述

专利法律状态检索是指对一项专利或专利申请当前所处的状态所进行的检索，其主要目的是了解专利申请是否授权，专利是否有效等信息。

（1）检索对象。检索特定专利或专利申请。

（2）检索结果。专利或专利申请当前所处的状态，专利审查过程文件。

（3）检索要求。检准。

（4）别称。专利有效性检索。

（5）检索线索。专利编号。

3. 适用范围

（1）技术引进。技术引进前，检索准备引进的专利技术的法律状态，以获得专利是否有效和专利保护期剩余时间信息。

（2）产品出口。已经确定准备出口的产品利用了国外专利技术且产品还将出口到专利所在国，产品出口前，检索该专利法律状态，以确定该专利是否在该国仍然有效。

（3）专利预警。当准备采用一项新技术并对此开展专利预警分析时，不仅要进行专利技术方案检索和专利相似性对比，同时还要对找到的相似专利的法律状态进行检索，以获得专利有效性信息，为判断潜在的侵权可能性提供依据。

（4）侵权应诉。当被告知侵犯他人专利权时，可马上进行专利法律状态检索，以确定被诉侵权的专利的有效性。

（5）市场监管。执法部门在技术交易会展中，针对被举报有假冒欺骗行为的专利技术进行专利法律状态检索，以核实其真实性、有效性。

（6）审查意见参照。当需要参照针对专利族成员的他国审查意见时，通过专利法律状态检索，找出他国专利审查意见通知书等审查过程文件，以获得参照信息。

（五）专利引文检索

1. 专利引文检索概述

专利引文检索是指查找特定专利所引用或被引用的信息的过程，其目的是找出专利文献中刊出的申请人在完成发明创造过程中曾经引用过的参考文献和专利审查机构在审查过程中由审查员引用过并被记录在专利文献中的审查对比文件，以及被其他专利作为参考文献和审查对比文件所引用并记录在其他专利文献中的相关信息。

（1）检索对象。检索特定专利申请或专利。

(2) 检索结果。审查员在审查过程中引用过并被记录在专利文献中的对比文件，审查员在审查过程中引用过并被记录在审查意见通知书中的对比文件，申请人在完成发明创造过程中曾经引用过并被记录在专利文献中的参考文献，被其他专利作为参考文献或对比文件所引用。

(3) 检索要求。检全。

(4) 检索线索。专利编号。

2. 适用范围

(1) 科研立项/技术创新。在专利技术主题检索的基础上，检索已命中专利的引用文献，通过搜索检索命中目录中未列出专利来扩大专利技术主题检索结果命中范围。

(2) 侵权应诉。在检索被诉侵权专利的专利族成员的基础上，检索其美日欧专利族成员的审查对比文件，通过比较，了解美日欧专利审查员审批被诉侵权有利的同族申请的依据及审查结果，寻求更多对应诉有益的依据。

(3) 技术发展轨迹分析。在专利技术主题检索的基础上，检索已命中专利之间的引用关系，通过排列引用顺序来分析技术发展轨迹。

(4) 核心专利技术分析。在专利技术主题检索的基础上，检索已命中专利的被引用信息，通过比较被引用频率来分析核心专利技术。

(5) 专利技术生命周期分析。检索特定专利的引用文献，通过计算所有被引用专利与该特定专利之间的时间差的平均值来分析该专利技术生命周期。

（六）专利相关人检索

1. 专利相关人种类

(1) 专利权人。拥有发明创造专利所有权的人。包括法人（机构）和自然人（个人）。英文表达 patentee，专利文献著录项目代码为（73）。

(2) 受让人。以权利转移方式获得发明创造专利申请权或所有权的人（仅在美国专利中使用）。包括法人（机构）和自然人（个人）。英文表达为 assignee，专利文献著录项目代码为（73）。

(3) 申请人。提出发明创造专利申请的人。法人（机构）和自然人（个人）。英文表达 applicant，专利文献著录项目代码为（71）。

(4) 发明人。完成发明创造的人。仅包括自然人（个人）。英文表达为 inventor，专利文献著录项目代码为（72），美国专利中使用（75）。

(5) 代理人。代理专利申请的人，仅包括自然人（个人）。英文表达为 attorney 或 agent，专利文献著录项目代码为（74）。

(6) 代理机构。代理专利申请的人所在机构。英文表达为 agency，专利文献著录项目代码为（74）。

2. 专利相关人检索概述

专利相关人检索是指查找某申请人或专利权人成发明人拥有的专利或专利申请的

过程。

(1) 检索对象。特定专利相关人。

(2) 检索结果。专利相关人拥有的专利申请或专利，专利代理人代理的专利申请或专利。

(3) 检索要求。检全。

(4) 别称。专利申请人/专利权人（受让人）检索，发明人检索，代理人检索。

(5) 检索线索。专利申请人/专利权人名字/名称/代码，发明人名字，代理机构名称/代码。

3. 适用范围

(1) 关注竞争对手。检索竞争对手拥有的专利或专利申请，可以了解竞争对手的研发实力和最新研发动态，以及时做好应对竞争对手的预案。

(2) 挑选合作伙伴。检索与本企业同属相同技术领域的其他公司拥有的专利或专利申请，可以了解并挑选未来开展合作的伙伴。

(3) 挖掘技术人才。检索某产品所属技术领域的专利及专利申请，关注其中属于非职务发明的专利或专利申请，找出其发明人，再检索其发明人的专利或专利申请，可以了解发明人的研发能力，从而判断能否成为企业可挖掘的人才。

第五节 专利信息检索系统选择

专利信息检索是一项复杂的工作，专利信息检索效果如何，会受到来自客观因素和主观因素的制约和影响。影响专利信息检索的客观因素主要指专利信息检索系统，包括专利信息数据库和专利信息检索软件。不同专利信息检索系统收集的专利数据不同，采用的检索软件也不同，因此在进行不同种类的专利信息检索时会产生不同的效果。

一、专利信息数据库

专利信息数据库是构成专利信息检索系统的最重要的组成部分，是专利信息检索的物质基础，因此成为影响专利信息检索效果的第一客观因素。

（一）专利信息数据

专利信息数据库中的数据大体可以分为两类：专利著录数据和专利全文数据。专利著录数据是指基于专利文献著录项目而建立的数据；专利全文数据则是指基于专利说明书全文而建立的数据。专利著录数据是为便于检索而建立的，因此专利著录数据是编码型数据，是可检索数据。而专利全文数据主要是为浏览而用，因而专利全文数据，特别是早期专利全文的数据，是图像型数据，是不可检索的数据；随着数据加工技术的不断进步,特别是 OCR 技术的应用,专利全文数据亦被加工成编码型数据,用于全文检索。因此专利全文数据被处理成两类:图像型数据和编码型数据。

虽然编码型专利著录数据的数据库是基于专利文献著录项目而建立的,但数据库加工者并不会把每件专利的所有专利文献著录项目收录到一个数据库中。数据库加工者会根据检索需要,把专利著录数据的数据库分别处理成专利检索数据库、专利法律状态数据库、同族专利数据库、专利引文数据库、专利权转移数据库等。

专利检索数据库通常包括:专利号或文献号、申请号、申请人或专利权人、发明人或设计人、专利分类号、优先权信息、发明名称、文摘等专利数据;专业化的专利检索数据库还会包括经过标引的关键词、细分的专利文摘等数据,特别是专利文摘数据会进一步细分成新颖性、用途、有益效果、技术描述等若干个子字段。专利检索数据库主要供人们查询专利对比文件或参考文献。

专利法律状态数据库通常包括:不同公布级别的公布时间和公布类型等数据。专利法律状态数据库主要供人们查询专利当前是否授权,是否有效等状态,以及失效原因。

同族专利数据库通常包括:同一专利族中各个同族专利的文献号,公布种类,公布时间等数据。同族专利数据库供人们查询同一专利族的专利数量,所属同族专利种类等信息。

专利引文数据库通常包括:引用的参考文献和审查对比文件,及其被引用的相关信息。专利引文数据库供人们查询专利引用与被引用关系。专利权转移数据库通常包括:专利号,专利出让人名称,专利受让人名称,专利权转移生效时间等数据。专利权转移数据库供人们查询专利权转移信息。

(二) 专利记录与字段

在以编码型专利文献著录项目构成的专利著录数据的数据库中,每件专利被处理成一个记录。专利信息数据库根据检索需要,将其所收录的每个专利记录的专利文献著录项目处理成若干字段,每个字段设有字段名称和字段代码,供编制检索软件时设立检索入口。

专利检索数据库中的专利记录常设字段有:文献号,申请号,申请人,发明人,专利分类号,发明名称,文摘,申请日,公布日等。其中文献号、申请号字段为数字型数据;申请人、发明人、发明名称、文摘字段为文本型数据;专利分类号为代码型数据;申请日、公布日为日期型数据。专业化的专利检索数据库中的专利记录还设有关键词字段,关键词字段为关键词型数据。

 二、专利信息检索软件

专利信息检索软件是供人们运行专利信息数据库、实施专利信息检索的计算机应用软件。当它与专利数据库结合到一起时,就组成了完整的专利信息检索系统。因此,它与专利数据库一起构成专利信息检索的物质基础，是影响专利信息检索效果的重要客观因素。公众了解一种专利信息检索系统时，主要通过专利信息检索系统所配备的检索软件，特别是通过检索软件中设置的检索方式、检索入口、检索功能来认识和使用它。

（一）检索方式

为适应不同用户对专利信息检索的需求，一般检索软件采用以下检索方式中的一种或多种：命令检索方式，格式化检索方式，辅助检索方式。

命令检索方式是指由检索者直接输入检索命令代码、检索字段代码和检索提问字符串并执行检索的方式。在命令检索方式的检索界面上，没有提示性语句，检索者需熟悉检索命令，熟知专利数据库中的检索字段及代码，了解检索系统设置的各种检索功能；同时对于检索者来说，命令检索方式自由度大，可在检索系统规定的范围内任意组织检索提问式，并进行多逻辑关系的复杂检索，因此它比较适合在专业化专利信息检索系统中使用，更适于专业检索人士使用。

格式化检索方式是指检索系统为检索者设置了固定的检索提问式输入窗口及各检索窗口之间固定的逻辑关系选项的检索方式。在格式化检索方式的检索界面上，检索者只能按照固定设置进行检索，无法任意组织检索提问式，也无法进行多逻辑关系的复杂检索，因此它比较适合在大众化专利信息检索系统中使用，更适于普通公众使用。

辅助检索方式是指根据检索提示进行专利信息检索的检索方式。在辅助检索方式的检索界面上，检索系统为检索者不仅设置了固定的检索提问式输入窗口、检索字段代码选项和检索词索引选项，还设置了执行检索步骤的提示，检索者可根据一步步提示来完成检索，因此它比较适合在大众化专利信息检索系统中使用，更适于初学者使用。

（二）检索界面

检索界面是专利信息检索系统根据检索方式设置的供检索者实施检索的一种互动平台。检索者可以在这个互动平台上组织检索提问式，实施检索。

由于检索界面是根据检索方式来设置的，一种专利信息检索系统如果仅设置一种检索方式，通常也只设置一种检索界面；如果设置两种以上检索方式，则同时会设置两种以上检索界面。

通常，命令检索方式和辅助检索方式所设置的检索界面都较为固定只有格式化检索方式的检索界面会根据不同需要来变化式样。如一些检索系统根据需要设置了格式化检索方式的多检索入口的检索界面，同时还设置了格式化检索方式的单一主要检索入口的检索界面。如美国专利商标局网站上的美国授权专利检索系统既设置了命令检索方式又设置了格式化检索方式，因此既有适应命令检索方式的高级检索界面（AdvacedSearch）也有适应格式化检索方式的快速检索界面（QuickSearch）和专利号检索界面（Patent-NumberSearch）。

（三）检索入口

检索入口是专利信息检索系统专利数据库中的，用于检索的字段设置的检索项。通常专利数据库中有哪些检索字段，检索软件就可设置哪些检索口。

作为专利检索数据库的检索软件通常设置的专利检索入口有：文献号、申请号、申请人、发明人、专利分类号、发明名称、文摘、申请日、公布日等。作为专业化的专利检索数据库的检索软件还会设置更多的检索入口，如关键词、专利权人代码、化学代码等检索入口。

作为格式化检索方式的检索界面上设置的检索入口通常是以固定的窗口模式设计的，检索者在检索时先选择检索入口名称，再在检索入口名称对应的检索窗口输入检索提问字符串，即可进行检索。

作为命令检索方式的检索界面上设置的检索入口通常是开放式的，检索者在检索时除了要输入检索提问字符串，还要输入检索字段代码，以确定检索是在特定字段中进行，才可进行检索。

（四）检索功能

检索功能是指专利信息检索系统为使检索软件满足检索者需求、使专利数据库中的各种相关信息能够被有效地检索出来而做的特殊设置。

通常检索软件在检索专利数据库中的数据时，通过将一个个检索字符串和特定字段中的字符串进行比较，将含有相同字符串的记录作为检索结果提取出来，从而实现检索目的。然而，无论是在单一字段中检索，还是在多字段中检索，总有许多信息需要经过特殊组织或较为复杂的比较才能找到。因此许多检索软件设置了能够满足各种检索需求的检索功能，如逻辑组配检索、通配检索、范围检索、位置检索等功能。

当人们进行专利信息检索时，首先要从专利数据范围角度考虑能否满足需要，然后还要考虑专利检索数据库中是否包含相关专利记录的字段；此外还要考虑检索软件采用哪种检索方式，设置了哪种检索界面，具有哪些检索字段和具备哪些检索功能。只有了解清楚所使用的专利信息检索系统的上述因素，充分利用这些因素，才能提高检索的效率。

第六节 常用信息检索技术

一、布尔逻辑检索

布尔逻辑检索，简称逻辑检索，是指利用逻辑"或、与、非"等运算符将同一个字段内两个以上被检索词进行逻辑组配，组成逻辑检索提问式进行的检索。

（一）逻辑"或"检索

用逻辑"或"运算符将同一个字段内两个被检索词（A 或 B）进行组配并检索的检索方式称逻辑"或"检索，其检索结果将包括所有带有 A 或 B 两个检索词中任意一个检索词的记录。逻辑"与"检索有助于增强检索专指性，缩小检索范围，提高检索准确率。

（二）逻辑"与"检索

用逻辑"与"运算符将同一个字段内两个被检索词（A 与 B）进行组配并检索的检索方式称逻辑"与"检索，其检索结果将包括所有同时带有 A 和 B 两个检索词的记录。逻辑"与"检索有助于增强检索专指性，缩小检索范围，提高检索准确率。

（三）逻辑"非"检索

用逻辑"非"运算符将同一个字段内两个被检索词（A 非 B）进行组配并检索的检索方式称逻辑"非"检索，其检索结果将包括所有带 A 检索词而不带 B 检索词的记录。逻辑"非"检索有助于缩小检索范围，增强检索的准确性。

二、通配检索

通配检索是指在某一检索字段内用"截断符、强制符、选择符"等通配符替代某一检索字符串中的字符，构成通配检索式进行的检索。通配检索功能可以起到扩大检索范围、提高查全率、减少检索词的输入量、节省检索时间等作用。

（一）截断检索

用截词符通配的字符串构成检索词并进行检索称截断检索，截断检索可分为前截断检索和后截断检索，前截断检索还可称为后方一致检索，后截断检索还可称为前方一致检索。通常在一个检索词中只能出现一个截词符，或前截断，或后截断，该截词符通常代表任意数量的字符。

（二）强制检索

用强制符通配的字符串构成检索词进行的检索为强制检索，通常在一个检索词中可以使用一个以上强制符，一个强制符代表一个字符。

（三）选择检索

用选择符通配的字符串构成的检索词进行的检索为选择检索。在一个检索词中可以使用一个以上选择符,一个选择符代表零到一个字符。

 三、位置检索

位置检索功能是针对主题词或关键词检索设置的,是指检索软件设置了用"位置算符"将两个被检索词进行逻辑"与"组配,且表明两词之间的位置关系,组成位置检索提问式的检索功能。位置检索功能可以消除逻辑"与"运算所产生的歧义,提高检准率。"位置算符"可分为代表相邻关系的"邻词算符"和代表同在关系的"同在算符",并分别形成邻词检索和共存检索。

(一) 邻词检索

邻词检索是指利用表示"与"且能限定被检索词之间相邻关系(如主题词 A 和主题词 B 之间可插入 0~N 个词)的"邻词算符"将同一个字段内两个检索词进行逻辑组配,组成检索提问式所进行的检索。邻词检索还可分为:邻词有序检索,邻词无序检索。邻词有序检索是指在进行邻词检索时两个被检索词在被检索到的专利记录中出现的词顺(主题词 A 在前,主题词 B 在后)与检索式中的词顺相一致(主题词 A 在前,主题词 B 在后);邻词无序检索是指在进行邻词检索时两个被检索词在被检索到的专利记录中出现的词顺(主题词 A 在前,主题词 B 在后)可以与检索式中的词顺相一致(主题词 A 在前,主题词 B 在后),也可以与检索式中的词顺不相一致(主题词 B 在前,主题词 A 在后)。

(二) 共存检索

共存检索是指在利用表示"与"且限定两个被检索词同时存在于同一句话或同一段落内的"同在算符"将两个被检索词进行逻辑组配,组成检索提问式所进行的检索。共存检索还可分为:共存有序检索,共存无序检索。共存有序检索是指在进行共存检索时两个被检索词在被检索到的专利记录中出现的词顺(主题词 A 在前,主题词 B 在后)与检索式中的词顺相一致(主题词 A 在前,主题词 B 在后);共存无序检索是指在进行共存检索时两个被检索词在被检索到的专利记录中出现的词顺(主题词 A 在前,主题词 B 在后)可以与检索式中的词顺相一致(主题词 A 在前,主题词 B 在后),也可以与检索式中的词顺不相一致(主题词 B 在前,主题词 A 在后)。

 四、限制检索

(一) 范围检索

范围检索是指在某一数值或日期检索字段内可使用"从……到……""大于""大

于等于""小于""小于等于"等运算符号组织检索提问式进行的检索。

范围检索可以减少数值或日期字符串的输入量、节省检索时间。

（二）二次检索

二次检索是指检索软件设置了在前一检索结果中再次进行限定检索。

二次检索可以减少重复输入，节省检索时间。

五、专利信息检索策略

（一）方法

A. 人工：主题、名字、号码。
B. 计算机：字段、通配符、逻辑及组合、二次检索。

（二）策略

根据不同的检索需求，利用各种信息资源，实现检索目的的计划和方案。检索策略是对检索的全面策划，在操作上主要指数据库的选择和检索式的编制，前者取决于现有的数据库资源，后者则反映检索目标。

（三）步骤

（1）分析课题；（2）选择数据库；（3）分析概率，选择检索词；（4）构造检索式；（5）上机检索（检验结果，优化策略）。

检索策略是对检索的全面策划，在操作上主要指数据库的选择和检索式的编制，前者取决于现有的数据库资源，后者则反映检索目标。

确切地说，专利信息检索就是根据一项或数项特征，从大量的专利文献或专利数据库中挑选符合某一特定要求的文献或信息的过程。这是由多种因素构成的，如检索种类、检索目的、检索方式、检索系统、检索范围、检索入口、检索方法以及检索经验。这些因素共同制约着专利检索的过程，直接影响着专利信息检索的效果。

因此，当今凡是具有创新意识的科研工作者无不重视专利文献的开发与利用。下面结合实际谈谈中国专利文献的组织体系和检索方法，专利信息可以运用在创新的方方面面。

1. 前期调研

利用专利信息检索获得相关专利数据，即获得可用于分析的与科研创新技术主题相关的全部专利信息。利用专利信息分析了解现状及发展趋势，包括：专利申请趋势，技术热点，技术空白点，竞争对手布局，专利区域布局，核心专利，有效专利等情况。

2. 科研创新各环节中的专利信息检索

专利技术主题检索——形成用于专利情报分析的基础专利数据。获得技术价值中的成熟度和技术应用范围指标,以及市场价值中的市场化能力指标等相关参考数据。

专利引文检索——用于获得技术价值中的创新度、技术含量和可替代程度,市场价值中的市场化能力和剩余经济寿命,权利价值中的专利独立性指标等相关参考数据补充用于专利情报分析的基础专利数据。

同族专利检索——用于聚同、聚类、去重,以便于进行准确的专利情报分析。用于获得权利价值中的专利独立性、专利族规模指标相关参考数据。用于获得市场价值中的剩余经济寿命指标,以及权利价值中的剩余有效期、法律地位稳固程度指标相关参考数据。

专利法律状态检索——用于掌握有效专利数据。监视与技术创新成果相近或相关的专利的法律状态变化情况。

专利技术方案检索——用于找出可与被检索的创新技术方案进行对比的专利对比文件,以便于进行创新性对比,从而确定哪些为现有技术的技术特征,哪些为需要提出专利保护的创新技术的技术特征,为提出能够有效保护科研创新成果的专利申请提供参考依据。获得权利价值中的法律地位稳固程度指标相关参考数据。

对于潜在被诉侵权的专利来说,用于找出技术创新成果产生之前已存在的与技术创新成果相近或相关的成果实施地域范围内的有效专利,以便掌握潜在的诉讼对手,做好一旦被诉侵权的应诉预案。

六、专利文献的检索的主要途径

到情报室(图书馆)查找、购买各种文献、光盘、互联网查询、联机系统查询、委托他人或单位等方法。

(一)主要检索网站(政府、服务、商业、专业)

国家知识产权局网站 http://www.sipo.gov.cn

中国专利信息网 http://www.patent.com.cn

中国知识产权网 http://www.cnipr.com

中国专利数据库(知网版)

http://dbpub.cnki.net/grid2008/dbpub/brief.aspx?id=SCPD

欧洲专利局网站 http://ep.espacenet.com/

美国专利商标局网站 http://www.uspto.gov/patft/index.html

WIPO 网上专利数据库 http://www.wipo.int/

Delphion 公司专利检索 http://www.delphion.com/simple

加拿大专利检索

http://patents/ic.gc.ca/cipo/cpd/en/search/basic.html

上海市知识产权信息平台 http://WWW.SHANGHAIIP.CN

目前，利用网上专利检索系统是获取专利信息的一条重要途径。用户网检索可通过专利分类号、申请人、专利权人、专利文献号、专利申请号、主题词、化学式、专利申请或专利公布日期进行定题检索。

(二) 国外专利文献检索系统及数据库

1. 美国 DIALOG 系统

美国 DIALOG 情报检索系统是目前世界上最大的国际联机情报检索系统。建立于 1963 年。总部设在美国加利福尼亚州的帕洛·阿尔托（Palo Alto）市。原为美国洛克希德公司下属的情报科学实验室，后因研制 DIALOG 人机对话情报检索软件而得名。1981 年 6 月，成为洛克希德公司中 24 个子公司之一。1983 年 3 月，公司体制改组，在总公司下设四个专业集团。作为四大集团之一的情报系统集团成为总公司的一个重要业务部门。DIALOG 系统于 1966 年正式开展文献检索。

1972 年作为国际联机情报检索系统正式对外服务。当时，该系统只有两个美国政府机构编辑的数据库，现已增加至 300 多个。数据库范围包括 50 多种语言的各科文献与数据 1 亿多篇，占世界机存文献总量的 50% 以上。文献类型有：学位论文、会议录、科研报告、政府文件、专利、标准、经济预测、公司行业名录、私人文档、统计数据等。这些计算机化的情报资源，通过 TYMNET、TELENET 等公用数据网络传播到世界近百个国家和地区的 200 多个城市，其用户检索终端已达 5 万多个。DIALOG 系统每天 22 小时为全世界用户服务。1988 年 10 月，美国洛克希德公司将 DIALOG 系统以 3.5 亿美元卖给美国的奈特—利伯（Knight—Ribber）公司。

2. DII 系统

德温特创新索引（derwent innovations index，DII），该数据库将原来的德温特世界专利索引（derwent world patents index，WPI）与专利引文索引（patents citation index，PCI）加以整合，是世界上国际专利信息收录最全面的数据库之一。数据库收录起始于 1963 年，到目前为止，数据库中共收录 1000 万个基本发明，2000 万项专利，使读者可以总揽全球化学、工程及电子方面的专利概况。每周有 40 多个国家、地区和专利组织发布的 25000 条专利文献和来自 6 个重要专利版权组织的 45000 条专利引用信息收录到数据库中。除在 DIALOG 数据库中可以联机检索外，目前在美国科技信息所（ISI）的 Web of Knowledge 系统（WOK）中也能检索到。

3. 欧洲专利局专利检索系统

esp@cenet 数据检索系统是由欧洲专利局建立的网上专利检索系统，包括 58 个国家以及世界知识产权组织（WIPO）、欧洲专利组织、欧洲专利局（EPO）、欧亚专利组织、非洲知识产权组织、非洲地区工业产权组织等国际组织的专利。esp@cenet 数据检索系统包含 WIPO - esp@cenet 专利数据库、EP - esp@cenet 专利数据库、Worldwide 专利数据库。WIPO - esp@cenet 专利数据库收录最近 24 个月公布的 PCT 申请的著录数据，EP - esp@cenet 专利数据库收录最近 24 个月公布的欧洲专利申请的著录数据。发明信息回溯至 1836 年，截至 2014 年 11 月，可免费访问 8000 多万项专利文档。

4. STN 系统

STN（the scientificand technical information network international）系统是世界著名的国际联机检索系统之一。它是由美国化学文摘社（CAS）、德国卡尔斯鲁厄专业信息中心（FIZ‐Karlsruhe）和日本科技情报中心（JST）共同合作经营的跨国网络数据库公司，包含 200 多个数据库，专业范围广泛，内容以科技信息为主。STN 系统中较重要的专利数据库有国际专利文献中心数据库、美国专利数据库、德国专利、CAS 系列数据库等。

（三）国内专利文献检索系统及数据库

1. 国家知识产权局专利检索系统

国家知识产权局专利检索系统收录了 103 个国家、地区和组织的专利数据，涵盖了中国、美国、英国、法国、德国、瑞士、俄罗斯、日本、韩国、欧洲专利局和世界知识产权组织的专利信息，每周更新国内外专利数据。其支持常规检索、表格检索、概要浏览、详细浏览、批量下载等检索功能，可以按照申请号、申请人、发明名称、发明人、公开（公告）号等信息进行检索。

2. 万方数据

万方中外专利数据库为全文资源，包括中国专利文献、国外与国际组织专利两部分，收录了 1985 年以来的七国两组织（中国、美国、英国、法国、德国、瑞士、日本以及欧洲专利局和世界知识产权组织）的专利信息数据，涉及自然科学各个领域的国内外发明、实用新型及外观设计；每年增加信息约 25 万条。

3. CNKI 中国知网

与其他的专利数据库相比，《中国专利全文数据库》（知网版）与专利相关的文献、成果等信息来源于 CNKI 各大数据库。它集结了与每条专利相关的最新文献、科技成果、标准等信息，不仅可以完整地展现该专利产生的背景、最新发展动态、相关领域的发展趋势，而且可以浏览发明机构或发明人更多相关的论述以及发表的文献。数据库收录 1985 年至今国家知识产权局知识产权出版社发布的中国专利；截至 2014 年 5 月，共收录专利 982 万多条，每两周更新一次。

第七节　中国专利文献信息检索

一、中国专利制度与专利文献

随着我国市场经济的发展、完善，逐步顺应国际专利制度发展趋势，《专利法》先后于1992年和2000年、2008年三次修订，分别于1993年1月1日和2001年7月1日、2009年10月1日施行。

《专利法》规定，对发明、实用新型和外观设计实行专利保护，随之产生的专利文献主要是中国专利公报和专利单行本（2010年4月7日前称为专利说明书）。

三次《专利法》修改对专利文献出版的影响主要体现在如下几个方面：

第一，1985年《专利法》规定对发明专利申请实行早期公开，延迟审查制度，并在专利申请经实质审查后到授予专利权期间设异议程序对实用新型、外观设计专利申请实行初步审查制，专利申请经初审公告到专利权期间设异议程序。因此，中国专利文献中有了虽经过专利性审查但尚未授予专利权的专利文献——发明专利申请审定说明书，以及既没经过专利性审查也尚未授予专利权的实用新型专利申请说明书。

第二，1992年《专利法》取消了三种专利的异议程序，改为授予专利权后6个月内的撤销程序和6个月后的无效程序，因此，1993年起停止出版发明专利申请审定说明书和实用新型专利申请说明书，改出版发明专利说明书和实用新型专利说明书。

第三，2008年《专利法》对专利文献出版物名称进行规范，不再使用发明专利申请公开说明书、发明专利说明书和实用新型专利说明书称谓，改为发明专利申请、发明专利和实用新型专利称谓，统称专利单行本。

二、中国专利单行本

自1985年9月开始出版，中国各种专利单行本随专利审批程序的变化不断变化。现将不同阶段出版的专利单行本汇总如下。

（一）1985~1992年出版的各类专利单行本

1. 发明专利申请公开说明书，文献种类标识代码 A

《专利法》规定，发明专利申请提出后，经形式审查合格，自申请日或优先权日起满18个月即行公布，出版发明专利申请公开说明书单行本。这是一种未经实质性审查、尚未授予专利权的单行本。1985~2006年均以此名称出版。

2. 发明专利申请审定说明书，文献种类标识代码 B

1985年《专利法》规定，发明专利申请自申请日起3年内，专利局可根据申请人随时提出的请求，对其申请进行实质性审查。经实审合格的，予以审定公告，出版发明专利申请审定说明书单行本。这是一种经过实质性审查、但尚未授予专利权的说明书。自公告日起3个月内为异议期，期满无异议或异议理由不成立，对专利申请授予发明专利权。仅在1985~1992年出版。

3. 实用新型专利申请说明书，文献种类标识代码 U

我国《专利法》对实用新型专利申请实行初步审查制，申请提出后，初步审查合格即行公告，出版实用新型专利申请说明书单行本。自公告日起3个月内为异议期，期满无异议或异议理由不成立，对专利申请授予实用新型专利权。仅 1985～1992 年出版。

4. 外观设计申请公告，文献种类标识代码 S

外观设计专利申请同样实行初步审查制。申请提出后，初步审查合格即行公告。由于外观设计仅由简要说明、图片或照片组成，因而不出版单行本，只在专利公报上进行公告。自公告日起 3 个月内为异议期，期满无异议或异议理由不成立，对专利申请授予外观设计专利权。

为减少重复出版，对上述授权的三种专利申请授权时一般不再出版专利单行本，而是分别以发明专利申请审定说明书、实用新型专利申请说明书和外观设计申请公告作为授权依据的文件。如果经异议，对发明专利申请审定说明书单行本或实用新型专利申请说明书单行本作出较大修改，才出版相应的修改后的发明专利说明书单行本或实用新型专利说明书单行本。在此阶段这两种单行本只出过若干件。

（二）1993～2010 年 3 月间各种专利单行本

1993 年第一次修改后的《专利法》，由于取消了三种专利申请授权前的异议程序，专利单行本的出版出现新的变化。

1. 发明专利申请公布说明书，文献种类标识代码 A

2007 年 1 月发明专利申请公开说明书单行本更名为发明专利申请公布说明书，法律性质和公布级均未变化。

2. 发明专利说明书，文献种类标识代码 C

发明专利申请经实审合格即可授予专利权，自 1993 年 1 月 1 日起，开始出版发明专利说明书单行本，取代了发明专利申请审定说明书单行本。

3. 实用新型专利说明书，文献种类标识代码 Y

实用新型专利申请经初审合格即可授予专利权，自 1993 年 1 月 1 日起，开始出版实用新型专利说明书单行本，取代了实用新型专利申请说明书单行本。

4. 外观设计授权公告与外观设计专利单行本，文献种类标识代码 D

外观设计专利申请经初审合格即可授予专利权，自 1993 年 1 月 1 日起，开始在外观设计公报中登载外观设计授权公告，取代了外观设计申请公告。

自 2006 年起，除在外观设计公报中登载外观设计授权公告之外，同时还出版外观设计专利单行本。外观设计专利单行本由扉页和外观设计图片或照片页构成。图片或照片按申请人提交的原稿色彩出版。

（三）2010 年 4 月以后出版的各类专利单行本

2010 年 4 月，所有中国专利单行本随新专利法实施细则的生效，其单行本名称及扉页上的专利文献著录项目及出版格式也做了相应的调整。

发明专利申请公布说明书单行本更名为发明专利申请，文献种类代码仍为 A；发明专利说明书单行本更名为发明专利，文献种类代码更改为 B；实用新型专利说明书单行本更名为实用新型专利，文献种类代码更改为 U；外观设计专利单行本的文献种类代码更改为 S。

三、中国专利编号

在中国专利文献的查阅和使用过程中，应注意专利文献的编号提供给我们很多有用的信息。中国专利编号主要有申请号、专利号以及在不同公布/公告阶段出版的专利文献号，其中：

申请号：是在提交专利申请时给出的编号；

专利号：是在授予专利权时给出的编号；

申请公布号：也称申请公开号，简称公开号或公布号，是对发明专利申请单行本的编号；

审定公告号：简称审定号，是对发明专利申请审定说明书单行本的编号；

申请公告号：简称公告号，是对实用新型专利申请说明书单行本和外观设计专利申请公告的编号；

授权公告号：是对发明专利单行本、实用新型专利单行本、公告的外观设计专利和外观设计专利单行本的编号。

中国专利编号在 1989 年、1993 年、2003 年、2007 年和 2010 年做过几次调整。因此中国专利编号的发展变化可分为四个阶段：1985～1988 年，1989～1992 年，1993～2010 年 3 月（其中 2003 年 10 月 1 日申请号升位和 2007 年 7～8 月文献号升位），2010 年 4 月至今。

四、中国专利公报

《中国专利公报》是国家知识产权局每周定期公开出版的受理、审查和授权公告的唯一法定刊物，共分《发明专利公报》《实用新型专利公报》《外观设计专利公报》三种。《中国专利公报》每周每种公报合订为 1 期，全年 52 期，以大 16 开印刷品形式出版发行。它集经济、法律和技术信息为一体，反映了在中国申请专利保护的国内外最新发明创造成果，对促进科技发展、快速传播科技信息起着难以估量的作用。

《中国专利公报》主要刊载专利申请公开、专利权授予、专利事务、授权公告索引等多项内容。它具有以下特点：

（1）法律效力（为人民法院审理专利案件重要证物，同时也是签订合同的合法依据）。

（2）唯一性（知识产权出版社为法定唯一出版公报单位，其他单位均无权出版）。

（3）共同性（美国、日本、欧盟各国专利商标局均出版类似出版物）。

（4）不可替代性（其他任何出版物无权替代，是国家知识产权局与美国、日本、欧盟各国专利局互换保存的专利文献资料)。

(5) 客观公正性(客观反映每个专利申请人及授权人的专利全程法律状态)。

(6) 史料性(为专利申请人、专利权人珍贵的历史资料)。

《中国专利公报》是企业、图书馆、大中院校查询专利文献,及时、准确地掌握相关领域专利动态的重要资料,也是专利申请人、专利权人及时、准确了解自己专利的法律状态和处理专利相关事务(专利转让、许可、实施等)的有力工具。

(一)《发明专利公报》

《发明专利公报》为文摘型专利公报,包含三个部分,均有固定栏目。

第一部分,包括专利申请公布、国际专利申请公布、专利权授予、宣告专利权部分无效审查结论公告、保密发明专利等,1993年前还包括专利审定公告,均按公开号、审定公告号或授权公告号顺序并按国际专利分类A—H八大部分排列。其中,以文摘形式公布发明专利申请;1994年我国加入专利合作条约后,于1995年增加进入中国国家阶段的国际申请文摘的公布;以著录项目形式公布1993年前的发明专利申请审定公告和发明专利权的授予;以目录形式公布保密专利专利权的授予和保密专利的解密。1989年以前出版的专利公报上,文献号前面加注:GK、GG、SD、ZL,分别为"公开""公告""审定""专利"汉语拼音的声母组合,1989年以后取消。

第二部分,专利事务。记载与专利申请及授权专利的法律状态有关的事项,具体包括:实质审查的生效,专利局对专利申请实质审查的决定,专利申请公布后的驳回、撤回和视为撤回,专利权的视为放弃、无效宣告、终止、主动放弃,避免重复授予专利权,专利申请或者专利权的恢复,专利申请权、专利权的转移,专利实施的强制许可,专利实施许可合同备案的生效、变更及注销,专利权质押合同登记的生效、变更及注销,专利权的保全及其解除、著录事项变更,专利权人的姓名或者名称、地址的变更,文件的公告送达,其他有关事项等。其中,专利实施许可合同、专利权的质押、保全及解除等内容于2001年9月开始增加。该部分提供了解专利申请动态法律信息的途径。我国《专利法》规定,发明专利自申请日起3年内应提出实审请求,逾期未提出的视为撤回,借以了解发明专利申请提出实审请求的状况。

第三部分,索引。分为申请公布索引和授权公告索引,1993年前还包括审定公告索引。每种索引都按照IPC分类号、申请号和申请人(专利权人)的顺序编排了三个子索引。1993年起,索引部分专利号前面加有ZL,以区别申请号。此外,每部分索引还分别列有:公开号/申请号对照表,审定号/申请号对照表(1993年以后取消),授权公告号/专利号对照表(1993年开始)。

(二)《实用新型专利公报》

《实用新型专利公报》为文摘型专利公报。其编排形式和三部分内容与《发明专利公报》基本一致。由于审查制度和审批程序的不同,决定其内容性质上的区别。

1993年以前，第一部分以文摘形式公开实用新型专利申请，以著录项目形式公布实用新型专利权授予。1993年以后两者合并，改以文摘形式公布实用新型专利权的授予，文献编号改为授权公告号。第一部分按公开号或授权公告号顺序并按照国际专利分类A—H八大部分排列。

第二部分专利事务中无"实质审查的生效"以及申请公布后的相关程序。

第三部分索引，1993年前分为申请公告索引和授权公告索引两部分组成；1993年起，申请公告索引取消，每部分索引的编排与《发明专利公报》相似，同时给出公告号/申请号对照表（1993年起取消），授权公告号/专利号对照（1993年开始）。

（三）《外观设计专利公报》

由于外观设计专利申请主要是利用照片或示意图，从不同视觉角度（主视、俯视、侧视、仰视等）对使用该外观设计的工业产品进行展示。因此，《外观设计专利公报》第一部分，1993年前公告经过初步审查的外观设计专利申请的全部内容。1993年起，这一部分改为公告外观设计专利权授予，文献号改为授权公告号。2010年4月7日前公布全部内容，之后除公告著录项目以外，还公布最能表达设计要点的一幅视图。《外观设计专利公报》按公告号或授权公告号顺序排列。与上述两种公报的区别还在于：发明和实用新型使用《国际专利分类》（IPC），而外观设计使用的是《工业品外观设计国际分类》，即洛迦诺分类（LOC）第二部分和第三部分的编排和修改同于《实用新型专利公报》。

一般是指具有相同技术属性的一个以上技术方案的集合。相同技术属性可指某一相同特定技术领域，也可指某一相同特定技术领域内相同特定技术范围。它与技术方案的关系是：每一特定技术主题可包含项以上技术方案。

五、中国香港特别行政区专利文献

（一）中国香港特别行政区专利文献

香港回归前没有自己独立的专利法，不能直接受理专利申请。1932年颁布实施的《专利注册条例》依附英国专利法而存在，规定任何人的发明要在香港获得专利权保护，首先应向英国专利局提出申请，或向欧洲专利局提出申请并指定英国，在专利权授予后5年内，可在香港申请注册，批准后，专利权即在香港受到保护，有效期自在英国申请日起20年。香港回归前外观设计保护的做法是：凡在英国根据1949年《注册外观设计法》注册的外观设计，在香港无须办理任何注册自动生效。

1997年7月1日，中国政府对香港恢复行使主权，香港特区的《专利条例》和《注册外观设计条例》分别于1997年5月29日、6月4日获香港特区立法会相继通过，并于6月27日同时生效实施。这标志着香港本地化的知识产权制度正式建立。

《专利条例》仍保留原有的专利注册制度（登记制），但将专利分为标准专利和短期专利两种。标准专利权最长有效期为 20 年，自原专利申请提交之日起计算，但须每年续期。短期专利权的有效期最长为 8 年，自申请日起 4 年后续期一次。短期专利申请也可享有巴黎公约优先权。

按照《注册外观设计条例》，香港特区政府知识产权署直接受理外观设计注册申请，经形式审查后予以注册并公布。注册的外观设计有效期为 5 年，自注册申请提交日起计算，可有 4 次 5 年期续展，因此最长可受法律保护 25 年。

（二）中国香港特别行政区专利单行本

1. 标准专利申请，文献种类标识代码 A

这是在指定专利局（中国国家知识产权局、英国专利局、欧洲专利局）提出专利申请并由其公布后的 6 个月内，向香港特区政府知识产权署申请备案（香港称为记录请求），经形式审查后公布的文献称为标准专利申请。

2. 标准专利说明书，文献种类标识代码 B

这是在经指定专利局审查、授予专利权并公布后的 6 个月内，向香港特区政府知识产权署申请注册专利权（香港称注册与批予请求），经形式审查后授予专利权并予以公布的文献称为标准专利单行本。标准专利一经注册，即成为独立的香港特别行政区专利，就是说标准专利的撤销或宣告无效不影响原专利，反之亦然。

经过修订或更正的标准专利说明书用文献种类代码 C 表示。

3. 短期专利说明书，文献种类标识代码 A

短期专利是香港特区《专利条例》新增加的一种专利权种类，目的是保护商业寿命短的发明。短期专利申请由香港知识产权署直接受理，经形式审查后，并以一个 PCT 的国际检索单位或上述一个指定局的检索报告为基础授予专利权，并予以公布。

短期专利以中英文登载著录项目信息，并在互联网上公布短期专利说明书单行本的扉页，同时公布检索报告。

经过修订或更正的短期专利说明书用文献种类代码 B 表示。

（三）中国香港特别行政区专利文献的编号体系

中国香港特别行政区专利文献编号主要有以下特点。

（1）三种专利申请号均由 8 位数字加校验位组成，按年编排。前 2 位数字表示受理专利申请的年号，小数点后数字为计算机校验码。

（2）三种专利文献号按照统一编号系列，混合编排。

（3）外观设计文献号由 8 位数字组成，前 2 位数字表示受理申请的年号；后 5 位数字为当年顺序号；小数点后的数字为计算机校验码。

（4）外观设计为系列申请时，文献号后标注 M。如 0410185.7M001、0410185.7M002、0410185.7M003，表示该外观设计有三个系列申请。

（四）中国香港特别行政区知识产权公报

《香港知识产权公报》于 2004 年 5 月 7 日增加专利和外观设计专刊，每逢周五出版。《香港知识产权公报》将商标、专利和外观设计三部分分刊出版，但封面一致，靠目录内容加以区别。

1.《香港知识产权公报》专利专刊

《香港知识产权公报》专利专刊为题录型公报，包括以下几部分内容。

（1）依据香港《专利条例》第二十条指定专利申请记录请求的公布。分别按国际专利分类、文献号、申请号和申请人姓名/名称编排登载指定专利申请的著录项目。

（2）依据香港《专利条例》第二十七条授权标准专利的公布。分别按国际专利分类、文献号、申请号和专利权人姓名/名称编排登载指定专利申请的著录项目。

（3）依据香港《专利条例》第一百一十八条授权短期专利的公布。分别按国际专利分类、文献号、申请号和专利权人姓名/名称编排登载指定专利申请的著录项目。

（4）依据香港《专利条例》第 514 章公布的其他公告。

2.《香港知识产权公报》外观设计专刊

《香港知识产权公报》外观设计专刊包括以下两部分内容。

（1）依据香港《注册外观设计条例》第二十五条公布注册的外观设计。仅按注册号编排登载注册的外观设计的著录项目，以及外观设计的主视图。

（2）依据香港《注册外观设计条例》公布的其他公告。香港外观设计使用工业品外观设计国际分类。

第八节　国外专利文献信息检索与利用

一、欧洲专利公约与专利文献

欧洲是专利制度最早的发源地，从 1474 年威尼斯诞生世界上第一部专利法，到 18～19 世纪欧洲各国专利法的相继颁布，并且欧洲各国相互间在立法思想上较为接近，这为国家法之间的协调及欧洲专利公约的最终形成奠定了基础。

随着欧洲各国经济、科技的发展，逐渐显露出统一协调欧洲各国专利法并建立一个从申请到授权一体化的专利制度的热切愿望。经过几十年一波三折的磨合与磋商，终于在 1973 年由欧洲 16 国签订了《欧洲专利公约》，并于 1978 年正式生效。《欧洲专利公约》为各成员国提供了一个共同的法律制度和统一授予专利的程序。审查程序采取早期公开、延迟审查和授权后的异议制度。申请人提出欧洲专利申请时，可以指定一个、几个或全部成员，当申请依照公约授予欧洲专利后，该授权申请在成员国的生效还需要一个国内注册程序。一般而言，申请人在收到欧洲专利授权通知后，必须在指定国内选择生效国，根据各生效国的规定，需要将该欧洲专利的全部或部分内容翻译成生效国的语言，并提交给生效国，以便该欧洲专利在该国生效。一般欧洲成员国要求在授权公告起3个月内完成翻译工作并在各国生效。在所有指定的成员国生效，与指定的各成员国依国家法授予的专利具有同等效力。

《欧洲专利公约》仅对发明提供专利保护，该公约规定：对于任何有创造性并且能在工业中应用的新发明，若其符合法律规定，授予欧洲专利。

以下各项不属于发明：发现、科学理论和数学方法；美学创作；执行智力行为、进行比赛游戏或经营业务的计划、规则和方法，以及计算机程序；情报的提供。

欧洲专利权有效期自申请日起20年。然而，《欧洲专利公约》仅仅是一个负责审查和授予欧洲专利的公约，对于欧洲专利的维持、行使、保护以及他人请求宣告欧洲专利无效，均由各指定的成员国依照国家法进行。

二、欧洲专利单行本

根据欧洲专利公约成立的欧洲专利局，负责欧洲专利申请的审查、批准及欧洲专利授权公告后异议的审理以及文献出版工作。欧洲专利单行本有以下几类。

（一）欧洲专利申请单行本

欧洲专利申请文献种类代码为：A加1位阿拉伯数字。

这是一种自欧洲专利申请日（或优先权日）起满18个月未经实质审查，也尚未授予专利权的专利申请单行本，1978年开始出版。

《欧洲专利公约》规定，对专利申请经形式审查后进行专利检索，即对发明的新颖性和创造性作必要的调查。因而公开出版的全部欧洲专利申请单行本都应附有检索报告。检索报告通常作为欧洲专利申请单行本的一部分与其一起出版，当不能与欧洲专利申请说明书一起出版时则单独出版。

为了表明所出版的欧洲专利申请单行本是否附有检索报告，在文献种类代码A后加注一位阿拉伯数字：

A1——附有检索报告的欧洲专利申请单行本；

A2——未附检索报告的欧洲专利申请单行本；

A3——单独出版的检索报告；

A4——对国际申请检索报告所做的补充检索报告。

此外，还有两种经过更正的欧洲专利申请单行本，在文献种类代码A后分别加一位阿拉伯数字8或9表示：

A8——专利申请单行本更正的扉页版；

A9——专利申请单行本更正的全文版。

（二）欧洲专利说明书单行本

欧洲专利说明书文献种类代码为 B 加 1 位阿拉伯数字。

欧洲专利申请人应在检索报告公布之日起 6 个月内提出实质审查请求。经实质审查合格，即公告授权，出版欧洲专利说明书单行本，文献种类代码为 B1。

自授权公告日起 9 个月内任何人可以提出异议，欧洲专利说明书一旦修改，将再公告一次，出版新的欧洲专利说明书，文献种类代码为 B2。欧洲专利说明书单行本自 1980 年开始出版。

此外，还有三种经过修改或更正再次公告的欧洲专利说明书单行本，在文献种类代码 B 后分别加一位阿拉伯数字 3、8、9 表示：

B3——根据限制性程序修改的欧洲专利说明书单行本；

B8——欧洲专利说明书单行本更正的扉页版；

B9——欧洲专利说明书单行本更正的全文版。

三、美国专利制度与专利文献

美国 1776 年独立后不久，在 1787 年的制宪会议上，讨论了保护发明者及著作者有关权益的事宜，并认为：专利给社会带来的利益，将大大超过国家给予发明者个人的利益，通过在有限时间内对发明独占权的保护，将会鼓励人们把聪明才智贡献给社会。同年 9 月 5 日通过了将有关保护发明权及版权的条文写进联邦宪法的提案。

于是，在联邦宪法的第 1 条第 8 款中有了这样的规定："国会有权通过在有限时间内保护著作者和发明者对其作品和发明享有独占权，以促进发展科学和有用的技术。"根据这一条款，美国国会于 1790 年 4 月通过了美国第一部专利法，正式建立了专利制度。

美国现行的专利法是 1952 年制定公布的（1953 年 1 月 1 日起生效），它被收集在美国法典第 35 卷中。1984 年 11 月美国专利法作过一次较大的修订。1994 年底，美国国会通过了关贸总协定关于知识产权实施法规的有关议案，美国专利法再作重大修改，并于 1995 年 6 月 8 日生效。2011 年 9 月 16 日，《美国专利改革法案》获得签署，内容涉及美国专利制度实体、程序、行政及司法等方面，被誉为美国半个多世纪以来最主要的专利制度改革。改革法案具体条款的生效时间有所差异，根据不同的内容生效时间分别在改革法案签署当日、签署日起 12 个月及签署日起 18 个月生效。

（一）实用专利

涉及一般和机械化工及电气领域中的各种新颖、独特的方法、设备、产品、物质组合等。与大多数国家的发明专利别无二样，所以，一般译为专利。1995 年 6 月 8 日以前，美国专利法规定专利权的期限是自专利授权日起 17 年；1995 年 6 月 8 日生效的专利法修改法案规定专利权的期限是自申请日起 20 年，对于 1995 年 6 月 8 日以前的专利申请，专利权的期限为自申请日起 20 年和自授权日起 17 年中的期限较长者。

（二）植物专利

任何人的发明、发现及用无性繁殖方法培育出的独特的植物新品种，包括培育出的变态的、变异的新发现的种子苗（除了块茎繁殖的植物和在非栽培状态下发现的植物）都可申请植物专利。植物专利权的期限为申请日起 20 年。

（三）设计专利

任何人发明了新的、非显而易见的装饰设计，可申请设计专利。设计专利权的期限为自授权日起 14 年。

（四）依法登记的发明

1985 年以前称为防卫性公告。依法登记的发明不是专利，它具有专利的防卫性特征，而不具有专利的独占性特征。依法登记的发明意义在于使其他相同发明丧失新颖性，从而保护了发明人的利益。长期以来，美国专利法规定对专利申请实施完全审查制。1999 年《美国发明人保护（AIPA）》规定除设计专利外，专利申请应自申请日起满 18 个月公开，并且可以按照申请人的要求提前公开，适用于 2000 年 12 月 29 日以后的专利申请。

目前，美国专利商标局出版的主要专利单行本包括：美国专利、专利申请公布、美国植物专利、植物专利申请公布、再版专利、设计专利、依法登记的发明等单行本，均以电子载体形式在其官方网站出版。

四、日本专利制度与专利文献

日本对发明、实用新型和外观设计分别单独立法给予保护。

1885 年，日本通过《专卖特许条例》正式建立专利制度，对发明实行专利保护，并确立先发明制。此后历经几次重大修改：1888 年确立审查制；1921 年将先发明制改为先申请制，对专利申请进行实质性审查（对比文件仅限于国内），并采取申请公告和异议申诉制度。1959 年将实质性审查的对比文件扩展到世界范围。1971 年施行早期公开、延迟审查制，此后专利法多次修订：20 世纪 90 年代，日本顺应世界各国专利法的发展趋势，对本国专利法再做重要调整，对文献出版有影响的主要变化是：（1）发明专利权有效期。原发明专利权有效期自公告日起 15 年，自申请日起不超过 20 年，1995 年 7 月 1 日起改为自申请日起 20 年。药品和农药专利可延长 5 年。（2）1996 年起取消公告制，将专利授权前的异议程序移至授权后。

1905 年日本制定了第一部《实用新型法》，近百年来进行了不断补充和完善。1994

年前日本对实用新型以注册证书形式保护，采取与发明专利申请同样的审批程序，即经过实质性审查，授予实用新型注册证书；20世纪90年代，实用新型法再做重大修改，1994年起将早期公开延迟审查制改为无实审登记制，即形式审查之后予以注册，授予实用新型注册证书。注册的实用新型有效期的变化：1995年7月1日之前，实用新型保护期为自公告日起10年，自申请日起不超过15年；1995年7月1日起改为自申请日起6年；自2005年4月1日起，实用新型保护期又延长为自申请日10年。

1889年日本外观设计法案开始实施。1899年正式颁布外观设计法，称为《意匠法》，此后历经多次修改。日本对外观设计以注册证书形式保护，但实行实质审查制，授权后公布。2007年，日本再次对外观设计法进行修订，申请日于2007年3月31日前的外观设计保护期为自注册日起15年，申请日于2007年4月1日后的保护期为自注册日起20年。

日本专利文献的出版与其他国家相比独具特色。大多数国家的做法是在出版各种专利单行本的同时出版专利公报，公布各种专利单行本的著录项目、文摘或权利要求、附图以及专利事务等法律信息。日本则将发明、实用新型分别按产业部门（后按国际专利分类）划分，在相应名称公报中全文公布。而专利事务等法律信息则在日本专利局公报中报道。因而日本出版四种类型的文献。

第一类："特许公报""实用新案公报""公开特许公报""公开实用新案公报""公表特许公报""公表实用新案公报"。实际上就是各种类型的专利单行本。

第二类："商标公报""意匠公报"。相当于其他国家出版的相应公报。

第三类："审决公报"，日本专利局复审委员会的复审决定。公布发明、实用新型、外观设计、商标等诉讼案件审判结果的审判书全文。

第四类：专利局公报（特许厅公报），公布的内容包括：发明、实用新型、商标的注册目录，发明、实用新型的审查请求，发明、实用新型、商标的申请放弃、驳回、无效、统计年报等，报道各种目录和专利事务等法律信息的官方公报。

五、加拿大专利制度

加拿大《专利法》简介。自1823年起，加拿大逐渐引进了有关专利的立法。1869年，也就是联邦建立后两年，引进了对专利权采取不同方法的第一部联邦法律。早期加拿大专利法受美国专利法系影响，对发明专利实行先发明制，并采取完全审查制。现行的《专利法》于1985年颁布。1987年11月19日《专利法》完成重大修订，改为实行早期公开、延迟审查制，并于1989年10月1日开始实施。后来《专利法》也经历了多次修订。最后的一次完成修订是在2016年6月24日。

1. 《工业外观设计法》

加拿大对于工业品外观设计单独立法给予保护，第一部法始于1879年。1952年《工业外观设计法》全面修改，以注册证书形式予以保护。之后也经历了多次修订，最后一次修订是在 2016 年 7 月 7 日。

2. 专利保护客体及审查流程

加拿大《专利法》仅对发明专利进行保护，未设置实用新型这一保护类型。根据加拿大《专利法》，符合申请专利资格的发明应当是任何新颖而实用的产品、方法、机器和组合物，或对旧有产品和工艺任何新颖而实用的改进。现行的发明专利审查流程为：提交申请—公开—实质审查—授权公告（专利再颁审查/专利再审查—再颁专利授权公告/颁发再审查证书）。专利申请自申请日起（有优先权的自优先权日起）18 个月予以公开，申请人也可以请求提前公开。专利申请为请求审查制度，申请人必须在自申请日起五年之内提出实质审查请求，否则将被视为放弃专利权。再颁专利：原专利授权公告后，如果专利权人发现专利有疏忽或差错（说明书表述不充分；权利要求范围过大或过小），必须在原专利授权公告日起四年之内提出专利再颁请求。专利再颁委员会将对提出再颁请求的专利进行审查。再颁专利授权的前提是专利权人必须放弃原专利的专利权。再审查证书：专利授权公告后，任何人包括审查员可以对该专利的某项或某几项权利要求提出重新审查请求。专利复审委员会将颁发专利再审查证书，以公示对之前授权专利的权利要求项进行删除、修改的决定。专利权人可以对复审委员会提出的再审查决定向加拿大联邦法院提出诉讼。

3. 工业外观设计申请及审查流程

工业外观设计申请流程为：递交申请—受理—初审—检索—审查—注册。加拿大工业外观设计的审查程序中不仅有初步审查，还包括实质审查，实质审查通过后，工业外观设计将被颁发注册证书。

4. 保护期限

1989 年 10 月 1 日之前提交的发明专利申请，专利权保护期限为自授权日起 17 年；1989 年 10 月 1 日之后提交的发明专利申请，专利权保护期限为自申请日起 20 年。现行《工业外观设计法》，工业外观设计的保护期限为自注册之日起 10 年。

5. 加入的国际性条约

加拿大加入了《巴黎公约》《伯尔尼公约》《专利合作条约》等重要国际知识产权保护条约。

第九节 专利战略

一、专利战略的概念

专利战略是在专利制度产生后，随着专利制度国际化趋势的增强和专利在社会生活中地位的提高应运而生的。关于什么是专利战略，迄今为止国内外尚未达成共识。

而对专利战略的科学界定,既是专利战略研究的基础,也是制定和实施专利战略的前提。

国内对专利战略的研究相对于其他知识产权战略要成熟些。关于专利战略定义,主要有以下代表性的看法。

(1)认为专利战略是指与专利相联系的法律、技术、经济原则的结合,用以谋求最大利益为目的的指导企业在经济、技术领域的竞争而进行的总体性筹划和采取的一系列策略和手段。

(2)认为专利战略是企业面对激烈变化、严峻挑战的环境,主动地利用专利制度提供的法律保护及其种种方便条件,有效地保护自己;并充分利用专利情报信息,研究分析竞争对手情况,推进专利技术开发,控制专利技术市场,为取得专利竞争的优势,为求得长期生存和不断发展而进行的总体性谋划。

(3)认为专利战略是运用专利手段寻求市场竞争有利地位的战略。

(4)认为专利战略是一种运用专利制度和专利信息来获取最佳经济效益的管理方式和竞争手段。

(5)认为专利战略是与专利相联系的法律、科技、经济原则的结合,可用于指导在经济与科技领域的竞争,以谋求最大利益,与专利相联系的法律、科技、经济原则的具体运用,可用于指导判断具体的各个专利战略实施方案以实现专利战略的目标。

(6)认为专利战略是企业在技术更新不断加快、市场竞争日益激烈的环境中,为寻求自身发展和长期生存,最大限度地利用专利制度所提供的特殊保护功能,为维护企业自身发展优势,战胜竞争对手,确保企业在激烈的市场竞争中立于不败之地而制定的一系列行动方针、纲领或策略。

应当指出,上述关于专利战略的定义各有其优点和特色,但从界定概念的要求看又各有其不足之处。企业专利战略显然是企业专利战略理论研究的对象,它是指导企业在相关的经济技术市场开展市场竞争的一种战略,在广义上则属于企业求生存与发展的经营战略研究的重要组成部分,是为实现企业经营战略目标服务的。

二、专利战略的类型

作为企业发展的生命线和护身符,企业专利战略有各种行之有效的形式,按制定专利战略以后实施的策略方式可以分为进攻型专利战略、防御型专利战略及虚实相间型专利战略三种类型。

(一)进攻型专利战略

进攻型专利战略是指积极、主动、及时地申请专利并取得专利权,使企业在激烈的市场竞争中取得主动权,为企业争得更大经济利益的策略。

实施进攻型战略的企业应具备的条件是:企业拥有较强的研究、开发能力,包括在基础研究方面的实力；企业经济实力较雄厚，能够为以研究开发为核心的技术创新投入较多的资金和技术设备；企业对技术的发展趋势、市场走向有较强的预见能力；企业在专利产品商品化、市场化方面有较强的开拓能力，能够及时对研究、开发成果进行商品化生产或通过利用专利战略提高市场竞争力。因此这种类型主要适合一些经济实力较强、技术优势较大的企业或行业，目的是最大限度地占领市场，排挤竞争对手。企业常用的具体战略主要有：基本专利战略、专利网战略、专利转让战略、专利与技术标准相结合战略。

（二）防御型专利战略

防御型专利战略是指为防御其他企业专利进攻或反抗其他企业的专利对本企业的妨碍，而采取的保护本企业将损失减少到最低程度的一种策略。这种类型主要适合经济实力、技术力量较弱企业或行业，目的是为了在与较强的竞争者进行竞争的过程中采用防御性的技术开发路线，保护自己的经济利益。

（三）虚实相间型专利战略

其实专利有两种，一种是实的，一种是虚的。实的就是实实在在有的，虚的就是一种新概念、新思路。国外申请的专利有虚有实，国外很多企业在其还未搞这项技术时，就为自己筑起了一道很大的防护圈。这时我们才知道对方已把技术封锁线缩到了我们的国门下，我们搞出来的东西全在对方的专利保护范围之内。但事实上，这些东西对方也是刚刚才搞出来，或者说根本就未搞出来，可对方已提前申请专利了，我们要生产就得向对方支付专利费。这其实是外国企业以保护知识产权为借口对我国进行技术和知识垄断。

 三、企业专利战略的特点

企业知识产权战略具有以下特点。

（一）全局性与长远性

全局性与长远性之所以成为企业知识产权战略的首要特点，是因为企业知识产权战略是一种事关企业全局的、为实现企业长远性目标的筹划与谋略，而不限于局部的、短期的目标。具体地说，全局性是指，企业知识产权战略是关于企业知识产权工作的全局性指导方针、原则以及相应的行动方案，而不是某一具体的知识产权工作或某一局部内容。在具体的企业知识产权战略方案中，它表现为企业对知识产权的创造、管理、保护、运营一体化的知识产权工作的实施原则、指导方针、行动策略和步骤，直接关系企业自主知识产权数量和质量、核心竞争能力的提高以及技术创新能力的增强。所谓长远性，是指企业在对现有经济和技术实力、竞争对手知识产权状况和知识产权制度发展动态进行充分认识和把握的前提下，以企业的长远目标规划当前的行动方案，并随着环境的变化适时加以调整，以求得当前与长远的协调发展。在具体的企业知识产权战略方案中，这一特点体现为企业在确定知识产权战略目标、战略定位、战略重点、战略措施、策略和战略实施步骤等方面，依照一定的时序步骤以战略管理的方式推进，而不局限于实现企业的短期赢利目标。

（二）法律性

企业知识产权战略是依托于知识产权法律制度的。离开知识产权法的企业知识产权战略是不可想象的。这一特点可从以下几方面认识。

（1）知识产权与智力成果不能等同，它具有依法确认的特点。不仅如此，确权后的知识产权的利用、管理、保护都受到法律规范，企业知识产权战略的每一步利用都必须置于法律规范特别是知识产权法律规范的制约之下，法律规范是制定企业知识产权战略的行为规则。

（2）法律规范特别是知识产权法律规范对实现企业知识产权战略目标具有可靠的保障作用，企业知识产权战略也需要获得法律的充分保护。可以说，企业知识产权资源的开发利用与优化配置，是有效的知识产权法律保护和知识产权战略性运用的共同结果，两者缺一不可。

（3）知识产权被纳入国际保护体系。在当代知识产权的国际化趋势越来越明显，知识产权也越来越成为各国企业开展市场竞争的武器。知识产权对各国及其企业的约束也相应地越来越强，这就使得企业知识产权战略也受到国际知识产权法的制约。

企业知识产权战略的法律性体现了知识产权战略的启动和实施建立在有效的法律保护的基础之上。实际上，企业知识产权战略和知识产权的保护之间本身具有双向互动的关系：企业知识产权战略以法律保护为基础，而其有效运行又反过来能够使企业知识产权得到更加有效的保护。

（三）保密性

企业知识产权战略与企业经营战略直接相关，它实际上也是企业整体发展战略的组成部分。

企业知识产权战略的实施涉及企业经济和科技情报分析、市场预测、新产品动向，以及经营者在某一阶段经营战略意图，它如果被企业竞争对手掌握，将对自己造成极为不利的影响。因此，企业知识产权战略涉及商业秘密性质的内容宜加以保密，企业知识产权战略因之具有保密性的特点。

（四）时间性和地域性

这一特点是由知识产权的时间性、地域性特点所决定的。以时间性而论，与某一知识产权战略相应的知识产权期限届满或因故提前终止，相关的知识产权战略就应及时调整。就地域性而论，企业在制定、实施知识产权战略时应考虑到知识产权的权利产生地。这一点对于企业实施国际知识产权战略、开拓国际市场是极端重要的。近年我国许多著名品牌在国外屡遭"抢注"，蒙受巨大损失，就是一个反面例子。

（五）整体上的非独立性

以企业知识产权战略中的商标战略为例，它与企业市场营销战略、广告宣传战略、市场竞争战略、企业形象战略紧密相关，而不能代替这些运营战略。基于整体上的非独立性这一特征，在研究和实施企业知识产权战略时，不能将其作用无限夸大。不过，整体上的非独立性并不排斥企业知识产权战略的相对独立性，因为企业知识产权战略有其自身的发展规律。

（六）与企业经营管理战略紧密地结合在一起，并成为企业经营管理战略的重要组成部分

这一特点是上述整体上的非独立性特点的延伸。

企业是市场经济的主体。在当代全球竞争环境下，企业已进入了战略制胜时代。企业的生存与发展离不开企业的长远谋划和规划，这一长远谋划和规划就是企业的经营发展战略。企业知识产权战略则属于企业经营发展战略的一部分，其目标的实现与企业其他战略往往是相互包含、相互交错的，单纯地运用难以收到满意的效果。这一特点使得企业知识产权战略的运用必须和企业的其他相关部门紧密地结合起来。也就是说，企业应将知识产权的创造、保护、利用作为一个有机联系的整体，并将其融入企业的整体发展战略之中。从现实中企业运作知识产权的经验看，企业采取什么样的知识产权战略以及怎样实施知识产权战略，在很大的程度上取决于企业经营管理战略以及企业希望知识产权战略在其中发挥的作用。

在实践中，企业知识产权战略通常是通过对知识产权资源的充分利用，与企业其他经营资源紧密结合而实施的。日本知识产权战略在关于企业知识产权的应用方面也体现了企业知识产权战略的"一盘棋"思想：为促进知识产权的战略性运用，需要提高经营者的知识产权意识，将知识产权作为企业竞争力的源泉，置于经营战略的核心，实行全球化知识产权战略。企业知识产权战略毕竟只是企业经营管理范畴的重要组成部分，而不是全部。

其实，国家知识产权局近年实施的部分企事业单位的专利战略工程强调了将知识产权状况作为制定企业发展战略的重要因素，这一点也体现了企业知识产权战略与企业其他战略兼容性的特点，以及上述企业知识产权战略的整体上的非独立性的特点。如根据该试点项目的要求，应充分考虑知识产权战略的趋势和发展方向；通过对知识产权信息的研究分析，深刻把握新形势下的竞争态势，对有关竞争格局和发展态势有比较完整和准确的把握，并将其作为制定企业发展战略的依据；在企业发展战略的实施过程中，积极采取灵活有效的知识产权策略和技术，以其作为实现有关战略目标的重要工具和

手段。

(七) 实用性

实用性也可以视为企业知识产权战略的特点之一。企业知识产权战略不是一种纯粹的企业战略理论，而是一种在企业市场竞争中克敌制胜的法宝，是可以为企业实实在在地开拓市场、取得竞争优势、获得丰厚利润的经营管理战略和经营理念。企业知识产权战略的目标主要是提高企业市场竞争力。它是在知识产权等方面法律法规的约束和指导下，按照企业市场需求和竞争战略的要求，创造、保护、利用和有效运营知识产权资产，提高企业市场竞争力的总体性谋划。从这一角度看，企业知识产权战略也具有很强的实用性。

企业专利战略是企业的竞争战略之一，与企业市场竞争紧密联系，属于企业知识产权战略的范畴。它是通过对企业的经济实力、技术竞争与经营状况等多种因素的综合分析而确立的，是策略性地运用专利促进企业持续发展的方针。作为一种战略，它显然是对事关企业全局的问题作出的整体性谋划；作为专利战略范畴之一，则是法律、技术和经济的结合，是在对技术竞争和市场竞争中谋求获得竞争优势和最大经济利益的目标的追求中统筹谋划与企业专利相关的事宜。前面已指出，企业知识产权战略具有全局性与长远性、法律性、保密性、非独立性、地域性、时间性、实用性等特点，企业专利战略自然也具有这些特点。仅以保密性而论，企业专利战略一般涉及高度的商业机密与技术秘密，如涉及企业科技情报、市场预测、新产品计划、企业经营战略意图等，故不宜公开。它一旦落入竞争对手之手，将会对企业造成巨大损失。除此之外，还有一个特点是"技术性"，因为专利本身是来源于技术的发明创造，专利战略的制定、实施无不与专利技术紧密相连。专利技术本身就是专利战略的客体，基于此，专利战略又可被称作"专利技术战略"。

第十节 加强专利信息服务工作对策

专利信息在企业市场竞争中占有的重要地位是毋庸置疑的，然而，就企业的专利信息现状来看是不容乐观的。企业的专利意识还很薄弱，缺乏专业管理人员，专利信息基础建设设施还不完善，这对企业的发展极为不利。为求得企业的生存和发展，企业应该切实做好这项工作。制定开发利用专利信息的措施有以下几个方面。

一、加强专利信息利用的基础建设和网络建设

为适应专利信息载体电子化和信息传输网络化的发展趋势，要求企业配备相应的专利信息检索设备。有条件的单位可购置必要的专利信息检索数据库，或者加入专利信息

网络。中小企业专利工作起步晚,要主动与地方专利信息服务部门建立联系,以便满足企业的信息需求。

依托现有的科技信息网络平台和专利数据库资源,充分利用现代信息技术、通信技术和数据库技术,加快专利信息服务平台的电子化、数字化和网络化建设,全力打造集成性的专利信息服务平台,从而真正实现专利信息资源、专利信息功能、专利信息服务机构与人员以及相关信息支持技术的集成,获得动态、高效、"一站式"的专利信息服务。

二、借鉴国外企业知识产权管理的经验

随着经济全球化的发展,市场竞争日益激烈,大多国外先进企业都非常重视知识产权在企业发展过程中所起到的作用。国外先进企业对知识产权进行管理和保护的经验总结起来有两点:一是制定长远的知识产权战略。在发达国家,企业并不是简单地把知识产权战略作为一个孤立的战略来制定,而是将企业发展战略与知识产权战略相结合起来,综合考虑企业所在的行业特点,根据企业发展目标来制定知识产权战略和指导方针,并确定知识产权战略的重点。二是明确知识产权管理的职责。在国外先进企业中,知识产权管理在企业管理中占有非常重要的位置,知识产权管理部门是企业中最为重要的管理机构之一。在这些企业中,知识产权管理部门的主要职责包括管理专利情报、申请专利、管理专利权、管理涉密文件、处理知识产权纠纷、教育培训知识产权、评价管理知识产权、防范和控制知识产权风险等。知识产权管理的职责明确后,有助于企业内部形成高效的沟通渠道,各部门之间能够就知识产权的研发、申请、生产、管理、销售等进行沟通交流,促进了知识产权法律制度在公司内部的贯彻执行,提高了企业知识产权的管理水平。

三、加强对专利信息服务人才的培养

专利信息检索、收集、分析、总结是一项综合多学科知识和技能的工作,专利信息服务人员除了对各领域的专业技术有较为深入的了解以外,还要对计算机技术、专利知识、信息技术、外语、法律知识以及经营管理有一定程度的了解。目前,国外的一些机构已开发了一些专利信息分析系统并相继投入使用,这些系统在很大程度上能减少专利信息服务人员的工作量,但不管使用何种软件作为辅助工具,在专利信息分析、运用中起关键性作用的还是从事分析、运用的人。分析、运用者需要在整个过程中始终把握分析、运用的目的和相关逻辑。为此,企业要加强专利信息服务人才的培养,不定期组织从业人员参加各类专利信息检索培训,使其掌握知识可视化、数据挖掘技术(DE)、文本挖掘技术(TE)等现代化技术,以及定标比超、SWOT等竞争分析模型和方法,增加其知识积累,并熟练运用于专利信息收集、分析、运用中。

能否利用好专利信息资源，充分发挥专利制度的作用，在很大程度上取决于企业管理人员尤其是科研人员的专利信息意识水平。要通过专利法的宣传和专利知识的培训，强化企业管理人员和科研人员的专利信息意识。只有提高企业对专利信息重要性的认识，增强使用专利信息的紧迫感，才能把专利信息的开发利用变成企业的自觉行动，把企业工作提高到一个新水平。

专利信息处理系统技术性、法律性较强，其人员素质的高低直接影响到企业的竞争力。专利信息工作人员的素质表现在以下几个方面：熟悉专利法和专利知识，具有创新能力，懂得计算机，具备信息处理和开发利用的技能。知识结构合理，具有一定的外语水平等。专利人员的职责是：检索、研究专利信息，处理专利纠纷，密切关注竞争对手的专利动态，严格保护企业拥有的技术秘密和商业秘密。

四、建立专利信息激励机制

现代企业竞争，是产品、技术的竞争，但归根结底是人才的竞争。只有把人的积极性调动起来，企业才具有强大的生命力。企业应建立专利信息激励机制，积极鼓励员工利用专利信息开展技术创新活动，对在企业开发新产品、新工艺、新设备，利用新技术，以及营销活动中，通过利用专利信息取得显著高效的要进行奖励。通过这一举措，形成良好的专利信息利用环境。

五、建立专利信息咨询服务平台

建立面对企事业单位和公众开放的专利信息咨询服务和专利信息检索平台，该平台由查询系统、工作系统和服务系统三部分组成，查询系统是该平台的最大特点，包括"七国两组织"（七国包括中国、日本、美国、英国、法国、德国、瑞士，两组织是世界知识产权组织和欧洲专利局）及多个行业（计算机、通信、航天航空、教育、生物工程及基因等行业等）的专利检索；在工作系统中可以汇集与知识产权相关的政府部门、企业和中介服务机构，知识产权教育培训机构等；服务系统包括专利、商标、版权和技术合同申请流程申报文本及注意事项，还包括知识产权政策法规优惠政策及专利预警等内容，也包括案例解析、侵权举报、百家争鸣和知识产权论坛等栏目。

第四章 知识产权实务

党的十八大以来,国家日益重视创新发展,在科技日益发展的今天,所谓的创新更多的是科技及知识的创新,而创新又离不开对创新成果的法律保护,较高水平的法律保护也能进一步促进创新,故而创新与知识产权之间是相辅相成,互为倚重的。创新创业的成果需要转化为受法律保护的知识产权,相应的知识产权受到侵害时,也需要法律的救济。

第一节 专利实务

专利权是一项重要的知识产权,对于科技创新具有重要的意义。创新创业者应了解我国《专利法》及相关规章规定的专利获取程序,选择申请适合自身技术特点的专利权客体类型,以实现资源的有效开发和利用。

一、专利获取程序

专利获取程序如图 4-1 所示。

我国专利权的取得实行依申请而取得制,专利申请程序的启动方式有两种,其一,由当事人的请求而启动的程序。一项发明创造完成后并不会自动获得专利权,只有申请人就该项发明创造向国家知识产权局提出申请,国家知识产权局经审查后认为符合相关规定的,方可获得专利权,是为专利申请及受理程序。其二,由国家知识产权局自行启动的程序,诸如初步审查程序、授权程序等。此外,还有一部分程序一般应当事人的请求而启动,但国家知识产权局认为有必要的时候也可自行启动。

依当事人的请求而启动的程序是整个专利授权程序的开始,申请人应根据《专利法》及其实施细则的相关规定向专利局提出专利申请,递交申请文件。此外,申请程序开始以后,申请人应当根据《专利法》及其实施细则的规定或者审查员的要求,办理各种与该专利有关的事务。申请人向专利局提出专利申请以及在专利审批程序中办理其他专利事务,申请统称为专利申请手续。

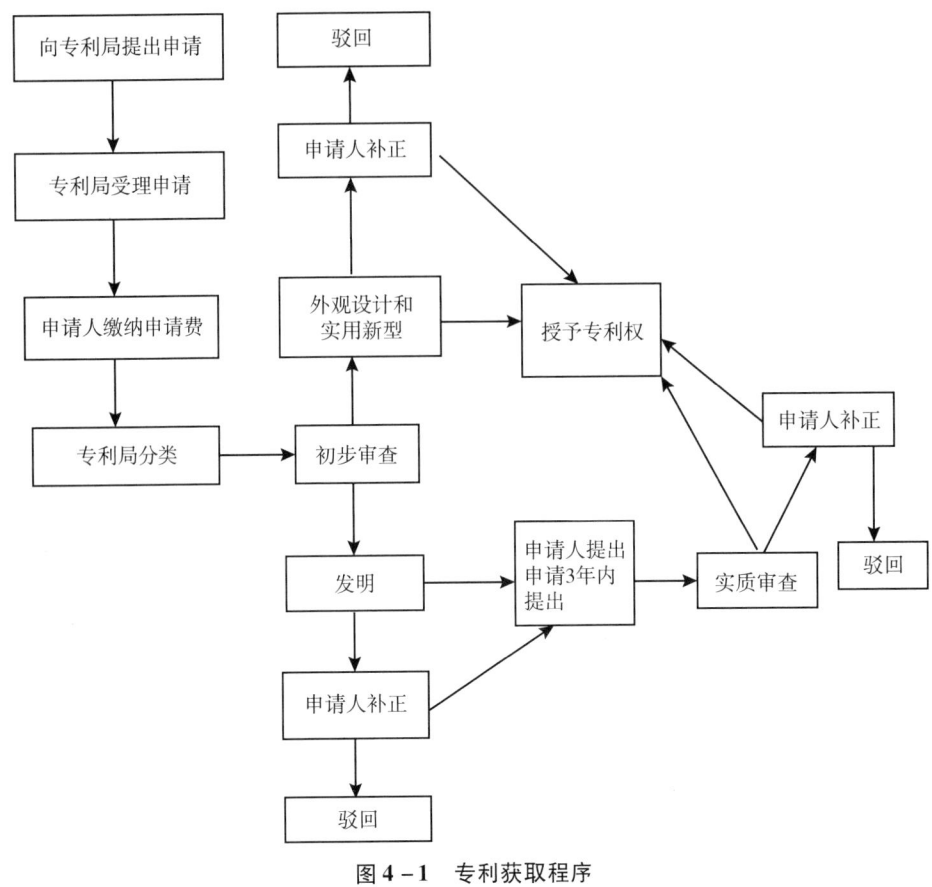

图 4-1 专利获取程序

（一）专利申请人的申请

1. 专利申请的原则

（1）先申请原则。按照我国《专利法》的相关规定，我国专利申请实行先申请原则，即两个以上的申请人分别就同样的发明创造申请专利的，专利权授予最先申请的人。两个以上的申请人同日（指申请日；有优先权的，指优先权日）分别就同样的发明创造申请专利的，按照《专利法实施细则》第四十一条的规定，应当在收到国务院专利行政部门的通知后自行协商确定申请人。

（2）禁止重复授权原则。专利申请的第二项重要原则是禁止重复授权原则，其主要体现两层含义，首先，同一个发明创造不能归属于不同的权利主体；其次，同样的发明创造只能授予一项专利权。禁止重复授权原则实质是专利权作为绝对权、排他权的一种体现，对于专利授权及禁止侵权等都具有重大价值。关于该原则我国《专利法》有个例外的规定，即《专利法》第9条第1款，同一申请人同日对同样的发明创造既申请实用新型专利又申请发明专利，先获得的实用新型专利权尚未终止，且申请人声明放弃该实用新型专利权的，可以授予发明专利权。

(3) 优先权原则。我国《专利法》第二十九条规定，申请人自发明或者实用新型在外国第一次提出专利申请之日起 12 个月内，或者自外观设计在外国第一次提出专利申请之日起 6 个月内，又在中国就相同主题提出专利申请的，依照该外国同中国签订的协议或者共同参加的国际条约，或者依照相互承认优先权的原则，可以享有优先权；申请人自发明或者实用新型在中国第一次提出专利申请之日起 12 个月内，又向国务院专利行政部门就相同主题提出专利申请的，可以享有优先权。

根据《专利法》上述规定，我国《专利法》规定的优先权有外国优先权和本国优先权之分，外国优先权包含发明、实用新型和外观设计专利三种主要专利类型；而本国的优先权包含发明和实用新型专利两种类型。

根据我国《专利法》的规定，申请人要求优先权的，应当在申请的时候提出书面声明，并且在 3 个月内提交第一次提出的专利申请文件的副本；未提出书面声明或者逾期未提交专利申请文件副本的，视为未要求优先权。申请人要求本国优先权的，其在先申请自后一申请提出之日起即视为撤回。

外观设计专利申请的申请人要求外国优先权，其在先申请未包括对外观设计的简要说明，申请人按照《专利法实施细则》第二十八条规定提交的简要说明未超出在先申请文件的图片或者照片表示的范围的，不影响其享有优先权。申请人在一件专利申请中，可以要求一项或者多项外观设计优先权；要求多项优先权的，该申请的优先权期限从最早的优先权日起计算。

在再审申请人戴森技术有限公司与被申请人苏州索发电机有限公司侵害发明专利权纠纷案中，最高人民法院认为，目前如何判断先、后申请是否涉及相同的主题通常采用与修改超范围基本相同的判断方法，即在后申请不得超出优先权文本记载的范围。在此意义上，在后申请与优先权申请之间的关系与分案申请与母案申请的关系基本一致，即在后申请/分案申请均不能超出优先权申请/母案记载的范围。除此之外，由于享有优先权的在后申请应当与优先权申请具有同一主题，较之分案与母案之间的非单一性关系，显然具有更加密切的内在关系。[①]

依据我国《专利法实施细则》的相关规定，在申请本国优先权时，在先申请是发明专利申请的，可以就相同主题提出发明或者实用新型专利申请；在先申请是实用新型专利申请的，可以就相同主题提出实用新型或者发明专利申请。但是，提出后一申请时，在先申请的主题有下列情形之一的，不得作为要求本国优先权的基础：

其一，已经要求外国优先权或者本国优先权的；

其二，已经被授予专利权的；

其三，属于按照规定提出的分案申请的。

(4) 单一性原则。我国《专利法》规定了单一性原则，所谓单一性原则是指一件专利申请应当限于一个发明创造，具体来说申请授予发明或者实用新型专利的应当限于

[①] 《最高人民法院民事裁定书（2017）》（最高法民申 1461 号）。

一项发明或者实用新型，一件外观设计专利申请也应当限于一项外观设计，专利申请单一性原则的要求主要出于经济及技术上的考量。

单一性原则并不意味着一件专利申请仅能包含一项发明创造，为了减轻申请人的经济负担，避免重复授权，如果两项以上的发明或者实用新型属于一个总的发明构思，可以作为一件申请提出，同一产品两项以上的相似外观设计，或者用于同一类别并且成套出售或者使用的产品的两项以上外观设计，可以作为一件申请提出。

针对发明专利和实用新型专利，《专利法实施细则》进一步规定，可以作为一件专利申请提出的属于一个总的发明构思的两项以上的发明或者实用新型，应当在技术上相互关联，包含一个或者多个相同或者相应的特定技术特征，其中特定技术特征是指每一项发明或者实用新型作为整体，对现有技术做出贡献的技术特征。从该规定中可以得出，所谓的技术上相互关联是指以相同或相应的特定技术特征表示在他们的权利要求中的，所谓的特定技术特征应当理解为体现发明对现有技术做出贡献的技术特征，也就是使发明相对于现有技术具有新颖性和创造性的技术特征，应当从每一项要求保护的发明的整体上考虑后加以确定。

根据《专利法》的规定，外观设计专利权的申请适用合案申请的情形，主要包括两个方面，其一，要求同一产品两项以上的相似外观设计；将同一产品的多项相似外观设计作为一件申请提出的，对该产品的其他设计应当与简要说明中指定的基本设计相似。一件外观设计专利申请中的相似外观设计不得超过10项。其二，用于同一类别并且成套出售或者使用的产品的两项以上外观设计。根据《专利法实施细则》的规定，同一类别并且成套出售或者使用的产品的两项以上外观设计，是指各产品属于分类表中同一大类，习惯上同时出售或者同时使用，而且各产品的外观设计具有相同的设计构思。

根据《专利法实施细则》的规定，如果一件专利申请不符合上述情形，包括两项以上发明、实用新型或者外观设计的，申请人可以在本细则第五十四条第一款规定的期限届满前，向国务院专利行政部门提出分案申请；但是，专利申请已经被驳回、撤回或者视为撤回的，不能提出分案申请。

2. 专利申请的提出

（1）申请文件的类型要求。专利申请人为取得专利权，在进行专利申请及审查时按照相关法律法规提交的文件称为专利申请文件。专利申请文件对于专利权的取得与保护具有重要意义。根据我国《专利法》的规定，专利权保护的发明创造类型主要有发明、实用新型和外观设计三种类型，发明和实用新型保护的客体为特定的技术方案，外观设计保护的则是适于工业应用的新设计。由于不同类型的专利权保护的客体不同，导致了依据专利法对其申请及保护的要求也不同。对于专利申请而言，三种类型的专利权要求的专利申请文件分别具有各自的特点。

发明和实用新型专利的申请人应当提交的申请文件包括请求书、说明书（包括附图）、说明书摘要（摘要附图）、权利要求书，各一式两份。其中说明书附图是说明书的一部分，并非所有的发明专利申请都须有附图，但实用新型专利申请的说明书必须有附图。

外观设计专利的申请人应当提交的申请文件包括请求书、该外观设计的图片或者照片以及对该外观设计的简要说明等，各一式两份，并注明其中的原本。申请人提交的有关图片或者照片应当清楚地显示要求专利保护的产品的外观设计。

除了以上申请文件外，按照《专利审查指南 2010》的要求，专利申请人须提交的其他文件，包括提出专利申请时及随后应随专利申请文件附交的其他文件，申请人、专利权人以及其他相关当事人在办理该专利申请或与专利有关的其他各种手续时提交的文件，如专利代理委托书、先申请文件副本等。

向专利局提交的专利申请文件或者其他文件，应当按照规定签字或者盖章。申请人委托专利代理机构向国务院专利行政部门申请专利和办理其他专利事务的，应当同时提交委托书，写明委托权限。申请人有 2 人以上且未委托专利代理机构的，除请求书中另有声明以外，以请求书中指明的第一申请人为代表人。

（2）申请文件适用文字及标准表格要求。

①文字要求。专利申请文件以及其他文件，除由外国政府部门出具的或者在外国形成的证明或者证据材料外，应当使用中文。专利申请文件是外文的，应当翻译成中文，当事人在提交外文证明文件、证据材料时，应当同时附具中文题录译文。审查员以申请人提交的中文专利申请文本为审查的依据。申请人在提出专利申请的同时提交的外文申请文本，供审查员在审查程序中参考，不具有法律效力。专利申请及其他文件应当使用汉字，词、句等应当符合现代汉语规范。

②标准表格要求。办理专利申请（或专利）手续时应当使用专利局制定的标准表格。申请人在答复补正通知书或者审查意见通知书时，提交的补正书或者意见陈述书为非标准格式的，只要写明申请号，表明是对申请文件的补正，并且签字或者盖章符合规定的，可视为文件格式符合要求。

（3）申请文件提交的形式。专利申请人提交的专利申请文件应当以纸件形式或电子文件形式办理。专利申请人以纸件形式提出专利申请并被受理的，除非另有规定，在审批程序中应当以纸件形式提交相关文件，申请人以电子文件形式提交的相关文件及以口头、电话、实物等非书面形式办理各种手续的，或者以电报、电传、传真、电子邮件等通信手段办理各种手续的，均视为未提出，不产生法律效力。专利申请人以电子文件形式提出专利申请并被受理的，除非另有规定，在审批程序中应当通过电子专利申请系统以电子文件形式提交相关文件，不符合规定的，视为未提交。

（4）申请日的确定。申请日就是提出专利申请之日，按照《专利法实施细则》第三十八条的规定，国务院专利行政部门收到发明或者实用新型专利申请的请求书、说明书（实用新型必须包括附图）和权利要求书，或者外观设计专利申请的请求书、外观设计的图片或者照片和简要说明后，应当明确申请日、给予申请号，并通知申请人。《专利审查指南 2010》进一步明确了申请日的确定方法，一般来说以专利局受理处或者代办处窗口收到日为申请日，专利申请人可以向专利局受理处或者代办处窗口直接递交专利申请也可以通过邮局邮寄递交或通过快递公司递交。特别需要说明的是以邮寄方式递交的专利申请，以信封上的寄出邮戳日为申请日；寄出的邮戳日不清晰无法辨认的，以专利局受理处或者代办处收到日为申请日；通过快递公司递交到专利局受理处或者代办处的专利申请，以收到日为申请日；邮寄或者递交到专利局非受理部门或者个人的专利申请，其邮寄日或递交日不具有确定申请日的效力。分案申请以原申请的申请日为申请日。

3. 外国人向中国提出专利申请的特别法律限制

（1）主体的限制。《专利法》第十八条规定，在中国没有经常居所或者营业所的外国人、外国企业或者外国其他组织在中国申请专利的，依照其所属国同中国签订的协议或者共同参加的国际条约，或者依照互惠原则，根据本法办理。

其一，在我国没有经常居所或者营业所的外国申请人在中国申请专利的，国务院专利行政部门认为必要时，可以要求其提供下列文件：申请人是个人的，其国籍证明；申请人是企业或者其他组织的，其注册的国家或者地区的证明文件；申请人的所属国，承认中国单位和个人可以按照该国国民的同等条件，在该国享有专利权、优先权和其他与专利有关的权利的证明文件。

其二，申请人所属国同我国签订有相互给予对方国民以专利保护的协议或者是申请人所属国是保护工业产权巴黎公约成员国或世界贸易组织成员，或者是申请人所属国依互惠原则给外国人以专利保护，以上三个条件满足其一即可。

（2）程序的限制。依据我国《专利法》的相关规定，在中国没有经常居所或者营业所的外国人、外国企业或者外国其他组织在中国申请专利和办理其他专利事务的，应当委托依法设立的专利代理机构办理。

（二）知识产权局的审查程序

在专利获取程序中知识产权局的审查程序是由国家知识产权局自行启动的程序，具体包括受理程序、初步审查程序、实质审查程序及授权程序等。

受理程序与当事人的申请程序是同步的，主要审查专利申请文件的形式缺陷，以及其他文件的形式和有关费用缴纳的审查。① 如不符合规定，则该申请不予受理。

1. 专利申请的初步审查

（1）审查的具体内容。专利申请受理并缴足申请费用后，该专利申请就进入初步审查阶段。在我国，对实用新型和外观设计专利申请采用初步审查制，因而初步审查是实用新型和外观设计专利申请审查的核心程序，而发明专利申请由于采用早期公开、延期审查制，即先进行初步审查然后公开相关发明专利申请文件，再进行实质审查程序，故而对于发明专利申请而言初步审查程序仅是整个申请程序中的一个辅助程序，其核心程序是实质审查。

---

① 根据《专利法》及《专利法实施细则》的相关规定，三种专利申请的初步审查主要审查专利申请人提交的文件是否齐备，相关文件是否符合规定的形式要求，申请的语言是否采用中文，用语是否规范等。

专利申请的初步审查是由国务院专利行政部门审查申请文件的实质缺陷，要求审查员在不进行信息检索的前提下基于既有的知识和已有的信息进行审查。主要审查以下内容，其一，申请人所要求保护的权利类型是否符合《专利法》规定的发明、实用新型及外观设计专利的各自内涵；其二，是否符合专利申请的单一性原则；其三，依赖遗传资源完成的发明创造，申请人是否在专利申请文件中说明该遗传资源的直接和原始来源，并填写国务院专利行政部门制定的表格，或者无法说明原始来源的，是否陈述理由；其四，在中国没有经常居所或者营业所的外国人、外国企业或者外国其他组织在中国申请专利的，其所属国是否同中国签订有协议或者共同有参加的国际条约，或者有相应的互惠原则。如有权申请的，其是否按照《专利法》的规定委托专利代理机构办理专利申请事宜。第一阶段初步审查完毕后，实用新型和外观设计专利的申请进入到初步审查的第二阶段，在此阶段，实用新型申请的审查内容主要包括，其一，申请保护的技术方案是否明显不具有新颖性和实用性；其二，说明书是否明显公开不充分；其三，是否构成重复授权；其四，分案申请是否修改超范围。外观设计专利申请的审查内容主要包括，其一，申请保护的外观设计是否明显不具有新颖性；其二，是否构成重复授权；其三，分案申请是否修改超范围。

（2）审查的法律后果。

第一，经初步审查不符合相关法律法规规定的。按照《专利法》第三十三条的规定，申请人可以对其专利申请文件进行修改，但是，对发明和实用新型专利申请文件的修改不得超出原说明书和权利要求书记载的范围，对外观设计专利申请文件的修改不得超出原图片或者照片表示的范围。按照《专利法实施细则》的规定，国务院专利行政部门应当将审查意见通知申请人，要求其在指定期限内陈述意见或者补正；申请人期满未答复的，其申请视为撤回。申请人陈述意见或者补正后，国务院专利行政部门仍然认为不符合前款所列各项规定的，应当予以驳回。《专利审查指南2010》规定，初步审查中，对于申请文件存在可以通过补正克服的缺陷的专利申请，审查员应当进行全面审查，并发出补正通知书；初步审查中，对于申请文件存在不可能通过补正克服的明显实质性缺陷的专利申请，审查员应当发出审查意见书。申请人在收到补正通知书或者审查意见通知书后，应当在指定的期限内补正或者陈述意见。

第二，对于初步审查合格的专利申请。对于发明专利申请来说，由于实行早期公开、延迟审查的制度，所以在国务院专利行政部门收到专利申请后，经初步审查认为符合本法要求的，自申请日（要求优先权的，自优先权日起）起满18个月，即行公布。国务院专利行政部门也可以根据申请人的请求早日公布其申请。按照《专利法》第四十条的规定，实用新型和外观设计专利申请经初步审查没有发现驳回理由的，由国务院专利行政部门做出授予实用新型专利权或者外观设计专利权的决定，发给相应的专利证书，同时予以登记和公告。实用新型专利权和外观设计专利权自公告之日起生效。

第三，对于实用新型和外观设计专利申请而言，若经初步审查不合格，由国家知识产权作出驳回决定，申请人可在规定期限内向专利复审委员会提出复审请求，如未在规定期限内提出复审请求，则该专利申请初步审查程序结束。

第四，在初步审查期间，申请人未在通知书指定期限内作出答复，该专利申请视为被撤回，此时如申请人未在规定期限内提出恢复权利请求，则该专利申请及审批程序结束。

2. 发明专利申请的实质审查

对发明专利申请，我国实行的是实质审查制，即对发明专利申请不仅要进行初步审查，还要进行实质审查。所谓"实质审查"是指国家知识产权局在初步审查的基础之上，对发明专利申请进行更为深入和全面的审查，特别是就要求保护的发明创造进行现有技术检索，判断要求保护的发明是否具备新颖性、创造性和实用性，最终作出是否授予发明专利权的决定。

按照《专利法实施细则》第五十三条的相关规定，实质审查的主要内容包括以下几个方面：

第一，发明专利申请的内容是否违反法律、社会公德或者妨害公共利益；

第二，发明专利申请的内容是否系依赖违法获取的遗传资源或者违法利用遗传资源而完成的发明创造；

第三，发明专利申请的内容是否符合我国《专利法》关于"发明"的定义；

第四，申请是否违反我国《专利法》第二条第一款的规定，即申请专利的发明系在中国完成，申请人是否事先未经国家知识产权局进行保密审查即擅自就该发明创造向外国申请专利；

第五，申请要求保护的发明创造是否属于不得授予专利的情况；

第六，申请要求保护的发明创造是否具备新颖性、创造性和实用性；

第七，申请要求保护的发明创造是否违反同样的发明创造只能授予一项专利权的规定；

第八，申请要求保护的发明创造是否满足单一性要求；

第九，申请文件的说明书是否符合我国《专利法》第二十六条第三款的规定，即是否对发明作出清楚、完整的说明，以所属技术领域的技术人员能够实现为标准；

第十，申请文件的权利要求书是否符合我国《专利法》第二十六条第四款的规定，即是否以说明书为依据，清楚、简要地限定要求专利保护的范围。权利要求书是否满足《专利法实施细则》第十九条至第二十二条规定的相关要求；

第十一，依赖遗传资源完成的发明创造，申请人是否在专利申请文件中说明该遗传资源的直接来源和原始来源；申请人无法说明原始来源的，是否陈述了相关理由。

第十二，申请人对申请文件的修改以及申请人提出的分案申请是否符合我国《专利法》相关规定。

二、专利申请文件的撰写

专利申请文件是由有权申请的人为了获取专利权就某项发明创造以书面形式或国家

知识产权局规定的电子文件形式向国家知识产权局专利局提交材料的统称。

（一）请求书的撰写

请求书是申请人表达其请求授予专利权愿望的文件。申请人需按照规定的要求填写"发明专利请求书""实用新型专利请求书"及"外观设计专利请求书"表格，并将其提交给国家知识产权局专利局。《专利法实施细则》第十六条规定了三种类型的专利申请的请求书应当写明的事项。主要包括：（1）发明、实用新型或者外观设计的名称。（2）申请人是中国单位或者个人的，其名称或者姓名、地址、邮政编码、组织机构代码或者居民身份证件号码；申请人是外国人、外国企业或外国其他组织的，其姓名或者名称、国籍或者注册的国家或者地区。（3）发明人或者设计人的姓名。（4）申请人委托专利代理机构的，受托机构的名称、机构代码以及该机构指定的专利代理人的姓名、执业证号码、联系电话。（5）要求优先权的，申请人第一次提出专利申请的申请日、申请号以及原受理机构的名称。（6）申请人或者专利代理机构的签字或者盖章。（7）申请文件清单。（8）附加文件清单。（9）其他需要写明的有关事项。

（二）权利要求书的撰写

1. 相关概念

《专利法》第二十六条第四款规定："权利要求书应当以说明书为依据，清楚、简要地限定要求专利保护的范围。"可见，权利要求书是在说明书的基础之上限定发明或者实用新型专利权权利保护范围的法律文件，一项专利申请能否被授权，授权后判断他人的行为是否侵权等，都取决于权利要求书的内容或与权利要求书的内容直接相关。因此，在专利申请文件中权利要求书具有重要作用，一般而言规定了权利要求书的专利制度才能被视为现代意义上的专利制度。①

权利要求书是由权利要求组成的，一份权利要求书至少包含一项权利要求，权利要求书应当记载发明或者实用新型的技术特征，技术特征可以是构成发明或者实用新型技术方案的组成要素，也可以是要素之间的相互关系。它们之间的关系简单用一个图标来表示：

技术特征──→技术方案──→权利要求──→专利权的保护范围

权利要求用技术特征的总和来表示发明或者实用新型的技术方案，限定发明或者实用新型要求专利保护的范围。

按照《专利审查指南2010》的相关规定，权利要求按照性质划分有两种基本类型，即物的权利要求和活动的权利要求，或者简单地称为产品权利要求和方法权利要求，第一种基本类型的权利要求保护的对象包括人类技术生产的物；具体而言有物品、物质、材料、工具、装置、设备等；第二种基本类型的权利要求保护的对象包括有时间过程要

---

① 尹新天：《中国专利法详解》，知识产权出版社2012年版，第266页。

素的活动，主要有产品制造方法、使用方法、通讯方法、处理方法以及将产品用于特定用途的方法等，方法权利要求是通过方法步骤的组合和执行顺序来实现方法发明所要解决的技术问题。

可见，产品权利要求和方法权利要求保护的是两种不同类型的客体，按照《专利法》的规定，对于产品专利权而言，专利法禁止未经权利人的许可而制造、使用、许诺销售、销售、进口其专利产品，方法专利权人禁止行为人未经其许可使用其专利方法，对于产品制造方法专利权而言，专利法还禁止未经专利权人许可，使用、许诺销售、销售、进口依照该方法直接获得的产品。因此，二者的保护范围不同。在具体确定权利要求的保护范围时，应当考虑对该权利要求限定的所有技术特征，但在考虑这些技术特征的限定作用时应当要考虑其所要求保护的是哪一类型的客体。

《专利法实施细则》第二十条第一款规定："权利要求书应当有独立权利要求，也可以有从属权利要求"，从而，权利要求依撰写方式的不同，可分为独立权利要求和从属权利要求，那么什么是一项发明或者实用新型权利要求书中的独立权利要求和从属权利要求呢？按照《专利法》第二十条第二、三项及《审查指南》的相关规定来看，独立权利要求是指能从整体上反映发明或者实用新型的技术方案，记载解决技术问题的必要技术特征的权利要求，在一项发明或者实用新型的权利要求书中，独立权利要求所限定的一项发明或者实用新型的保护范围最宽。发明或实用新型专利申请权利要求的必要技术特征是指发明或者实用新型专利为解决其技术问题所不可缺少的技术特征，其总和足以构成发明或者实用新型的技术方案，使之区别于背景技术中所述的其他技术方案。

如果一项权利要求中含有多项权利要求，其中一项权利要求包含了另一项同类型权利要求中的所有技术特征，且对另一项权利要求的技术方案作进一步的限定，则该权利要求从属权利要求。从属权利要求只能引用在前的权利要求，而被引用在前的权利要求可以是独立权利要求，也可以是从属权利要求，从属权利要求可以有多项。由于从属权利要求用附加的技术特征对所引用的权利要求作了进一步限定，所以其保护范围要小于其所引用的权利要求的保护范围，从属权利要求中的附加技术特征，可以是对所引用的权利要求的技术特征作进一步限定的技术特征，也可以是增加的技术特征。从属权利要求是为了更充分保护申请人的利益而形成的，在独立权利要求由于新颖性或者创造性被驳回时，该独立权利要求的从属权利要求就可以作为新的独立权利要求请求保护，从而有可能使申请人由此获得较窄范围的专利权。①

2. 权利要求书撰写要求

（1）实质性要求。

《专利法》第二十六条第四款规定，"权利要求书应当以说明书为依据，清楚、简要地限定要求专利保护的范围"，《专利法实施细则》第十九条第一款规定，"权利要求书应当记载发明或者实用新型的技术特征"，据此，权利要求书内容方面的要求主要体

---

① 黄敏：《发明专利申请文件的审查与撰写要点》，知识产权出版社2015年版，第91页。

现在以下两点。

第一，以说明书为依据。权利要求书中的每一项权利要求所要保护的技术方案应当是所属技术领域的技术人员能够从说明书充分公开的内容中得到或概括得出的技术方案，并且不得超出说明书公开的范围。权利要求通常由说明书记载的一个或多个实施方式或实施例概括而成，具体来说，权利要求的概括应当以说明书中公开的实施方式或实施例为依据，使权利人的权利保护范围与说明书中所公开的技术（或者方法）内容相一致，一项概括恰当的权利要求既不能超出说明书的范围，从而损害了公共利益，又不能范围过窄，从而不当损害了权利人的利益。首先，概括范围的宽窄取决于权利人申请保护的技术（或者方法）与现有技术（或方法）相关的程度。一项开创性技术领域的开拓性发明，比起已知技术领域中的改进性发明有更宽的概括范围。其次，对于用上位概念概括或用并列选择方式概括的权利要求，应当审查这种概括是否得到说明书的支持。如果权利要求的概括使所属技术领域的技术人员有理由怀疑该上位概括或并列概括所包含的一种或多种下位概念或选择方式不能解决发明或者实用新型所要解决的技术问题，并达到相同的技术效果，则应当认为该权利要求没有得到说明书的支持。最后，权利要求可以用功能或者效果特征来限定发明或者实用新型，但只有在某一技术特征无法用结构特征来限定，或者技术特征用结构特征限定不如用功能或者效果特征来限定更为恰当，而且该功能或者效果能通过说明书中规定的实验或者操作或者所属技术领域的惯用手段直接和肯定地验证的情况下，才对此技术特征使用功能或者效果特征来限定。

第二，清楚地限定要求专利保护的范围。权利要求书应当清楚的限定专利保护的范围，其中含义主要包括两个方面，一是指每一项权利要求应当清楚；二是指构成权利要求书的所有权利要求作为一个整体也应当清楚。对于每一项权利要求应当清楚而言，主要包括以下几点。

首先，每项权利要求的类型应当清楚。一方面，权利要求的主题名称应当能够清楚地表明该权利要求的类型是产品权利要求还是方法权利要求，不允许采用模糊不清的主题名称；另一方面，权利要求的主题名称还应当与权利要求的技术内容相适应。

其次，每项权利要求所确定的保护范围应当清楚。由于专利权客体的无形性，一项清楚的权利保护范围可以清晰地划清权利人的权利边界，而权利要求的保护范围应当根据其所用词语的含义来理解。为此，权利要求中的用词应当科学严谨，尽量避免造成相关公众的误解与困惑。一般情况下，权利要求中的用词应当理解为相关技术领域通常具有的含义，不得使用含义不确定的用语，诸如，"厚""薄""强""弱""高温""高压""很宽范围"等，此外如"例如""最好是""尤其是""约""接近""类似物"等用语一般情况下也不宜使用。除附图标记或者化学式及数学式中使用的括号外，权利要求中应尽量避免使用括号，以免造成权利要求不清楚。对于自然科学名词，国家有统一规定的，应当采用规定的技术术语。

构成权利要求书的所有权利要求作为一个整体也应当清楚，主要是指权利要求之间的引用关系应当清楚，在撰写从属权利要求时，应当注意其与被引用的权利要求之间的关系，避免因为引用不当而造成权利要求未清楚地表述其保护范围。

第三，权利要求书应当简要。《专利法》第二十六条第四款规定，权利要求书应当以说明书为依据，清楚、简要地限定要求专利保护的范围。其包含两层含义，其一是每一项权利要求应当简要；其二是所有权利要求作为一个整体也应当简要。具体来说应做到以下几点：

首先，权利要求的数目应当合理，权利要求书中，允许有合理数量的限定发明或者实用新型的优选技术方案的从属权利要求。

其次，权利要求的表述应当简要，除记载技术特征外，不得对原因或理由作不必要的描述，也不得采用商业性宣传用语。

最后，为避免权利要求之间相同内容的不必要重复，在可能的情况下，权利要求应尽量采取引用在前权利要求的方式撰写。例如，一个关于"送风装置"的发明专利申请，其权利要求1. 一种送风装置，包括：……；权利要求2. 根据权利要求1所述的送风装置，还包括……；权利要求3. 根据权利要求2所述的送风装置，其中……。

（2）形式方面的要求。

第一，为了强调权利要求中记载的全部内容作为一个整体限定权利要求的保护范围，每一项权利要求只允许在其结尾处使用句号；

第二，权利要求书有几项权利要求的，应当用阿拉伯数字顺序编号；

第三，权利要求中使用的科技术语应当与说明书中使用的科技术语一致；

第四，权利要求中可以有化学式或者数学式，但是不得有插图；

第五，除非发明或者实用新型涉及的某特定形状仅能用图形限定而无法用语言表达等绝对必要外，权利要求中不得使用"如说明书……部分所述"或者"如图……所示"等类似用语；

第六，一般情况下权利要求不允许使用表格，除非使用表格能够更清楚地说明发明或者实用新型要求保护的主题；

第七，权利要求中的技术特征可以引用说明书附图中相应的标记，这些标记应当用括号括起来，放在相应技术特征后面；

第八，通常一项权利要求用一个自然段表述，权利要求中包含数值范围的，其数值范围尽量以数学方式表达；

第九，一般情况下，权利要求中不得出现人名、地名、商品名或者商标名称；

第十，权利要求尽量采用正面的方式描述某一具体的技术特征，少用否定的方式。

（3）独立权利要求的撰写要求。

《专利法实施细则》第二十一条第一款和第二款对独立权利要求的撰写规定了形式方面的要求。

第一，独立权利要求通常包括前序部分和特征部分。

前序部分写明要求保护的发明或者实用新型技术方案的主题名称和发明或者实用新型主题与最接近的现有技术共有的必要技术特征，所谓的必要技术特征是指要求保护的发明或者实用新型技术方案与最接近的一份现有技术文件中密切相关的、共有的技术特征。例如，一项涉及照相机的发明，该发明的实质在于照相机布帘式快门的改进，其权利要求的前序部分只要写出"一种照相机，包括布帘式快门……"就可以了。

特征部分写明发明或者实用新型区别于最接近的现有技术的技术特征。这些特征和前序部分写明的特征合在一起，构成发明或者实用新型的全部必要技术特征，限定发明或者实用新型要求保护的范围，通常使用"其特征是……"或者类似的用语。[①] 这样撰写的目的是为了方便公众更清楚地看出独立权利要求的全部技术特征中哪些是相关技术领域所共有的技术特征，哪些是本发明或者实用新型区别于最接近的现有技术的技术特征。

第二，不适用于采用两部分结构撰写的情况。

发明或者实用新型的性质不适于用前款方式表达的，独立权利要求可以用其他方式撰写。具体来说有以下几种情况：

首先，开拓性发明；

其次，由几个状态等同的已知技术整体组合而成的发明，其发明实质在组合本身；

再次，已知方法的改进发明，其改进之处在于省去某种物质或材料，或者是用一种物质或材料代替另一种物质或材料或者省去某个步骤；

最后，已知发明的改进在于系统中部件的更换或者其相互关系上的变化。

（4）从属权利要求撰写的要求。

从属权利要求应当包括引用部分和限定部分。

第一，从属权利要求只能引用在前的权利要求，引用部分应写明引用的权利要求的编号及其主题名称；

第二，从属权利要求的引用部分应当写明引用的权利要求的编号，其后应当重述引用的权利要求的主题名称；

第三，所谓的多项从属权利要求是指引用两项以上权利要求的从属权利要求，包括引用在前的独立权利要求和从属权利要求，以及引用在前的几项从属权利要求，但在后的多项从属权利要求不得引用在前的多项从属权利要求；

第四，当从属权利要求是多项从属权利要求时，其引用的权利要求的编号应当用"或"或者其他与"或"同义的择一引用方式表达；

第五，从属权利要求的限定部分可以对在前的权利要求中的技术特征进行限定，对于采用两部分撰写方式撰写的独立权利要求，这种限定不仅可以进一步限定特征部分的必要技术特征，也可以进一步限定前序部分中的技术特征；

第六，直接或间接从属于某一项独立权利要求的所有从属权利要求都应当写在该独

[①] 对于如何确定必要技术特征，有学者提出了三步法的步骤，具体来说主要是，第一步充分检索现有技术；第二步进行特征比对，确定发明点；第三步找出必要技术特征，形成权利要求。参见王成荫等著：《从审查角度浅议权利要求书的撰写》，载《中国发明与专利》2014年第3期。

立权利要求之后，另一项独立权利要求之前。

3. 权利要求书的撰写步骤及其实质要求

权利要求书的撰写步骤有的学者提出了五步法，分别是在理解发明和实用新型的基础上，找出其主要技术特征，弄清各技术特征之间的关系；根据检索和调研得到的现有技术，确定与本发明或者实用新型最接近的现有技术；根据最接近的现有技术，进一步确定本发明或者实用新型要解决的技术问题，从而列出本发明或者实用新型为解决此技术问题所必须包括的全部必要技术特征，并应当尽可能用上位概念或并列概括的方式加以概括，以使其具有较宽的保护范围；与最接近的现有技术作比较。① 也有学者提出了七步法，即确定核心区别技术特征和关键创新点；确定最小技术特征集，构造核心独立权利要求；审定核心权利要求的技术主题；校核核心独立权利要求；分层次布置从属权利要求；撰写其他权利要求组；进行两步整体审核。②

如果将撰写权利要求书比作我们要叙述的一个故事，那么在讲故事前，我们首先要对故事发生的时间、地点、主要人物及其相互关系做到心中有数，具体到撰写权利要求书，就要求我们在具体撰写之前，要充分分析并理解所要申请发明或者实用新型专利的产品的主要技术特征及各技术特征之间的关系，做到心中有数。然后我们借助检索和调研，现在更多的是运用检索的方式来确定与本发明或者实用新型最接近的现有技术。通过上述步骤我们首先可以确定申请的发明或者实用新型专利的技术主题，然后围绕这一主题进一步分析涉及的相关技术特征，确定与最接近的现有技术相比，本发明或者实用新型所要解决的技术问题，进而围绕本发明或者实用新型的技术主题，确定解决上述技术问题的必要技术特征。在完成上述工作后，我们就可以开始撰写独立权利要求和从属权利要求了，下面我们就围绕几个撰写过程中涉及的主要实质问题进行探讨。

第一，权利要求书中技术特征的合理表述。

如果将专利申请看作是申请人与专利行政部门之间的一场博弈的话，我们撰写的权利要求书需要帮助我们实现两个目的，最高目标是尽量拓宽我们的权利保护范围，在一个更宽的范围内保护我们的权利，最低目标则是获得授权。一般来说，一项权利要求所记载的技术特征越少，表达每一个技术特征所用的概念的内涵越少，则该权利要求的保护范围越大。所以，撰写独立权利要求的必要技术特征时，写入的技术特征应尽可能要少，不必写入进一步解决其技术问题的附加技术特征，所用的概念应尽可能是"上位概念"，以达到较宽保护范围的目的。当然这样做的前提是必须满足权利要求书"完整性"的要求，否则不会得到授权。

第二，独立权利要求应反映与现有技术相比，其所限定的发明或者实用新型所具备

---

① 吴观乐主编：《发明和实用新型专利申请文件撰写案例剖析》（第3版），知识产权出版社2011年版，第51页。

② 沈泳：《专利权利要求书撰写的"七步法"》，中华全国专利代理人协会编：《如何撰写有价值的专利申请文件——2014年专利审查与代理学术研讨会优秀论文集》，知识产权出版社2015年版。

的新颖性和创造性。

第三，独立权利要求所限定的技术方案应当以说明书为依据，每一项权利要求应当得到说明书的支持。

第四，从属权利要求的类型和主题应当与其所引用权利要求的类型和主题名称相一致。

第五，从属权利要求的保护范围应当是对其所引用的权利要求的保护范围的进一步限定，例如，当被引用的权利要求采用上位概念进行概括时，从属权利要求中应存在相对应的下位概念的技术特征，对其进行进一步限定。

（三）发明或实用新型专利申请说明书撰写要求

说明书是专利申请文件中一个很重要的文件，在专利申请及其后的专利保护中都起着非常重要的作用。根据《专利法》第二十六条说明书主要有如下两个方面的作用，其一，公开发明的技术内容，以所属技术领域的技术人员能够实现为准；其二，支持权利要求的保护范围的作用，应清楚、简要地限定要求专利保护的范围。

关于说明书的撰写，《专利法实施细则》第十七条分别从内容以及撰写的顺序、用词用语形式方面提出了总体要求。用词、用语形式方面要求就是"规范""清楚"并不得使用"如权利要求……所述的……"一类的引用语，也不得使用商业性宣传用语。撰写顺序方面的要求则是应当按照第十七条第一款规定的方式和顺序撰写说明书，并在说明书每一部分前面写明标题，除非其发明或者实用新型的性质用其他方式或者顺序撰写能节约说明书的篇幅并使他人能够准确理解其发明或者实用新型。从内容方面来看，说明书应做到"完整"及"再现"，具体来说，应包括以下内容：

（1）帮助理解发明不可缺少的内容；

（2）确定发明新颖性、创造性和实用性所需的内容；

（3）实现发明所需的内容，说明书应当对发明或者实用新型作出清楚、完整的说明，以所属技术领域的技术人员不需要创造性劳动就能够实现为准，必要的时候，应当有附图。

关于说明书的内容，根据《专利法实施细则》第十七条主要包括以下几点。

1. 名称

发明或实用新型的名称应当清楚、简明，写在说明书首页正文部分的上方居中位置。

（1）与请求书中的名称完全一致，一般不超过25个字，特殊情况下，如化学领域的某些申请，可以允许最多40个字。

（2）采用所属技术领域通用的技术术语，最好采用国际专利分类表中的技术术语，不得采用非技术术语或杜撰的技术名词。

（3）清楚、简要、全面地反映要求保护的发明或者实用新型的主题和类型（产品或者方法），以利于专利申请的分类。

（4）不得使用人名、地名、商标、型号或者商品名称等，也不得使用商业性宣传用语。

（5）最好与国际专利分类表中的类、组相对应，以利于专利申请的分类。

（6）有特定用途和应用领域的，应在名称中体现；

（7）尽量避免写入发明或实用新型的区别技术特征。

2. 技术领域

说明书应当写明要求保护的技术方案所属的技术领域。发明或者实用新型专利要求保护的技术方案所属技术领域是指其所属或直接应用的具体技术领域，既不是发明或者实用新型所属或者应用的上位及相邻技术领域，更不是发明或者实用新型本身。该技术领域往往与该发明或实用新型在国际专利分类表中可能分入的最低位置有关。例如，一项关于挖掘机悬臂的发明，其改进之处是将背景技术中的长方形悬臂截面改为椭圆形截面，其所属技术领域可以写成"本发明涉及一种挖掘机，特别是涉及一种挖掘机悬臂"（具体的技术领域），而不宜写成"本发明涉及一种建筑机械"（上位的技术领域），也不宜写成"本发明涉及挖掘机悬臂的椭圆形截面"或者"本发明涉及一种截面为椭圆形的挖掘机悬臂"（发明本身）。技术领域常用语句格式为"本发明涉及一种×××，尤其是一种具有……的×××"。

3. 背景技术

说明书应当写明对发明或者实用新型的理解、检索、审查有用的背景技术，有可能的，并引证反映这些背景技术的文件，尤其要引证包含发明或者实用新型权利要求书中的独立权利要求前序部分技术特征的现有技术文件，即引证与发明或者实用新型申请最接近的现有技术文件，说明书中引证的文件可以是专利文件，也可以使非专利文件，如期刊、杂志、手册和书籍等。引证专利文件的，至少要写明专利文件的国别、公开号，最好包括公开日期，引证非专利文件的，要写明这些文件的标题和详细出处。此外，在说明书背景技术部分中，还要客观地指出背景技术中存在的问题和缺点，但是仅限于涉及由发明或者实用新型所解决的问题和缺点，在可能的情况下，说明存在这些问题和缺点的原因及解决这些问题时曾经遇到的困难。引证文件的具体要求如下：

（1）引证文件应当是公开出版物，除纸质形式外，还包括电子出版物等形式；

（2）所印证的非专利文件和外国专利文件的公开日，应当在本申请的申请日之前；所印证的中国专利文件的公开日不能晚于本申请的公开日；

（3）引证外国专利文件或非专利文件的，应当以所印证文件公布或者发表时的原文所使用的文字写明引证文件的出处以及相关信息，必要时给出中文译文，并将译文放在括号内。背景技术常用语句格式为"×××（文献名称及出处等）公开了一种……装置（或方法），其构成（方法）是……，不足之处（缺点）是……"。

4. 发明或实用新型的内容

说明书中须写明发明或者实用新型所要解决的技术问题以及解决其技术问题采用的

技术方案，并对照现有技术写明发明或者实用新型的有益效果；具体来说，本部分应当清楚、客观的写明以下内容：

（1）要解决的技术问题。发明或实用新型所要解决的技术问题，是指发明或者实用新型要解决的现有技术中存在的技术问题。通常针对最接近的现有技术中存在的技术问题并结合本发明所取得的效果提出，也即发明的目的或任务。具体来说，应按下列要求撰写所要解决的技术问题。

①针对现有技术中存在的缺陷或不足；

②用正面的、尽可能简洁的语言客观而有根据地反映发明或者实用新型要解决的技术问题，也可以进一步说明其技术效果。对发明或实用新型所要解决的技术问题的描述不得采用广告式宣传用语；

③反映发明或者实用新型要求保护的技术方案的主题名称以及发明的类型，应当具体体现其所要解决的技术问题，但又不得包含技术方案的具体内容；

④一件专利申请的说明书可以列出发明或者实用新型所要解决的一个或多个技术问题，当一件申请包含多项发明或者实用新型时，说明书中列出的多个要解决的技术问题应当都与一个总的发明构思相关。

（2）技术方案。技术方案是说明书的核心部分，是申请人针对其要解决的技术问题所采取的技术手段的集合。具体来说，应按下列要求撰写技术方案。

①应清楚、完整地描述发明或者实用新型解决其技术问题所采取技术方案的技术特征；

②在技术方案这一部分，首先应当写明独立权利要求的技术方案，至少应包含全部必要技术特征的独立权利要求的技术方案，还可以给出包含其他附加技术特征的进一步改进的技术方案；

③说明书中记载的这些技术方案应当与权利要求所限定的相应技术方案的表述相一致；

④用于应当与独立权利要求的用语相应或者相同，以发明或者实用新型必要技术特征总和的形式阐明其实质，必要时，说明必要技术特征总和与发明或者实用新型效果之间的关系；

⑤可以通过对该发明或者实用新型的附加技术特征的描述，反映对其作进一步改进的从属权利要求的技术方案；

⑥如果一件申请中有几项发明或者实用新型，应当说明每项发明或者实用新型的技术方案。

技术方案部分通常采用的语句格式为，"本发明所要解决的技术问题是提供一种……""本实用新型要解决的任务是……"。

（3）有益效果。有益效果是指由构成发明或者实用新型的技术特征直接带来的，或者是由所述的技术特征必然产生的技术效果。有益效果是确定发明是否具有"显著的进步"，实用新型是否具有"进步"的重要依据。具体来说，应按下列要求撰写有益效果。

①通常可以通过对发明或者实用新型结构特点的分析和理论说明相结合，或者通过列出实验数据的方式予以说明，不得只断言发明或者实用新型具有有益的效果，无论采取哪种方式说明有益效果，都应当与现有技术进行比较，指出发明或者实用新型与现有技术的区别。

②机械、电气领域中的发明或者实用新型的有益效果，在某些情况下，可以结合发明或者实用新型的结构特征和作用方式进行说明，但是在化学领域，多数情况下是借助于实验数据来说明；对于目前尚无可取的测量方法而不得不依赖于人的感官判断的，如味道、气味等，可以采用统计方法表示的实验结果来说明。

③在引用实验数据说明有益效果时，应当给出必要的实验条件和方法。

5. 附图说明

说明书有附图的，应当写明各幅附图的图名，并对各幅附图作简略说明。在零部件较多的情况下，允许用列表的方式对附图中具体零部件的名称列表说明。附图不止一幅的，应当对所有附图作出图面说明。通常的格式起始句为，"下面结合附图对本发明或实用新型的具体实施方式作进一步详细的描述"。

6. 具体实施方式

实现发明或者实用新型的优选的具体实施方式是说明书的重要组成部分，它对于充分公开、理解和实现发明或者实用新型，支持和解释权利要求都是极为重要的。因此，说明书应当详细描述申请人认为实现发明或者实用新型的优选的具体实施方式。在适当情况下，应当举例说明；有附图的应当对照附图进行说明。

在撰写发明或者实用新型具体实施方式部分时应注意下述几个方面的问题：

（1）通常这一部分至少具体描述一个优选的具体实施方式。优选的具体实施方案应当体现申请中解决技术问题所采用的技术方案，并应当对权利要求的技术特征给予详细说明，以支持权利要求。

（2）对优选的具体实施方式的描述应当详细，使发明或者实用新型所属技术领域的技术人员能够实现该发明或者实用新型。

（3）实施例是对发明或者实用新型的优选的具体实施方式的举例说明。实施例的数量应当根据发明或者实用新型的性质、所属技术领域、现有技术状况以及要求保护的范围来确定。当一个实施例足以支持权利要求所概括的技术方案时，说明书中可以只给出一个实施例。当权利要求（特别是独立权利要求）覆盖的保护范围较宽，其概括不能从一个实施例中找到依据时，应当给出至少两个不同实施例，以支持要求保护的范围。当权利要求相对于背景技术的改进涉及数值范围时，通常应给出两端值附近（最好是两端值）的实施例，当数值范围较宽时，还应当给出至少一个中间值的实施例。

（4）通常对最接近现有技术或者与最接近的现有技术共有的技术特征不必详细展开描述，但对发明或者实用新型区别于现有技术的技术特征以及从属权利要求中的附加技术特征应当足够详细的描述，尤其那些对充分公开发明或者实用新型来说必不可少的内容，不能采用引证其他文件的方式撰写，而应当将其具体内容写入说明书。

（5）对于产品的发明或者实用新型，实施方式应当描述产品的机械构成、电路构成或者化学成分，说明组成产品的各部分之间的相互关系，对于可动作产品，必要时还应当说明其动作过程或者操作步骤。

（6）对于方法发明，应当写明其步骤，包括可以用不同的参数或者参数范围表示的工艺条件。

（7）对照附图描述发明或者实用新型的优选的具体实施方式时，使用的附图标记或者符号应当与附图中所示的一致，并放在相应的技术名称后面，不加括号。

7. 说明书附图

说明书附图是说明书的一个组成部分，其作用在于用图形补充说明书文字部分的描述，使人能够直观的、形象化的理解发明或者实用新型的每个技术特征和整体技术方案，对于机械和电学领域中的专利申请，附图的作用尤其显著。对于发明专利申请，用文字足以完整清楚的描述其技术方案的，可以没有附图，而实用新型专利申请的说明书必须有附图。对于说明书附图的具体要求如下：

（1）有几幅附图时，用阿拉伯数字顺序编图号，并且在编号前冠以"图"字，如图1、图2，几幅附图可绘在一张图纸上，按顺序排列，彼此应明显的分开；一幅总体图可以绘制在几张图纸上，但应当保证每一张上的图都是独立的，而且当全部图纸结合起来构成一幅总体图时有不互相影响其清晰度。

（2）附图应当尽量竖向绘制在图纸上，彼此明显分开。当零件横向尺寸明显大于竖向尺寸必须水平布置时，应当将附图的顶部置于图纸的左边。一页图纸上有两幅以上的附图，且有一幅已经水平布置时，该页上其他附图也应当水平布置。

（3）附图标记应当使用阿拉伯数字编号。发明或者实用新型说明书文字部分中未提及的附图标记不得在附图中出现，附图中未出现的附图标记不得在说明书文字部分中提及。申请文件中表示同一组成部分的附图标记应当一致。

（4）附图应当用包括计算机在内的制图工具及黑色墨水绘制，线条应当均匀清晰、足够深，不得着色和涂改，不得使用工程蓝图。附图的大小及清晰度，应当保证在该图缩小到2/3时仍能清晰地分辨出图中各个细节，以能够满足复印、扫描的要求。

（5）附图中除必须的词语外，不得含有其他注释。流程图、框图应当作为附图，并应当在其框内给出必要的文字和符号。

8. 说明书摘要

摘要是与专利有关的技术信息，用于概括说明书所记载的内容。摘要不属于发明或者实用新型原始记载的内容，不具有法律效力。具体来说说明书摘要的撰写须满足以下要求：

（1）摘要文字部分应当写明发明或者实用新型的名称和所属的技术领域，清楚反映所要解决的技术问题，解决该技术问题的技术方案的要点以及主要用途。

（2）说明书有附图的，申请人应提交一幅最能说明该发明技术方案主要技术特征的附图作为摘要附图。摘要附图应当是说明书附图中的一幅。摘要附图的大小及清晰度应当保证在该图缩小到4cm×6cm时，仍能清晰地分辨出图中的各个细节。

(3) 摘要文字部分不得使用标题，文字部分（包含标点符号）不得超过300字，不得使用商业性宣传用语，文字部分中出现的附图标记要加括号。

（四）外观设计专利申请文件的要求

1. 请求书

请求书是申请人表达其请求授予外观设计专利权愿望的文件，国家知识产权局设计了专门的请求书表格，申请人按要求填写即可。

2. 使用外观设计产品的名称

请求书（包括简要说明）中所写明的使用外观设计的产品名称、图片或照片中表示的外观设计所应用的产品种类具有说明作用，使用外观设计的产品名称应当与外观设计图片或者照片中表示的外观设计相符合。准确、简明地表明要求保护的产品的外观设计。产品名称一般应当符合国际外观设计分类表中小类列举的名称，一般不得超过20个字符。产品名称应当规范，通常应当避免使用下述名称。

(1) 含有人名、地名、国名、单位名称、商标、代号、型号或以历史时代命名的产品名称。

(2) 概括不当，或过与抽象的名称。如文具、炊具、建筑用物品等。

(3) 描述技术效果、内部构造的名称。如节油发动机、人体增高鞋垫、装有新型发动机的汽车等。

(4) 附有产品规格、大小、规模、数量单位的名称。如21英寸电视机、中型书柜、一副手套等。

(5) 以外国文字或无确定的中文意义的文字命名的名称。如克莱斯酒瓶，但已经众所周知且含义确定的文字可以使用。

3. 外观设计的图片或照片

《专利法》第二十七条第二款规定，申请外观设计专利的，申请人提交的有关图片或者照片应当清楚地显示要求专利保护的产品的外观设计。

就立体产品的外观设计而言，产品设计要点涉及六个面的，应当提交六面正投影视图，六面正投影视图的名称是指主视图、后视图、左视图、右视图、俯视图、仰视图，并标注在相应视图的下方。其中主视图所对应的面应当是使用时通常朝向消费者的面或者最大程度反映产品的整体设计的面，例如带杯把的杯子的主视图应当是杯把在侧面的视图。产品设计要点仅涉及一个或几个面的，应当至少提交所涉及面的正投影视图和立体图，并应在简要说明中写明省略视图的原因。

就平面产品的外观设计而言，产品设计要点涉及一个面的，可以提交该面正投影视图；产品要点涉及两个面的，应当提交两面正投影视图。必要时，申请人还应当提交该外观设计产品的展开图、剖视图、剖面图、放大图以及变化状态图。

此外，申请人可以提交参考图，参考图通常用于表明使用外观设计产品的用途、使用方法或使用场所等。色彩包括黑白灰系列和彩色系列。对于简要说明中声明请求保护色彩的外观设计专利申请，图片的颜色应当着色牢固，不易褪色。

对于成套产品，应当在其中每件产品的视图名称前以阿拉伯数字顺序编号标注，并在编号前加上"套件"两个字。例如对于成套产品中的第4套件的主视图，其视图名称为：套件4主视图。

对于同一产品的相似外观设计，应当在其中每个设计的视图名称前以阿拉伯数字顺序编号标注，并在编号前加"设计"字样，如设计1主视图。

对于组装关系唯一的组件产品，应当提交组合状态的产品视图；对于无组装关系或者组装关系不唯一的组件产品，应当提交各构件的视图，并在每个构件的视图名称前以阿拉伯数字顺序编号标注，并在编号前加"组件"字样，如对于组件产品中的第3组件的左视图，其视图名称为，组件3左视图。对于有多种变化状态的产品的外观设计应当在其显示变化状态的视图名称后，以阿拉伯数字顺序编号标注。

（1）图片的绘制。图片应当参照我国技术制图和机械制图国家标准中有关正投影关系、线条宽度以及剖切标记的规定绘制，并应当以粗细均匀的实线表达外观设计的形状。不得以阴影线、指示线、虚线、中心线、尺寸线、点化线等线条表达外观设计的形状。

可以用两条平行的双点画线或自然断裂线表示细长物品的省略部分。图画上可以用指示线表示剖切位置和方向、放大部位、透明部位等，但不得有不必要的线条或标记。

图片应当清楚的表达外观设计。图片可以使用包括计算机在内的制图工具绘制，图画的分辨率应当满足清晰的要求。不得使用铅笔、蜡笔、圆珠笔绘制，也不得使用蓝图、草图、油印件。

（2）照片的拍摄。

①照片应当清晰，避免因对焦等原因导致产品的外观设计无法清楚的显示。

②照片背景应当单一，避免出现该外观设计产品以外的其他内容，产品的背景应当有适度的明度差，以清楚地显示产品的外观设计。

③照片的拍摄通常应当遵循正投影规则，避免因透视产生的变形影响产品外观设计的表达。

④照片应当避免因强光、反光、阴影、倒影等影响产品的外观设计的表达。

⑤照片中的产品通常应当避免包含内装物或者衬托物，但对于必须依靠内装物或者衬托物才能清楚地显示产品的外观设计时，则允许保留内装物或者衬托物。

4. 简要说明

《专利法》第二十七条规定，申请外观设计专利的，应当提交请求书、该外观设计的图片或者照片以及对该外观设计的简要说明等文件。第五十九条第二款规定，外观设计专利权的保护范围以表示在图片或者照片中的该产品的外观设计为准，简要说明可以用于解释图片或者照片所表示的该产品的外观设计。上述条文说明简要说明在外观设专利申请文件中具有重要的地位和作用。

《专利法实施细则》第二十八条具体规定了外观设计专利申请撰写简要说明的注意事项。外观设计的简要说明应当写明外观设计产品的名称、用途,外观设计的设计要点,并指定一幅最能表明设计要点的图片或者照片。省略视图或者请求保护色彩的,应当在简要说明中写明。对同一产品的多项相似外观设计提出一件外观设计专利申请的,应当在简要说明中指定其中一项作为基本设计。简要说明不得使用商业性宣传用语,也不能用来说明产品的性能。

此外,根据《专利申请指南2010》下列情形应当在简要说明中写明。

(1)请求保护色彩或者省略图的情况。如果外观设计专利申请请求保护色彩的,应当在简要说明中声明。

如果外观设计专利申请省略了视图的,申请人通常应当写明省略视图的具体原因,例如因对称或者相同而省略;如果难以写明的,也可仅写明省略某视图,如大型设备缺少仰视图,可以写为省略仰视图。

(2)对同一产品的多项相似外观设计提出一件外观设计专利申请的,应当在简要说明中指定其中一项作为基本设计。

(3)对于花布、壁纸等平面产品,必要时应当描述平面产品中的单元图案两方连续或四方连续等无限定边界的情况。

(4)对于细长物品,必要时应当写明细长物品的长度采用省略画法。

(5)如果产品的外观设计由透明材料或者具有特殊视觉效果的新材料制成。必要时应当在简要说明中写明。

(6)如果外观设计产品属于成套产品,必要时应当写明各套件所对应的产品名称。

三、涉及方法特征的专利权利要求

按照《专利法》的规定,智力活动的规则和方法一般被排除在可授予专利权的客体之外,但是如果一项权利要求在对其进行限定的全部内容中,既包含智力活动的规则与方法,又包含技术特征,则从整体而言,该权利要求并不是一种智力活动的规则与方法,不应将其排除在不授予专利权的客体之外。2017年修改的《专利审查指南(2010)》又进一步规定,涉及商业模式的权利要求,如果既包含商业规则和方法的内容,又包含技术特征,则不应当依据《专利法》第二十五条排除其获得专利权的可能性。

方法的实施是通过按照既定的顺序操作构成该方法的若干必要步骤来完成的。有些方法,构成该方法的每一个步骤都是通过操控某种工具或者设备来完成的;有些方法,诸如涉及工艺的方法特征包括工艺步骤和工艺条件等,这样涉及方法的发明专利申请,其独立权利要求书的撰写就与产品发明或者实用新型专利的要求略有不同,一般不能按照前序部分与特征部分的两部分规定撰写,因为方法一般有步骤的先后顺序,一般情况下所谓方法中体现的技术特征正是由于其规定的步骤先后顺序体现出来的。常用的撰写方法，诸如"一种……方法，其特征在于：步骤一，……步骤二，……"、"一种……方法，包括……步骤、……步骤，其特征在于：所述……步骤，其……"等。

此外，对于某些需要通过操控某种工具或者设备来完成的方法发明，在方法的独立权利要求中，应当明确表述每个步骤所采用的工具或者设备，如果这些工具或者设备对于所属技术领域的技术人员而言是显而易见的，则不需要对其进行明确记载。

四、申请人在专利审查过程中需要做的工作

一个专利申请的过程某种意义上是申请人与专利行政机关之间的博弈过程，更是申请人与审查员之间的互动过程。在专利审查的过程中，为了顺利地获得授权，申请人还需做好以下工作。

（一）实质审查请求

1. 提前公布专利申请声明

按照《专利法》规定，国务院专利行政部门收到发明专利申请后，经初步审查认为符合专利法要求的，自申请日起满 18 个月，即行公布。国务院专利行政部门可以根据申请人的请求早日公布其申请。提前公布专利申请声明不符合相关规定的，由审查员向申请人发出视为未提出通知书，符合规定的，在专利申请初步审查合格后立即进入公布准备，进入公布准备后，申请人要求撤销提前公布声明的，该要求视为未提出，申请文件照常公布。

2. 实质审查请求

（1）按照《专利法》规定，发明专利申请自申请日起 3 年内，国务院专利行政部门可以根据申请人随时提出的请求，对其申请进行实质审查。并由申请人在此期限内缴纳实质审查费；申请人无正当理由逾期不请求实质审查的，该申请即被视为撤回。

（2）发明专利申请人请求实质审查时，应提交在申请日（有优先权的，指优先权日）前与其发明有关的参考资料。发明专利已经在外国提出过申请的，国务院专利行政部门可以要求申请人在指定期限内提交该国为审查其申请进行检索的资料或者审查结果的资料，发明专利申请人因有正当理由无法提交的检索资料或者审查结果资料的，应当向国务院专利行政部门声明，并在得到有关资料后补交。无正当理由逾期不提交的，该申请即被视为撤回。

（3）实质审查请求书形式不符合规定的，审查员可以发出视为未提交通知书，如果期限届满前，通知书已经发出，则审查员应当发出办理手续补正通知书，通知申请人在规定期限内补正。期满未补正或者补正后仍不符合规定的，审查员应当发出未提出通知书。

（二）著录项目变更申请

（1）著录项目包括：申请号、申请日、发明创造名称、分类号、优先权事项（包

括在先申请的申请号、申请日和原受理机构的名称)、申请人或者专利权人事项、发明人姓名、专利代理事项、联系人事项以及代表人等。其中有关人事的著录项目（申请人或者专利权人事项、发明人姓名、专利代理事项、联系人事项、代表人）发生变化，应当由当事人办理著录项目变更手续。

（2）办理著录项目变更手续应当提交著录项目变更申报书，一件专利申请的多个著录项目发生变更的，只需提交一份著录项目变更申报书，一件专利申请同一著录项目发生连续变更的，应当分别提交著录项目变更申报书，多件专利申请的同一著录项目发生变更的，即使变更的内容完全相同，也应当分别提交著录项目变更申报书。申请著录项目变更的，申请人应按规定缴纳著录项目变更手续费，并提交相应证明文件。

（三）分案申请

《专利法实施细则》第四十二条规定："专利申请包括两项以上发明、实用新型或者外观设计的，申请人可以在本细则第五十四条第一款规定的期限届满前，向国务院专利行政部门提出分案申请；但是，专利申请已经被驳回、撤回或者视为撤回的，不能提出分案申请。"据此，在对合案提出的专利申请进行初步审查和实质审查的过程中，如果国家知识产权局认为该合案专利申请不符合单一性要求的，专利申请人可以按相关规定保留其中一项发明创造，之后可以将其他发明创造另行提出一项特殊的专利申请，即所谓的分案申请。分案申请可以保留原申请日，原申请有优先权的，分案申请还可以保留优先权日。

（1）分案申请的递交时间。申请人最迟应当在收到专利局对原母案申请作出授予专利权通知书之日起两个月期限届满之前提出。上述期限届满后，或者原申请已被驳回且已生效，或者原申请已撤回，或者原申请被视为撤回且未被恢复权利的，一般不得再提出分案申请。

（2）分案申请的申请人。分案申请的申请人应当与原申请的申请人相同，不相同的，应当提交有关申请人变更的证明材料。

（3）分案申请不得改变原申请（母案申请）的类别。即原申请为发明专利申请，则分案申请不得改为实用新型专利申请，只能为发明专利申请。原申请为实用新型专利申请，则分案申请为实用新型专利申请，原申请为外观设计专利申请，则分案申请为外观设计专利申请。

（4）分案申请须提交的材料。

①分案申请申请书；

②原申请的申请文件副本以及原申请中与本分案申请有关的其他文件副本，此外，如原申请中已提交的各种证明材料的复印件，原申请的国际公布的文本及相应的中文副本。

（5）分案申请不得超出原申请记载的范围。

（四）申请人主动撤回专利申请

撤回专利申请是申请人对其专利申请权行使处分权的体现，表明了申请人终止了该专利申请的审查程序。

1. 撤回专利申请的时间要求

授予专利权之前，申请人可以随时要求撤回专利申请。

2. 撤回专利申请的办理

专利申请如果是由申请人自己办理的，撤回专利的申请应由申请人自行办理。申请人可以在规定的时限内提出撤回专利申请声明，写明需撤回的专利申请号、申请日及发明创造的名称，不需要对撤回的理由进行说明。如果是委托专利代理机构办理的，撤回专利申请的手续应当由专利代理机构办理。

3. 撤回专利申请须提交的材料

撤回专利申请应当提交撤回专利申请声明，并附全体申请人签字或者盖章同意撤回专利申请的证明材料，也可以仅提交由全体申请人签字或者盖章的撤回专利申请声明。撤回专利申请不得附带任何条件。

（五）申请文件的修改

《专利法》第三十三条规定："申请人可以对其专利申请文件进行修改，但是，对发明和实用新型专利申请文件的修改不得超出原说明书和权利要求书记载的范围，对外观设计专利申请文件的修改不得超出原图片或者照片表示的范围。"本条明确规定了修改专利申请文件的限制性条件，对于发明和实用新型专利申请文件的修改，不得超出原说明书和权利要求书记载的范围。原说明书和权利要求书记载的范围包括原说明书和权利要求书文字记载的内容和根据原说明书及附图和权利要求书文字记载的内容能直接地、毫无疑义地确定的内容。

（1）允许对权利要求书的以下内容进行的修改。

第一，在独立权利要求中增加技术特征，对独立权利要求作进一步限定，以克服原独立权利要求无新颖性或创造性、缺少解决技术问题的必要技术特征、未以说明书为依据或者未清楚地限定要求专利保护的范围等缺陷。只要增加了技术特征的独立权利要求所述的技术方案未超出原说明书和权利要求书记载的范围，这样的修改就应当被允许。

第二，变更独立权利要求中的技术特征，以克服原独立权利要求未以说明书为依据、未清楚地限定要求专利保护的范围或者无新颖性或创造性等缺陷。只要变更了技术特征的独立权利要求所述的技术方案未超出原说明书和权利要求书记载的范围，这种修改就应当被允许。

第三，变更独立权利要求的类型、主题名称及相应的技术特征，以克服原独立权利要求类型错误或者缺乏新颖性或创造性。只要变更后的独立权利要求所述的技术方案未超出原说明书和权利要求书记载的范围，这种修改就应当被允许。

第四，删除一项或多项权利要求，以克服原第一独立权利要求和并列的独立权利要求之间缺乏单一性，或者两项权利要求具有相同的保护范围而使权利要求书不简要，或者权利要求未以说明书为依据等缺陷，这样的修改不会超出原权利要求书和说明书记载的范围，因此是允许的。

第五，将独立权利要求与最接近的现有技术正确划界。这样的修改不会超出原权利要求书和说明书记载的范围，因此是允许的。

第六，修改从属权利要求的引用部分，改正引用关系上的错误，使其准确地反映原说明书中所记载的实施方式或实施例。这样的修改不会超出原权利要求书和说明书记载的范围，因此是允许的。

第七，修改从属权利要求的限定部分，清楚地限定该从属权利要求的保护范围，使其准确地反映原说明书中所记载的实施方式或实施例。这样的修改不会超出原权利要求书和说明书记载的范围，因此是允许的。

第八，对权利要求书中明显的文字错误或者与说明书不一致的地方作澄清性修改，使其与原说明书中记载的内容相一致。

第九，对权利要求书中存在的其他不符合《专利法实施细则》第二十条至第二十三条规定的形式缺陷进行修改。

（2）允许对说明书的以下内容进行的修改。

①修改发明名称，使其准确、简要地反映要求保护的主体的名称。如果独立权利要求的类型包括产品、方法和用途，则这些请求保护的主题都应当在发明名称中反映出来。发明名称尽可能简短，一般不得超过25个字，特殊情况下，例如，化学领域的某些专利申请，可以允许最多到40个字。

②修改发明所属技术领域。该技术领域是指该发明在国际专利分类表中的分类位置所反映的技术领域。为便于公众和审查员清楚地理解发明及其相应的现有技术，应当允许修改发明所属领域，使其与国际专利分类表中最低分类位置涉及的领域相关。

③修改背景技术部分，使其与要求保护的主题相适应。独立权利要求按照《专利法实施细则》第二十一条的规定撰写，说明书背景技术部分应当记载与该独立权利要求前序部分所述的现有技术相关的内容，并引证反映这些背景技术的文件。如果审查员通过检索发现了比申请人在原说明书中引用的现有技术更接近所要保护主题的对比文件，则应当允许申请人修改说明书，将该文件的内容补入这部分，并引证该文件，同时删除描述不相关的现有技术的内容。

④修改发明内容部分中与该发明所解决的技术问题有关的内容，使其与要求保护的主题相适应，即反映该发明的技术方案相对于最接近的现有技术所解决的技术问题。当然，修改后的内容不应超出原说明书和权利要求书记载的范围。

⑤修改发明内容部分中与该发明技术方案有关的内容，使其与独立权利要求请求保护的主题相适应。如果独立权利要求进行了符合《专利法》及其实施细则规定的修改，则允许该部分作相应的修改；如果独立权利要求未作修改，则允许在不改变原技术方案

的基础上，对该部分进行理顺文字、改正不规范用词、统一技术术语等方面的修改。

⑥修改发明内容部分中与该发明的有益效果有关的内容。只有在某技术特征在原始申请文件中已清楚的记载，而其有益效果没有被清楚地提及，但所属技术领域的技术人员可以直接地、毫无疑义地从原始申请文件中推断出这种效果的情况下，才允许对发明的有益效果作合适的修改。

⑦修改附图说明。申请文件中有附图，但缺少附图说明的，允许补充所缺的附图说明，附图说明不清楚的，允许根据上下文作出合适的修改。

⑧修改最佳实施方式或实施例。这种修改中允许增加的内容一般限于补入原实施方式或实施例中具体内容的出处以及已记载的反映发明的有益效果数据的标准测量方法（包括所使用的标准设备、器具）。如果由检索结果得知原申请要求保护的部分主题已成为现有技术的一部分，则申请人应当将反映这部分主题的内容删除，或者明确写明其为现有技术。

⑨修改附图。删除附图中不必要的词语和注释，可将其补入说明书文字部分之中；修改附图中的标记使之与说明书文字部分相一致；在文字说明清楚的情况下，为使局部结构清楚起见，允许增加局部放大图；修改附图的阿拉伯数字编号，使每幅图使用一个编号。

⑩修改摘要。通过修改使摘要写明发明的名称和所属技术领域，清楚地反映所要解决的技术问题、解决该问题的技术方案的要点以及主要用途；删除商业性宣传用语；更换摘要附图，使其最能反映发明技术方案的主要技术特征。

⑪修改由所属技术领域的技术人员能够识别出的明显错误，即语法错误、文字错误和打印错误。对这些错误的修改必须是所属技术领域的技术人员能从说明书的整体及上下文看出的唯一的正确答案。

（3）不被允许的修改。

①不允许的增加。

第一，将某些不能从原说明书（包括附图）和/或权利要求书中直接明确认定的技术特征写入权利要求书和/或说明书。

第二，为使公开的发明清楚或者使权利要求完整而补入不能从原说明书（包括附图）和/或权利要求书中直接地、毫无疑义地确定的信息。

第三，增加的内容是通过测量附图得出的尺寸参数技术特征。

第四，引入原申请文件中未提及的附加组分，导致出现原申请没有的特殊效果。

第五，补入了所属技术领域的技术人员不能直接从原始申请中导出的有益效果。

第六，补入实验数据以说明发明的有益效果，和/或补入实施方式和实施例以说明在权利要求请求保护的范围内发明能够实施。

第七，增补原说明书中未提及的附图，一般是不允许的；如果增补背景技术的附图，或者将原附图中的公知技术附图更换为最接近现有技术的附图，则应当允许。

②不允许的改变。

第一，改变权利要求中的技术特征，超出了原权利要求书和说明书记载的范围。

第二，由不明确的内容改成明确具体的内容而引入原申请文件中没有的新的内容。

第三，将原申请文件中的几个分离的特征，改变成一种新的组合，而原申请文件没有明确提及这些分离的特征彼此间的关联。

第四，改变说明书中的某些特征，使得改变后反映的技术内容不同于原申请文件记载的内容，超出了原说明书和权利要求书记载的范围。

③不允许的删除。

第一，从独立权利要求中删除在原申请中明确认定为发明的必要技术特征的那些技术特征，即删除在原说明书中始终作为发明的必要技术特征加以描述的那些技术特征；或者从权利要求中删除一个与说明书记载的技术方案有关的技术术语；或者从权利要求中删除在说明书中明确认定的关于具体应用范围的技术特征。

第二，从说明书中删除某些内容而导致修改后的说明书超出了原说明书和权利要求书记载的范围。

第三，如果在原说明书和权利要求书中没有记载某特征的原数值范围的其他中间数值，而鉴于对比文件公开的内容影响发明的新颖性和创造性，或者鉴于当该特征取原数值范围的某部分时发明不可能实施，申请人采用具体"放弃"的方式，从上述原数值范围中排除该部分，使得要求保护的技术方案中的数值范围从整体上看来明显不包括该部分。由于这样的修改超出了原说明书和权利要求书记载的范围，因此，除非申请人能够根据申请原始记载的内容证明该特征取被"放弃"的数值时，本发明不可能实施，或者该特征取经"放弃"后的数值时，本发明具有新颖性和创造性，否则这样的修改不能被允许。

（4）申请人在收到专利局发出的审查意见通知书后修改专利申请文件，应当针对通知书指出的缺陷进行修改。

（5）发明专利申请人在提出实质审查请求时以及收到国务院专利行政部门发出的发明专利申请进入实质审查阶段通知书之日起的3个月内，实用新型或者外观设计专利申请人自申请日起2个月内，可以主动提出修改申请文件。

（6）发明或者实用新型专利申请的说明书或者权利要求书的修改部分，除个别文字修改或者增删外，应当按照规定格式提交替换页。外观设计专利申请的图片或者照片的修改，应当按照规定提交替换页。

（六）撰写陈述意见书

在审查过程中，申请人还需要按要求提交陈述意见书，虽然陈述意见书因审查意见通知书针对的不同问题而有不同的内容，但总的来看陈述意见书的主要内容包括：起始格式句、同意审查意见通知书中指出的某些意见及对原申请文件进行的修改、分析及论述与审查意见通知书中所指出的意见不一致的理由、维持不修改的原因及结束语。

第二节 商标实务

当前,商标已经成为企业无形资产的一个重要组成部分,充分运用商标法律制度,树立品牌意识,培育、壮大自身的品牌,以品牌促进企业的发展,已成为广大市场主体的共识。对于创新创业者而言,了解商标法律制度中相关实务问题,对其在创新、创业的过程中成功制定适合于自身的商标战略,助力创新创业均具有重要的意义。根据《商标法》及相关法律法规的规定,笔者以为商标实务主要涉及获取商标权的程序、初步审定公告商标的异议程序、注册商标的撤销和无效程序、注册商标的续展、转让和许可程序,现分述之。

一、获取商标权的程序

商标权可以通过注册取得亦可以依使用而取得,我国《商标法》规定了注册优先原则,使用取得仅是例外规定。本节拟以商标权的原始取得为前提,分析获取商标权的注册程序(见图4-2)。

(一)商标权取得的原则

1. 先申请原则

《商标法》第三十一条规定:两个或者两个以上的商标注册申请人,在同一种商品或者类似商品上,以相同或者近似的商标申请注册的,初步审定并公告申请在先的商标;同一天申请的,初步审定并公告使用在先的商标,驳回其他人的申请,不予公告。也即两个以上的申请主体,在相同或类似的商品与服务上,以相同或近似商标提出申请的,一般情况下,如无特别原因,先申请的主体获得该商标的商标专用权。

判断申请在先的主要依据是申请日,申请日以商标局收到申请文件的日期为准,存在优先权的,以优先权日为准。如果申请主体在同一天递交申请,依据先使用原则确定,同日使用或者均未使用的,各申请人可以自收到商标局通知之日起60日内自行协商,不愿协商或者协商不成则以抽签的方式确定一个申请人。

2. 自愿注册与强制注册相结合原则

Trips协议第十五条第1款规定,任何标记或标记的组合,只要能够将一个企业的货物和服务区别于其他企业的货物或服务,即能够构成商标。我国《商标法》规定了商标自愿注册原则,原则上依注册取得商标专用权,另外规定了使用取得商标专用权的情形。按《商标法》及相关法律法规的规定,必须使用注册商标的商品,必须申请商标注册,未经核准注册的,不得使用该商标在市场销售。

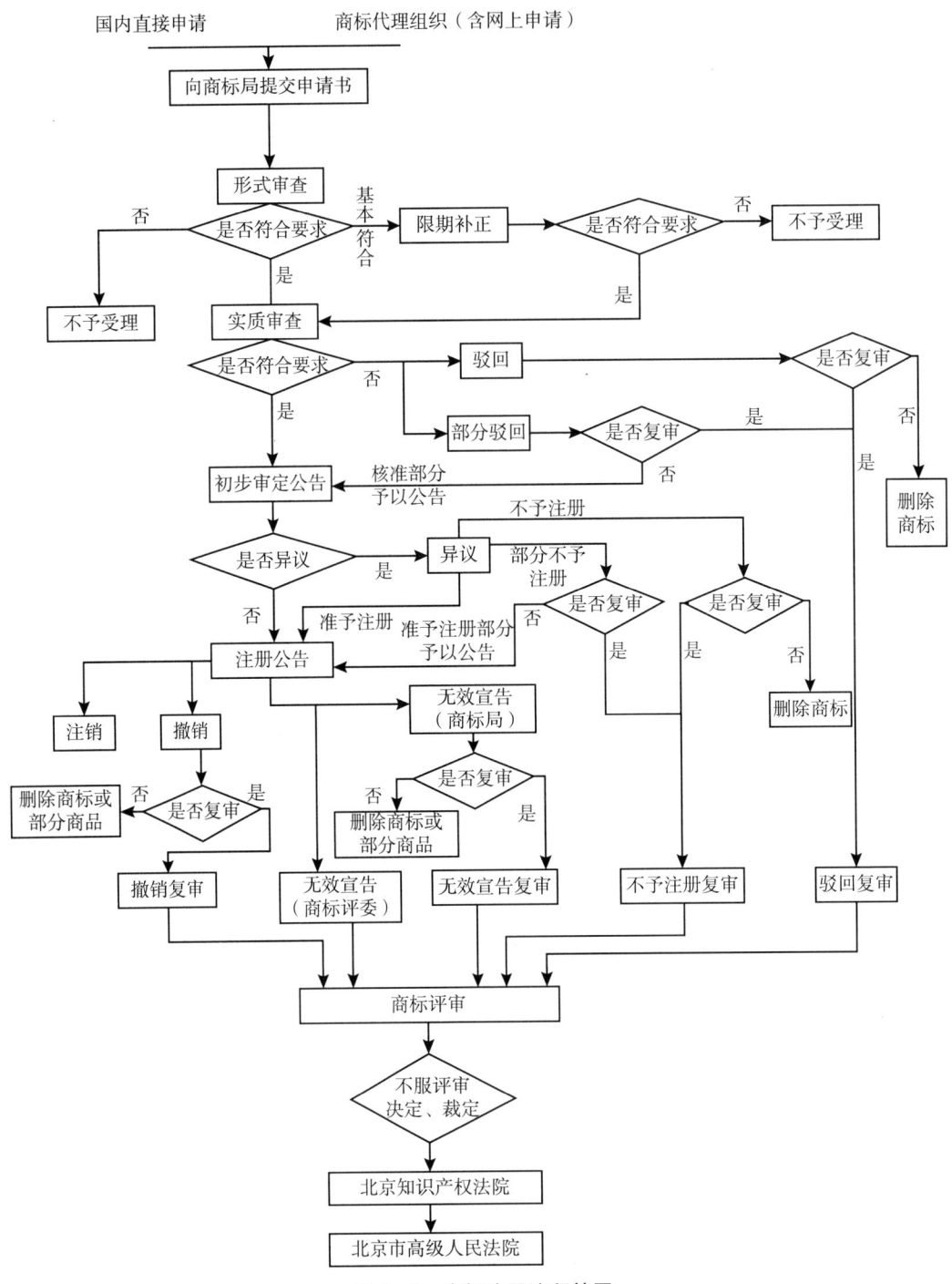

图4-2 商标注册流程简图

资料来源：本流程简图转引自国家工商总局商标局网站，http://sbj.saic.gov.cn/sbsq/zclct/，2018年7月29日最后访问。

3. 诚实信用原则

申请注册和使用商标,应当遵循诚实信用原则。我国《民法总则》第七条规定,民事主体从事民事活动,应当遵循诚信原则,秉持诚实,恪守承诺。

4. 优先权原则

商标注册申请人自其商标在外国第一次提出商标注册申请之日起 6 个月内,又在中国就相同商品以同一商标提出商标注册申请的,依照该外国同中国签订的协议或者共同参加的国际条约,或者按照相互承认优先权的原则,可以享有优先权。

(二) 商标注册程序

1. 商标申请的前期准备——在先商标的检索查询

(1)《商标公告》编辑的查询系统。

(2) 中国商标网查询。

(3) 中国知识产权网中国知识产权大数据与智慧服务系统查询。

2. 商标的注册申请

商标注册的申请,是注册取得商标专用权的前提。

(1) 申请主体。依据我国《商标法》的规定,符合条件的自然人、法人、其他组织,包括符合条件的外国自然人与法人均可以提出商标注册的申请。

(2) 准备并填写相应的申请材料。申请人应准备以下申请材料,具体包括:

第一,相关证明文件及使用管理规则。比如在烟草制品上申请注册商标,需要有烟草主管机关批准生产的证明,个体工商户申请注册商标需提交负责人的身份证及营业执照;农村承包经营户可以以其承包合同签约人的名义提出商标注册申请,申请时应提交签约人身份证及承包合同;申请注册集体商标、证明商标的,应当在申请书中予以声明,并提交主体资格证明文件和使用管理规则。

第二,关于商标标识的说明材料。每一件商标注册申请应当向商标局提交《商标注册申请书》1 份、商标图样 1 份;以颜色组合或者着色图样申请商标注册的,应当提交着色图样,并提交黑白稿 1 份;不指定颜色的,应当提交黑白图样。商标图样应当清晰,便于粘贴,用光洁耐用的纸张印制或者用照片代替,长和宽应当不大于 10 厘米,不小于 5 厘米;以三维标志申请商标注册的,应当在申请书中予以声明,说明商标的使用方式,并提交能够确定三维形状的图样,提交的商标图样应当至少包含三面视图;以颜色组合申请商标注册的,应当在申请书中予以声明,说明商标的使用方式;以声音标志申请商标注册的,应当在申请书中予以声明,提交符合要求的声音样本,对申请注册的声音商标进行描述,说明商标的使用方式,对声音商标进行描述,应当以五线谱或者简谱对申请用作商标的声音加以描述并附加文字说明;无法以五线谱或者简谱描述的,应当以文字加以描述;商标描述与声音样本应当一致。商标为外文或者包含外文的,应当说明含义。

第三,填写商标注册申请书。填写商标注册申请书时,应尽量按照《类似商品和服务区分表》中规范的商品名称或服务项目填写,一个申请表可以同时填报多个类别的商品或服务。

(3) 申请途径。

第一种途径:商标注册申请人可委托商标代理机构办理商标注册申请事宜,由商标代理机构代其向商标局提出商标注册申请。

第二种途径:商标申请人也可以持本人身份证、企业介绍信和营业执照副本或经发证机关签章的营业执照复印件,直接到商标局办理商标注册申请手续。

第三种途径:商标申请人可以自行提交网上申请,也可以委托依法设立的商标代理机构提交商标网上申请。

外国人或者外国企业在中国申请商标注册和办理其他商标事宜的,应当委托国家认可的具有商标代理资格的组织代理。

3. 对申请注册商标的审查

商标局依据职权确认申请注册的商标是否符合法律的规定,从形式和实质两方面予以审查。

(1) 形式审查。形式审查是对商标注册申请的文件及手续是否符合法律规定的审查,主要就申请书的填写是否属实、准确、清晰和有关手续是否完备进行审查。通过形式审查决定商标注册申请能否受理。

(2) 实质审查。实质审查是对商标是否具备注册条件审查。申请注册的商标能否初步审定并予以公告取决于是否通过了实质审查。实质审查是对注册商标本身是否符合法律规定的审查。

对申请注册的商标,商标局应当自收到商标注册申请文件之日起 9 个月内审查完毕,符合相关法律规定的,就可以进行初步审定并予以公告。对不符合相关法律规定或者同他人在同一种商品或者类似商品上已经注册的或者初步审定的商标相同或者近似的,由商标局驳回申请,不予公告。

二、初步审定公告商标的异议与注册商标的无效宣告与撤销

(一) 对初步审定公告的商标的异议程序

《商标法》第三十三条规定,对初步审定公告的商标,自公告之日起 3 个月内,在先权利人、利害关系人认为违反本法第十三条第二款和第三款、第十五条、第十六条第一款、第三十条、第三十一条、第三十二条规定的,或者任何人认为违反本法第十条、第十一条、第十二条规定的,可以向商标局提出异议。

1. 异议程序提出的主体

(1) 任何人均可以向商标局提出异议。《商标法》规定,申请注册的商标标识应符合合法性、显著性及非功能性要求,对于违反上述绝对禁止注册的事由规定的初步审定

公告的商标任何人均可在法定期限内提出异议。

（2）只有在先权利人或利害关系人才可提出异议。《商标法》规定，申请注册的商标标识不得侵犯他人的在先权益，对于违反相对禁止注册是由规定的初步审定公告的商标在先权利人或利害关系人可在法定期限内提出异议。

2. 异议程序启动的时间要求

自公告之日起 3 个月内。

3. 异议的审查及法律效果

根据《商标法》第三十五条的规定，对初步审定公告的商标提出异议的，商标局应当听取异议人和被异议人陈述事实和理由，经调查核实后，自公告期满之日起 12 个月内做出是否准予注册的决定，并书面通知异议人和被异议人。有特殊情况需要延长的，经国务院工商行政管理部门批准，可以延长 6 个月。

（1）商标局做出准予注册决定的，发给商标注册证，并予公告。

（2）商标局做出不予注册决定，被异议人不服的，可以自收到通知之日起 15 日内向商标评审委员会申请复审。商标评审委员会应当自收到申请之日起 12 个月内做出复审决定，并书面通知异议人和被异议人。有特殊情况需要延长的，经国务院工商行政管理部门批准，可以延长 6 个月。被异议人对商标评审委员会的决定不服的，可以自收到通知之日起 30 日内向人民法院起诉。人民法院应当通知异议人作为第三人参加诉讼。

（二）注册商标的无效宣告程序

1. 无效程序提出的主体

根据《商标法》的规定，商标局、其他单位或者个人都可以对已注册的商标宣告无效或提出无效申请。

2. 无效宣告程序的时间要求

根据《商标法》的规定，宣告无效或提出无效申请应在商标核准注册并公告以后，基于绝对禁止注册事由提出的无效宣告无时间要求；基于相对禁止注册是由提出的无效申请自商标注册之日起 5 年内提出，对恶意注册驰名商标的，驰名商标所有人不受 5 年的期间限制。

3. 无效宣告程序的启动事由

（1）基于绝对禁止注册事由，即违反《商标法》第十条、第十一条、第十二条相关规定的，或者是以欺骗手段或者其他不正当手段取得注册的，由商标局宣告该注册商标无效；其他单位或者个人可以请求商标评审委员会宣告该注册商标无效。

（2）基于相对禁止注册是由，既违反《商标法》第十三条第二款和第三款、第十五条、第十六条第一款、第三十条、第三十一条、第三十二条相关规定的，在先权利人或者利害关系人可以请求商标评审委员会宣告该注册商标无效。

4. 无效宣告的法律效果

无效宣告决定对注册商标的效力具有追溯力。根据《商标法》第四十七条的相关规定，宣告无效的注册商标，由商标局予以公告，该注册商标专用权视为自始即不存在。宣告注册商标无效的决定或者裁定，对宣告无效前人民法院做出并已执行的商标侵权案件的判决、裁定、调解书和工商行政管理部门做出并已执行的商标侵权案件的处理决定以及已经履行的商标转让或者使用许可合同不具有追溯力。但是，因商标注册人的恶意给他人造成的损失，应当给予赔偿。依照前款规定不返还商标侵权赔偿金、商标转让费、商标使用费，明显违反公平原则的，应当全部或者部分返还。

按照《商标法》第五十条规定，注册商标被宣告无效的，自宣告无效之日起1年内，商标局对与该商标相同或者近似的商标注册申请，不予核准。

（三）注册商标的撤销

（1）根据《商标法》第四十九条的规定，商标注册人在使用注册商标的过程中，自行改变注册商标、注册人名称、地址或者其他注册事项的，由地方工商行政管理部门责令限期改正；期满不改正的，由商标局撤销其注册商标。

（2）根据《商标法》第四十九条的规定，注册商标成为其核定使用的商品的通用名称或者没有正当理由连续3年不使用的，任何单位或者个人可以向商标局申请撤销该注册商标。

注册商标的法定所有人自收到通知之日起2个月内提交该商标在撤销申请提出前使用的证据材料或者说明不使用的正当理由；期满未提供使用的证据材料或者证据材料无效并没有正当理由的，由商标局撤销其注册商标。

①连续3年不使用的抗辩。按照《商标法》及其实施条例的规定，主要抗辩理由有：不可抗力；政府政策性限制；破产清算；其他不可归责于商标注册人的正当事由等。

②使用的认定。《商标法》第四十八条规定，本法所称商标的使用，是指将商标用于商品、商品包装或者容器以及商品交易文书上，或者将商标用于广告宣传、展览以及其他商业活动中，用于识别商品来源的行为。

③连续3年的起算点。从撤销申请日追溯到3年前的相应日期。

（3）法律效果，被撤销的注册商标，由商标局予以公告，该注册商标专用权自公告之日起终止。按照《商标法》第五十条的规定，注册商标被撤销的，自撤销之日起1年内，商标局对与该商标相同或者近似的商标注册申请，不予核准。对商标局撤销或者不予撤销注册商标的决定，当事人不服的，可以自收到通知之日起15日内向商标评审委员会申请复审。商标评审委员会应当自收到申请之日起9个月内做出决定，并书面通知当事人。有特殊情况需要延长的，经国务院工商行政管理部门批准，可以延长3个月。当事人对商标评审委员会的决定不服的，可以自收到通知之日起30日内向人民法院起诉。

三、注册商标的续展、转让、许可

(一) 注册商标的续展

按照《商标法》相关规定,注册商标的有效期为 10 年,自核准注册之日起计算,注册商标有效期满,需要继续使用的,商标注册人应当在期满前 12 个月内按照规定办理续展手续;在此期间未能办理的,可以给予 6 个月的宽展期。每次续展注册的有效期为 10 年,自该商标上一届有效期满次日起计算。期满未办理续展手续的,注销其注册商标。

(二) 注册商标的转让

转让注册商标的,转让人和受让人首先应当签订转让协议,然后共同向商标局提出申请,转让注册商标经核准后,由商标局予以公告,受让人自公告之日起享有商标专用权。对于在同一种商品上注册的近似的商标,或者在类似商品上注册的相同或者近似的商标,转让人应当一并转让,受让人应当保证使用该注册商标的商品质量。此外,对容易导致混淆或者有其他不良影响的转让,商标局不予核准。

(三) 注册商标的许可

许可他人使用注册商标的,按照《商标法》的规定,许可人和被许可人可以签订商标使用许可合同,然后应当将其商标使用许可报商标局备案,由商标局公告。商标使用许可未经备案不得对抗善意第三人。许可他人使用其注册商标。许可人应当监督被许可人使用其注册商标的商品质量。被许可人应当保证使用该注册商标的商品质量。经许可使用他人注册商标的,必须在使用该注册商标的商品上标明被许可人的名称和商品产地。

第三节 著作权实务

当今社会作品及其衍生品的经济和社会价值已日益受到人们的重视,版权产业已日益成为一项重要的朝阳产业,版权产业自身具有的门槛低、附加值大等特点也日益引起了创新创业者的注意,本节著作权实务主要结合我国《著作权法》的相关规定,介绍著作权的权利归属、著作权的限制与保护及计算机软件著作权的保护与登记等内容,以期为创新创业者在作品的创作、运用及开发等方面提供法律实务的意见。

一、著作权的权利归属

按照《著作权法》及其实施条例的规定,著作权的权利归属主要有以下几种情形。

(一) 自然人、法人或者其他组织为作者的作品

我国《著作权法》规定，著作权自作品创作完成之日起产生，其著作权属于作者，如无相反证明，在作品上署名的公民、法人或者其他组织为作者。

（1）由自然人创作的作品，创作作品的自然人是作者，由其享有《著作权法》规定的独占排他的人身及财产权利。

（2）法人或者其他组织视为作者，由该法人或组织享有《著作权法》规定的相应权利。法人或者其他组织视为作者，应具备以下条件：

①由法人或者其他组织主持创作；

②代表法人或者其他组织意志创作；

③并由法人或者其他组织承担责任。

(二) 职务作品

公民为完成法人或者其他组织工作任务所创作的作品是职务作品，这里的工作任务是指公民在该法人或者该组织中应当履行的职责。

（1）一般情况下，职务作品著作权由作者享有，但法人或者其他组织有权在其业务范围内优先使用。作品完成两年内，未经单位同意，作者不得许可第三人以与单位使用的相同方式使用该作品，作品完成两年的期限，自作者向单位交付作品之日起计算。

（2）有下列情形之一的职务作品，作者享有署名权，著作权的其他权利由法人或者其他组织享有，法人或者其他组织可以给予作者奖励。

①主要是利用法人或者其他组织的物质技术条件创作，并由法人或者其他组织承担责任的工程设计图、产品设计图、地图、计算机软件等职务作品；这里的物质技术条件，是指该法人或者该组织为公民完成创作专门提供的资金、设备或者资料。

②法律、行政法规规定或者合同约定著作权由法人或者其他组织享有的职务作品。

二、著作权的限制与保护

(一) 著作权的限制

所谓著作权限制是为基于一定的立法目的及宗旨对著作权人财产权利的限制。根据我国《著作权法》的相关规定，笔者认为当前著作权的限制主要表现在如下几点。

1. 时间及地域的限制

我国《著作权法》第二十一条主要从三个方面规定了著作权的时间限制：（1）公民的作品，其发表权、本法第十条第一款第（五）项至第（十七）项规定的权利的保护期为作者终生及其死亡后50年，截至作者死亡后第50年的12月31日；如果是合作作品，截至最后死亡的作者死亡后第50年的12月31日。（2）法人或者其他组织的作

品、著作权（署名权除外）由法人或者其他组织享有的职务作品，其发表权、本法第十条第一款第（五）项至第（十七）项规定的权利的保护期为五十年，截至作品首次发表后第 50 年的 12 月 31 日，但作品自创作完成后 50 年内未发表的，本法不再保护。（3）电影作品和以类似摄制电影的方法创作的作品、摄影作品，其发表权、本法第十条第一款第（五）项至第（十七）项规定的权利的保护期为 50 年，截至作品首次发表后第 50 年的 12 月 31 日，但作品自创作完成后 50 年内未发表的，本法不再保护。

知识产权具有地域性，著作权也概莫能外。但随着相关国际条约及双边协议的签订，著作权的地域限制已经越来越模糊。我国《著作权法》第二条比较全面地规定了地域性原则。

2. 权利内容的限制

根据我国《著作权法》的规定，主要体现在如下两个方面。

（1）合理使用与法定许可。

（2）基于作品的性质，为了促进作品的开发与利用特别规定了对某些权利内容的限制。我国《著作权法》第十八条就规定了美术作品著作权人展览权的限制，美术等作品原件所有权的转移，不视为作品著作权的转移，但美术作品原件的展览权由原件所有人享有。

3. 正确认识著作权的限制

作为一项财产权，著作权的保护具有重要价值。因而，著作权的保护应为常态，著作权的限制应为例外。我国《著作权法实施条例》第二十一条规定了对著作权限制的限制，即依照著作权法有关规定，使用可以不经著作权人许可的已经发表的作品的，不得影响该作品的正常使用，也不得不合理地损害著作权人的合法利益。

（二）著作权的保护

对于著作权的保护我国《著作权法》主要从民事、行政、刑事三个方面作出了规定，现分别介绍如下。

1. 著作权的民事保护

著作权的民事保护主要是依据《著作权法》及相关民事法律的规定对著作权人人身权及财产权的保护。根据《著作权法》第四十七条、第四十八条的规定，如果行为人在没有取得权利人的许可或有相关法律的依据的情况下实施了《著作权法》授予权利人的独占、排他的人身权、财产权的话就符合著作权侵权行为的构成要件，应承担相应的民事责任。

我国《著作权法》第四十七条、第四十八条分别规定了侵犯著作权及与著作权有关权利应当承担的民事责任，主要有停止侵害、消除影响、赔礼道歉、赔偿损失等民事责任形式。其中的赔偿损失按照相关司法解释的规定，是指侵权人应当按照权利人的实际损失给予赔偿，权利人的实际损失，可以根据权利人因侵权所造成复制品发行减少量或者侵权复制品销售量与权利人发行该复制品单位利润乘积计算。发行减少量难以确定的，按照侵权复制品市场销售量确定。实际损失难以计算的，可以按照侵权人的违法所得给予赔偿。赔偿数额还应当包括权利人为制止侵权行为所支付的合理开支。权利人的实际损失或者侵权人的违法所得不能确定的，由人民法院根据侵权行为的情节，判决给予 50 万元以下的赔偿。

著作权人或者与著作权有关的权利人有证据证明他人正在实施或者即将实施侵犯其权利的行为，如不及时制止将会使其合法权益受到难以弥补的损害的，可以在起诉前向人民法院申请采取责令停止有关行为和财产保全的措施。为制止侵权行为，在证据可能灭失或者以后难以取得的情况下，著作权人或者与著作权有关的权利人可以在起诉前向人民法院申请保全证据。

2. 著作权的行政保护

如果相关侵权行为不仅侵犯了著作权人的著作权而且也损害了公共利益的，行为人不仅要承担相应的民事责任，而且应承担相应的行政责任。对此，我国《著作权法》第四十八条规定，应由著作权行政管理部门责令停止侵权行为，没收违法所得，没收、销毁侵权复制品，并可处以罚款；情节严重的，著作权行政管理部门还可以没收主要用于制作侵权复制品的材料、工具、设备等。

3. 著作权的刑事保护

我国《刑法》第二百一十七条、第二百一十八条分别规定了涉及著作权的两个罪名，即侵犯著作权罪和销售侵权复制品罪。

所谓侵犯著作权罪，是指行为人必须以营利为目的，违法所得数额较大或者有其他严重情节的，行为符合下列侵犯著作权情形之一的犯罪行为。行为人以营利为目的，销售明知是下列侵犯著作权情形的侵权复制品，违法所得数额巨大的，构成销售侵权复制品罪。

（1）未经著作权人许可，复制发行其文字作品、音乐、电影、电视、录像作品、计算机软件及其他作品的；

（2）出版他人享有专有出版权的图书的；

（3）未经录音录像制作者许可，复制发行其制作的录音录像的；

（4）制作、出售假冒他人署名的美术作品的。

侵犯著作权罪的处 3 年以下有期徒刑或者拘役，并处或者单处罚金；违法所得数额巨大或者有其他特别严重情节的，处 3 年以上 7 年以下有期徒刑，并处罚金；销售侵权复制品罪处 3 年以下有期徒刑或者拘役，并处或者单处罚金。

三、计算机软件著作权的保护与登记

我国对计算机软件采用著作权保护的模式，计算机软件著作权保护的目的及意义就在于保护计算机软件著作权人的权益，调整计算机软件在开发、传播和使用中发生的利益关系，鼓励计算机软件的开发与应用，促进软件产业和国民经济信息化的发展。

(一) 计算机软件著作权的客体、主体及权利内容

计算机软件著作权的客体是指由开发者独立开发，并已固定在某种有形物体上的计算机程序及其有关文档，具体来说，计算机程序是指为了得到某种结果而可以由计算机等具有信息处理能力的装置执行的代码化指令序列，或者可以被自动转换成代码化指令序列的符号化指令序列或者符号化语句序列。同一计算机程序的源程序和目标程序为同一作品。文档，是指用来描述程序的内容、组成、设计、功能规格、开发情况、测试结果及使用方法的文字资料和图表等，如程序设计说明书、流程图、用户手册等。计算机软件著作权的保护不延及开发软件所用的思想、处理过程、操作方法或者数学概念等。

计算机软件著作权属于软件开发者，如无相反证明，在软件上署名的自然人、法人或者其他组织为开发者。

1. 合作开发的计算机软件著作权归属

由两个以上的自然人、法人或者其他组织合作开发的软件，其著作权的归属由合作开发者签订书面合同约定。无书面合同或者合同未作明确约定，合作开发的软件可以分割使用的，开发者对各自开发的部分可以单独享有著作权；但是，行使著作权时，不得扩展到合作开发的软件整体的著作权。合作开发的软件不能分割使用的，其著作权由各合作开发者共同享有，通过协商一致行使；不能协商一致，又无正当理由的，任何一方不得阻止他方行使除转让权以外的其他权利，但是所得收益应当合理分配给所有合作开发者。

2. 委托开发的计算机软件著作权归属

接受他人委托开发的软件，其著作权的归属由委托人与受托人签订书面合同约定；无书面合同或者合同未作明确约定的，其著作权由受托人享有。此外，由国家机关下达任务开发的软件，著作权的归属与行使由项目任务书或者合同规定；项目任务书或者合同中未作明确规定的，软件著作权由接受任务的法人或者其他组织享有。

3. 法人为计算机软件著作权人的规定

（1）自然人在法人或者其他组织中任职期间，针对本职工作中明确指定的开发目标所开发的软件；

（2）自然人在法人或者其他组织中任职期间，开发的软件是从事本职工作活动所预见的结果或者自然的结果；

（3）自然人在法人或者其他组织中任职期间，主要使用了法人或者其他组织的资金、专用设备、未公开的专门信息等物质技术条件所开发并由法人或者其他组织承担责任的软件。

以上任一情形下开发的计算机软件著作权由该法人或者其他组织享有，该法人或者其他组织可以对开发软件的自然人进行奖励；

计算机软件著作权主体享有以下独占排他的权利。

（1）计算机软件著作权人享有的人身和财产权利。

①发表权，即决定软件是否公之于众的权利；

②署名权，即表明开发者身份，在软件上署名的权利；

③修改权，即对软件进行增补、删节，或者改变指令、语句顺序的权利；

④复制权，即将软件制作一份或者多份的权利；

⑤发行权，即以出售或者赠与方式向公众提供软件的原件或者复制件的权利；

⑥出租权，即有偿许可他人临时使用软件的权利，但是软件不是出租的主要标的的除外；

⑦信息网络传播权，即以有线或者无线方式向公众提供软件，使公众可以在其个人选定的时间和地点获得软件的权利；

⑧翻译权，即将原软件从一种自然语言文字转换成另一种自然语言文字的权利；

⑨应当由软件著作权人享有的其他权利。

计算机软件著作权自软件开发完成之日起产生，自然人的软件著作权，保护期为自然人终生及其死亡后50年，截至自然人死亡后第50年的12月31日；软件是合作开发的，截至最后死亡的自然人死亡后第50年的12月31日。法人或者其他组织的软件著作权，保护期为50年，截至软件首次发表后第50年的12月31日，但软件自开发完成之日起50年内未发表的不再保护。

（2）计算机软件著作权人可以许可他人行使其软件著作权，也可以全部或者部分转让其软件著作权，并有权获得报酬。

许可他人行使软件著作权的，应当订立许可使用合同。许可使用合同中软件著作权人未明确许可的权利，被许可人不得行使。许可他人专有行使软件著作权的，当事人应当订立书面合同。没有订立书面合同或者合同中未明确约定为专有许可的，被许可行使的权利应当视为非专有权利。

转让软件著作权的，当事人应当订立书面合同。订立许可他人专有行使软件著作权的许可合同，或者订立转让软件著作权合同，可以向国务院著作权行政管理部门认定的软件登记机构登记。中国公民、法人或者其他组织向外国人许可或者转让软件著作权的，应当遵守《中华人民共和国技术进出口管理条例》的有关规定。

（二）计算机软件著作权的保护

除《中华人民共和国著作权法》或者《计算机软件保护条例》另有规定外，有下列侵权行为的，应当根据情况，承担停止侵害、消除影响、赔礼道歉、赔偿损失等民事责任：

（1）未经软件著作权人许可，发表或者登记其软件的；

（2）将他人软件作为自己的软件发表或者登记的；

（3）未经合作者许可，将与他人合作开发的软件作为自己单独完成的软件发表或者登记的；

（4）在他人软件上署名或者更改他人软件上的署名的；
（5）未经软件著作权人许可，修改、翻译其软件的；
（6）其他侵犯软件著作权的行为。

除《中华人民共和国著作权法》、本条例或者其他法律、行政法规另有规定外，未经软件著作权人许可，有下列侵权行为的，除了要承担相应的民事责任外，同时损害公共利益的由著作权行政管理部门责令停止侵权行为，没收违法所得，没收、销毁侵权复制品，可以并处罚款；情节严重的，著作权行政管理部门并可以没收主要用于制作侵权复制品的材料、工具、设备等；触犯刑律的，依照刑法关于侵犯著作权罪、销售侵权复制品罪的规定，依法追究刑事责任：

（1）复制或者部分复制著作权人的软件的；
（2）向公众发行、出租、通过信息网络传播著作权人的软件的；
（3）故意避开或者破坏著作权人为保护其软件著作权而采取的技术措施的；
（4）故意删除或者改变软件权利管理电子信息的；
（5）转让或者许可他人行使著作权人的软件著作权的。

有前款第一项或者第二项行为的，可以并处每件 100 元或者货值金额 1 倍以上 5 倍以下的罚款；有前款第三项、第四项或者第五项行为的，可以并处 20 万元以下的罚款。

为了学习和研究软件内含的设计思想和原理，通过安装、显示、传输或者存储软件等方式使用软件的，可以不经软件著作权人许可，不向其支付报酬。软件开发者开发的软件，由于可供选用的表达方式有限而与已经存在的软件相似的，不构成对已经存在的软件的著作权的侵犯。

（三）计算机软件著作权的登记

计算机软件著作权实行自愿登记原则，著作权人可以向国务院著作权行政管理部门认定的软件登记机构办理登记。国家版权局主管全国软件著作权登记管理工作。国家版权局认定中国版权保护中心为软件登记机构。

1. 登记申请的提出

申请人应当使用中国版权保护中心制定的统一表格办理登记申请，并由申请人盖章（签名）。申请表格应当使用中文填写。提交的各种证件和证明文件是外文的，应当附中文译本。申请登记的文件应当使用国际标准 A4 型 297mm×210mm（长×宽）纸张。

申请文件可以直接递交或者挂号邮寄。申请人提交有关申请文件时，应当注明申请人、软件的名称，有受理号或登记号的，应当注明受理号或登记号。

2. 申请软件著作权登记的，应当向中国版权保护中心提交的材料及证明文件

须提交的材料有：

（1）按要求填写的软件著作权登记申请表；
（2）软件的鉴别材料，软件的鉴别材料包括程序和文档的鉴别材料，程序和文档的鉴别材料应当由源程序和任何一种文档前、后各连续 30 页组成。整个程序和文档不到 60 页的，应当提交整个源程序和文档。除特定情况外，程序每页不少于 50 行，文档每页不少于 30 行。

申请人可以选择以下方式之一对鉴别材料作例外交存：

（1）源程序的前、后各连续的 30 页，其中的机密部分用黑色宽斜线覆盖，但覆盖部分不得超过交存源程序的 50%；

（2）源程序连续的前 10 页，加上源程序的任何部分的连续的 50 页；

（3）目标程序的前、后各连续的 30 页，加上源程序的任何部分的连续的 20 页。

须提交的主要证明文件有：

（1）自然人、法人或者其他组织的身份证明；

（2）有著作权归属书面合同或者项目任务书的，应当提交合同或者项目任务书；

（3）经原软件著作权人许可，在原有软件上开发的软件，应当提交原著作权人的许可证明；

（4）权利继承人、受让人或者承受人，提交权利继承、受让或者承受的证明。

软件著作权登记时，申请人可以申请将源程序、文档或者样品进行封存。除申请人或者司法机关外，任何人不得启封。

3. 审查和批准

中国版权保护中心应当自受理日起 60 日内审查完成所受理的申请，以收到符合相关规定的材料之日为受理日，并书面通知申请人。申请符合相关规定的，予以登记，发给相应的登记证书，并予以公告。

有下列情况之一的，不予登记并书面通知申请人：

（1）表格内容填写不完整、不规范，且未在指定期限内补正的；

（2）提交的鉴别材料不是《条例》规定的软件程序和文档的；

（3）申请文件中出现的软件名称、权利人署名不一致，且未提交证明文件的；

（4）申请登记的软件存在权属争议的。

中国版权保护中心要求申请人补正其他登记材料的，申请人应当在 30 日内补正，逾期未补正的，视为撤回申请。

国家版权局根据下列情况之一，可以撤销登记：

（1）最终的司法判决；

（2）著作权行政管理部门作出的行政处罚决定。

（3）可以根据申请人的申请撤销登记。

第四节　知识产权诉讼

在创新创业的过程中，一方面创新创业者需要依据相关法律法规积极运营自己的知识产权，保护自己的知识产权不受侵害；另一方面当创新创业者面临知识产权侵权指控时，也需要掌握相关的法律法规以进行相应的不侵权抗辩。故而，掌握相应的知识产权诉讼知识对于创新创业者来说是不无裨益的。

所谓知识产权诉讼，顾名思义就是指在人民法院进行的，涉及知识产权的相关诉讼，包括知识产权行政诉讼、知识产权刑事诉讼和知识产权民事诉讼。知识产权刑事诉讼是指因相关行为主体侵犯知识产权的行为违反了我国《刑法》的相关规定，应受到刑事处罚，而引起的相关刑事诉讼程序。知识产权行政诉讼是指在相关知识产权授权、确权及知识产权的保护过程中，因具体行政行为而引起的以作出行政行为的行政机关为被告的知识产权诉讼。知识产权民事诉讼具体来讲主要包括知识产权侵权之诉及知识产权合同诉讼，本节拟议结合相关法律规定分析知识产权民事诉讼的管辖及证据等相关问题。

一、知识产权案件的诉讼管辖

民事诉讼中的管辖，是指各级人民法院之间以及同级人民法院之间受理第一审民事案件的分工和权限。① 根据我国《民事诉讼法》第一编第二章对管辖所做的规定，通常可以将管辖分为级别管辖、地域管辖、移送管辖和指定管辖四大类。知识产权作为一种无形财产权，是公民法定的民事权利之一种，故涉及知识产权的民事诉讼必然会涉及法定管辖的四种主要类型。

（一）级别管辖

所谓级别管辖，是指按照一定的标准，划分各级人民法院之间受理第一审民事案件的分工和权限。级别管辖是确定管辖的首要环节。对于一个具体的民事案件来说，首要的就是要确定该案件由各级人民法院中的哪一级法院来审理。按照我国《民事诉讼法》的相关规定，通常依据以下标准来确定不同级别的法院所管辖的一审案件，即主要依据案件的性质、案件的繁简程度、案件的影响范围等标准来确定。

根据《最高人民法院关于审理专利纠纷案件适用法律问题的若干规定》专利纠纷第一审案件，由各省、自治区、直辖市人民政府所在地的中级人民法院和最高人民法院指定的中级人民法院管辖，最高人民法院根据实际情况，可以指定基层人民法院管辖第一审专利纠纷案件。

根据《最高人民法院关于审理著作权民事纠纷案件适用法律若干问题的解释》第二条的规定，著作权民事纠纷案件，由中级以上人民法院管辖。各高级人民法院根据本辖区的实际情况，可以确定若干基层人民法院管辖第一审著作权民事纠纷案件。

根据《最高人民法院关于审理商标案件有关管辖和法律适用范围问题的解释》第二条的规定，商标民事纠纷第一审案件，由中级以上人民法院管辖。各高级人民法院根

---

① 张卫平：《民事诉讼法》（第二版），法律出版社 2009 年版，第 84 页。

据本辖区的实际情况，经最高人民法院批准，可以在较大城市确定1~2个基层人民法院受理第一审商标民事纠纷案件。

根据《最高人民法院关于北京、上海、广州知识产权法院案件管辖的规定》第三条，北京市、上海市各中级人民法院和广州市中级人民法院不再受理知识产权民事和行政案件，知识产权法院负责一审审理专利、植物新品种、集成电路布图设计、技术秘密、计算机软件民事和行政案件；对国务院部门或者县级以上地方人民政府所作的涉及著作权、商标、不正当竞争等行政行为提起诉讼的行政案件以及涉及驰名商标认定的民事案件。此外，知识产权法院还负责审理对其所在市的基层人民法院作出的第一审著作权、商标、技术合同、不正当竞争等知识产权民事和行政判决、裁定提起的上诉案件。

2019年1月最高人民法院知识产权法庭正式挂牌成立，其主要依据《最高人民法院关于知识产权法庭若干问题的规定》审理全国范围内的专利等专业技术性较强的知识产权上诉案件。

（二）地域管辖

地域管辖又称区域管辖或土地管辖，是指同级人民法院之间受理第一审民事案件的分工和权限，它是按照法院辖区和民事案件的隶属关系来划分的管辖。地域管辖在内容上包括一般地域管辖、特殊地域管辖、协议管辖、专属管辖、合并管辖和选择管辖。作为一类特殊的民事权利类型，知识产权诉讼也完全适用民事诉讼法关于地域管辖的相关规定。

1. 关于知识产权合同纠纷地域管辖的相关规定

知识产权合同纠纷案件主要包括专利权、专利申请权转让（许可）合同纠纷案件、商标专用权转让（许可）合同纠纷案件及著作权转让（许可）合同纠纷案件等，根据《民事诉讼法》第二十三条的规定，因合同纠纷提起的诉讼，由被告住所地或者合同履行地人民法院管辖。

2. 关于知识产权侵权诉讼地域管辖的相关规定

根据《民事诉讼法》第二十八条的规定，因侵权行为提起的诉讼，由侵权行为地或者被告住所地人民法院管辖。具体来说，专利侵权行为地包括：被诉侵犯发明、实用新型专利权的产品的制造、使用、许诺销售、销售、进口等行为的实施地；专利方法使用行为的实施地，依照该专利方法直接获得的产品的使用、许诺销售、销售、进口等行为的实施地；外观设计专利产品的制造、许诺销售、销售、进口等行为的实施地；假冒他人专利的行为实施地。上述侵权行为的侵权结果发生地。原告仅对侵权产品制造者提起诉讼，未起诉销售者，侵权产品制造地与销售地不一致的，制造地人民法院有管辖权；以制造者与销售者为共同被告起诉的，销售地人民法院有管辖权。销售者是制造者分支机构，原告在销售地起诉侵权产品制造者制造、销售行为的，销售地人民法院有管辖权。

因侵犯注册商标专用权行为提起的民事诉讼，由《商标法》第十三条、第五十二条所规定侵权行为的实施地、侵权商品的储藏地或者查封扣押地、被告住所地人民法院管辖。前款规定的侵权商品的储藏地，是指大量或者经常性储存、隐匿侵权商品所在地；查封扣押地，是指海关、工商等行政机关依法查封、扣押侵权商品所在地。对涉及不同侵权行为实施地的多个被告提起的共同诉讼，原告可以选择其中一个被告的侵权行为实施地人民法院管辖；仅对其中某一被告提起的诉讼，该被告侵权行为实施地的人民法院有管辖权。

因侵犯著作权行为提起的民事诉讼，由《著作权法》第四十六条、第四十七条所规定侵权行为的实施地、侵权复制品储藏地或者查封扣押地、被告住所地人民法院管辖。前款规定的侵权复制品储藏地，是指大量或者经常性储存、隐匿侵权复制品所在地；查封扣押地，是指海关、版权、工商等行政机关依法查封、扣押侵权复制品所在地。对涉及不同侵权行为实施地的多个被告提起的共同诉讼，原告可以选择其中一个被告的侵权行为实施地人民法院管辖；仅对其中某一被告提起的诉讼，该被告侵权行为实施地的人民法院有管辖权。

二、知识产权诉讼证据

民事诉讼中的证据，是指在民事诉讼中能够证明案件真实情况的各种资料，是民事诉讼中法院认定案件事实作出裁判的依据。根据民事诉讼法的有关规定，作为民事诉讼证据，必须具备以下三个条件，即必须是客观存在的事实、必须与案情有客观内在联系的事实、必须是通过合法途径获得的事实。作为一类特殊的民事权利，知识产权的民事诉讼一方面适用我国民事诉讼法关于证据的相关规定；另一方面也有其特殊性。具体来讲知识产权民事诉讼的证据主要包括以下两个方面。

（一）证据分类

1. 权利凭证

专利权权利凭证主要包括：专利权人应当提交证明其专利权真实有效的文件，包括专利证书、权利要求书、说明书和最新专利年费交纳凭证。提起侵犯实用新型专利权诉讼的原告，应当提交由国务院专利行政部门出具的检索报告。利害关系人起诉的，应当提交相应的合同文本或者专利权人的证明，或者能证明其享有权利的其他证据。独占实施许可合同的被许可人可以单独向人民法院起诉；排他实施许可合同的被许可人可以和专利权人共同起诉，也可以在专利权人不起诉的情况下，自行提起诉讼，但应当提交专利权人已知有侵权行为发生而明示放弃起诉或不起诉的证明材料。转让注册专利权合同、专利行政主管部门登记公告文件；通过继承取得专利权的，应提交相应的证据材料。

注册商标专用权权利凭证主要包括：商标权人应当提交商标注册证书、商标公告、商标续展注册证书、商标权人变更名称文件以及其他证明商标权属的证据；利害关系人起诉的，应当提交相应的合同文本或者商标权人的证明，或者能证明其享有权利的其他证据。独占实施许可合同的被许可人可以单独向人民法院起诉；排他实施许可合同的被许可人可以和专利权人共同起诉，也可以在专利权人不起诉的情况下，自行提起诉讼，但应当提交专利权人已知有侵权行为发生而明示放弃起诉或不起诉的证明材料。转让注册商标合同、商标行政主管机关登记公告文件；支付转让、使用费的支付凭证；撤销注册商标决定的文件及其他证据。通过继承取得注册商标专用权的应提交相应的证据材料。

著作权权利凭证主要包括：著作权人应当提交涉及著作权的底稿、原件、合法出版物、著作权登记证书、认证机构出具的证明、有著作权人署名的作品以及其他证明著作权权属的证据，利害关系人起诉的，应当提交相应的合同文本或者著作权人的证明，或者能证明其享有权利的其他证据。独占实施许可合同的被许可人可以单独向人民法院起诉；排他实施许可合同的被许可人可以和专利权人共同起诉，也可以在专利权人不起诉的情况下，自行提起诉讼，但应当提交专利权人已知有侵权行为发生而明示放弃起诉或不起诉的证明材料。转让著作权合同及相关行政主管机关的备案材料；支付转让、使用费的支付凭证；通过继承取得著作权的应提交相应的证据材料。

2. 侵权证据

专利权人应当提交被控侵权产品及其销售发票、专利与被控侵权产品技术特征对比材料等证据。著作权人应当提交当事人自行或者委托他人以定购、现场交易等方式购买侵权复制品而取得的实物、发票等。商标权人应当提交涉及《商标法》第五十七条具体侵权类型的证据材料，诸如针对假冒或仿冒他人注册商标的行为，可提供使用假冒或仿冒商标的商品，并提供该商品由侵权者生产或经营的证据。针对销售侵犯商标权的商品的行为，可提供侵犯商标权的商品及其销售账目、销售发票等。此外，行政机关对侵权行为的行政处罚结果也可以作为侵权证据。

3. 因侵权行为造成损失的证据

（1）权利人因侵权所受到损失的证据，包括权利人为制止侵权行为所支付的合理开支的证据。

（2）侵权人在侵权期间因实施侵权行为所获利益的证据。

（二）举证责任

根据《最高人民法院关于民事诉讼证据的若干规定》，原告向人民法院起诉或者被告提出反诉，应当附有符合起诉条件的相应的证据材料。当事人对自己提出的诉讼请求所依据的事实或者反驳对方诉讼请求所依据的事实有责任提供证据加以证明。没有证据或者证据不足以证明当事人的事实主张的，由负有举证责任的当事人承担不利后果。

人民法院应当向当事人说明举证的要求及法律后果，促使当事人在合理期限内积极、全面、正确、诚实地完成举证。当事人因客观原因不能自行收集的证据，可申请人民法院调查收集。

对于因新产品制造方法发明专利引起的专利侵权诉讼，由制造同样产品的单位或者个人对其产品制造方法不同于专利方法承担举证责任。

三、知识产权诉讼时效

我国 2017 年生效的《民法总则》第一百八十八条对诉讼时效制度作了一般规定，即向人民法院请求保护民事权利的诉讼时效期间为 3 年。法律另有规定的，依照其规定。诉讼时效期间自权利人知道或者应当知道权利受到损害以及义务人之日起计算。法律另有规定的，依照其规定。但是自权利受到损害之日起超过 20 年的，人民法院不予保护；有特殊情况的，人民法院可以根据权利人的申请决定延长。

《专利法》第六十八条特别规定了侵犯专利权的诉讼时效为 2 年，自专利权人或者利害关系人得知或者应当得知侵权行为之日起计算。发明专利申请公布后至专利权授予前使用该发明未支付适当使用费的，专利权人要求支付使用费的诉讼时效为 2 年，自专利权人得知或者应当得知他人使用其发明之日起计算，但是，专利权人于专利权授予之日前即已得知或者应当得知的，自专利权授予之日起计算。

《最高人民法院商标民事纠纷案件适用法律若干问题的解释》及《最高人民法院关于审理著作权民事纠纷案件适用法律若干问题的解释》均规定了侵犯注册商标专用权和著作权的诉讼时效为 2 年，笔者以为，根据《民法总则》第一百八十八条的规定，涉及知识产权权利保护的诉讼时效期间应为三年，对于《专利法》及相关司法解释中侵犯知识产权的诉讼时效为二年的规定，应在修改相关法律及司法解释时做出修改。

此外，就《民法总则》施行后诉讼时效衔接的具体适用，最高院通过司法解释具体做出了安排。民法总则施行后诉讼时效期间开始计算的，应当适用民法总则第一百八十八条关于 3 年诉讼时效期间的规定。当事人主张适用民法通则关于 2 年或者 1 年诉讼时效期间规定的，人民法院不予支持。民法总则施行之日，诉讼时效期间尚未满民法通则规定的 2 年或者 1 年，当事人主张适用民法总则关于 3 年诉讼时效期间规定的，人民法院应予支持。民法总则施行前，民法通则规定的 2 年或者 1 年诉讼时效期间已经届满，当事人主张适用民法总则关于 3 年诉讼时效期间规定的，人民法院不予支持。

四、企业新品牌确定的知识产权问题

现代意义的品牌随着市场营销学的发展，其自身含义也不断得到扩大，一般认为它包含了一个产品的名称、徽标、标志或注册商标，或者是他们的相互组合。品牌是市场营销上的概念，它强调企业与顾客之间关系的建立、维系与发展，而商标是一个法律概念，它强调对生产者合法权益的保护，一般而言，品牌概念比商标概念具有更广阔的外延。① 品牌对于一个企业来说具有重要的商业价值，是一项重要的无形资产，从法律上

---

① 朱雪忠主编：《知识产权管理》，高等教育出版社 2016 年版；李顺德：《如何认识商标品牌战略》，载《中华商标》2017 年第 8 期。

讲，品牌的价值是其所代表、对应的商标、商号（字号）、商誉等商业标识价值的总和。① 对于创新创业者来说，基于知识产权诉讼的考量，在确定及运用自己的品牌战略时，一方面要注意维护自己的合法权益，积极进行维权；另一方面则要避免侵权，防止侵犯别的主体的合法权益。具体来说，本文认为企业新品牌确定时需注意如下问题。

（1）根据企业自身的发展目标与定位及主要产品的特点制定相应的品牌战略，以集中企业的优势资源，避免资源的分散与浪费。

（2）企业的名称、徽标、包装装潢及标志等符号，如果具有独创性，应该积极地进行版权登记或申请专利。

（3）企业选择名称、徽标、包装装潢及标志等符号时，一定要注意避免侵犯别的主体的在先权利，如肖像权、姓名权、字号权、著作权等，避免使用相关法律法规禁止使用的标志符号。一般来说，初创型企业最好根据主要产品的特点设计符合企业形象的名称、徽标、包装装潢及标志等，以支撑企业的品牌战略。

（4）对于一个企业重要的品牌资源商标来说，企业可以选择进行注册也可以选择不注册使用，如企业选择不注册商标的话，一定要注意搜集并保留企业在生产经营过程中商标的使用情况，如对商标进行的广告宣传、许可使用情况、消费者对产品及商标的认可情况等，根据我国《商标法》及相关司法解释的规定，对未注册商标的保护，要求至少达到一定的影响，而所谓的一定影响的未注册商标主要是指在一定地域范围内商标的使用情况，由未注册商标的使用主体进行举证。

（5）如果企业根据自身的品牌战略，选择注册商标的话，对于创新型企业来说，需要注意以下几点。

其一，避免注册商标被撤销。

根据我国《商标法》的规定，如果注册商标没有法定的理由3年不使用或者虽进行了使用，但由于使用不当，使注册商标成为其核定使用的商品的通用名称的，任何单位或者个人可以向商标局申请撤销该注册商标。

如果商标注册人在使用注册商标时，自行改变注册商标、注册人名义、地址或其他注册事项的，由地方工商行政管理部门责令限期改正，期满不改正的由商标局撤销其注册商标。

因而，对于创新创业者来说，一定要注意注册商标的合法及规范使用，避免辛苦积累的商标商誉一朝化为乌有。

其二，要及时进行续展，并缴纳相关费用。

根据我国《商标法》的规定，注册商标的有效期为10年，自核准注册之日起计算，注册商标有效期满，需要继续使用的，商标注册人应当在期满前12个月内按照规定办理续展手续；在此期间未能办理的，可以给予6个月的宽展期。期满未办理续展手续的，注销其注册商标。

---

① 李顺德：《如何认识商标品牌战略》，载《中华商标》2017年第8期。

其三，为了防止搭便车的现象出现，创新创业者可以选择注册防御商标。

（6）通过许可或转让使用别人的商标及许可别人使用自己的商标时，应在合同中详细约定诸如许可的类型、范围、费用、期限以及新增商誉的归属等问题，并及时按照相关法律的规定办理备案或登记手续，以避免日后不必要的纠纷。

（7）创新创业者应积极的对其企业名称、包装装潢及标志符号等进行市场监测，避免侵权行为发生，适时调整品牌战略。

五、企业知识产权诉讼中证据收集的注意事项

对于创新创业者来说，知识产权是其拥有的一项重要的无形资产。在面临侵权风险的时候，根据我国相关知识产权法的规定，创新创业者可以选择行政、刑事及民事救济。而不同救济方式的选择，也面临着不同的程序和证据要求，接下来本节仅以民事救济为例，分析创新创业者所有的知识产权被侵害的时候，如何搜集并固定证据，以及时全面的维护自己的权益。

作为一项无形财产权，一方面，知识产权的侵权诉讼必须遵循普通的民事诉讼规则，在诉讼程序及证据的搜集等方面具有相同的要求；另一方面，由于知识产权客体的无形性、非物质性等特点，特别是当前网络知识产权侵权多发，使得知识产权侵权诉讼中长期存在取证难等问题，给创新创业者等知识产权人的合法权益的保护带来了挑战。为了有效应对以上问题，笔者认为在知识产权侵权证据的搜集及固定等方面，创新创业者需注意以下问题。

（一）及时固定证据

根据我国《民事诉讼法》的规定，当事人对自己提出的主张应当及时提供证据，故而权利人（即创新创业者，以下所指相同）发现有侵害其合法有效的知识产权行为发生时，应及时固定证据，避免侵权行为发生的证据稍纵即逝。

由于知识产权客体的无形性及非物质性特点，加之视听资料、电子数据等证据随着信息网络技术的发展越来越引起相关部门的重视，故而只有及时固定证据，权利人才能有效维护自己的合法权利。

权利人首先可以通过公证的方式来固定证据，根据《公证法》的规定，自然人、法人或者其他组织申请办理公证，可以向住所地、经常居住地、行为地或者事实发生地的公证机构提出。我国《民事诉讼法》规定，经过法定程序公证证明的法律事实和文书，人民法院应当作为认定事实的根据，但有相反证据足以推翻公证证明的除外。

对于视听资料与电子数据等证据，由于这些证据具有不稳定、易被篡改及产生时间不确定等问题，所以权利人在搜集证据时除了可以选择公证程序以外，还可以采用相应的技术手段加以固定，以避免证据出现可靠性的瑕疵。在华盖创意（北京）图像技术有限公司诉无锡市利贝乐贸易有限公司侵害著作权案中，华盖公司于2015年7月10日

对利贝乐公司的官方微博上使用的 5 张图片进行截屏，对整个取证过程进行录像，并对上述电子数据申请了可信时间戳认证证书。法院经审理认为可信时间戳是由权威可信时间戳服务中心签发的一个能够证明数据电文（电子文件）在一个时间点已经存在的、完整的、可验证的，具备法律效力的电子佐证，主要用于确定电子文件产生的准确时间，防止电子文件被篡改，因此其作为证据使用具有权威性与可信赖性，具有证明效力。[①]

（二）申请证据保全

根据《民事诉讼法》及知识产权法的相关规定，在证据可能灭失或者以后难以取得的情况下，当事人可以在诉讼过程中向人民法院申请保全证据，人民法院也可以主动采取保全措施。

因情况紧急，在证据可能灭失或者以后难以取得的情况下，权利人可以在提起诉讼或者申请仲裁前向证据所在地、被申请人住所地或者对案件有管辖权的人民法院申请保全证据。权利人向人民法院申请证据保全的，应该提供相应的担保。

（三）尽可能搜集因被诉侵权行为的发生带来的损失或行为人因此而获得的利益的相关证据

根据知识产权法的相关规定，侵犯知识产权的赔偿数额可以按照权利人因被侵权所受到的实际损失确定，实际损失难以确定的，可以按照侵权人因侵权所获得的利益确定，所以权利人应尽可能搜集相关证据。如果举证困难的，权利人可以先向相关行政主管机关申诉，由行政主管机关查处相关侵权行为，权利人可以通过行政主管机关的行政执法活动来获取行为人侵权的证据。

（四）要注意取得证据的合法性，避免诱导性的"陷进取证"等非法获得证据的方式

[①] 国家法官学院案例开发研究中心编：《华盖创意（北京）图像技术有限公司诉无锡市利贝乐贸易有限公司侵害著作权案》，引自《中国法院 2018 年度案例（知识产权纠纷）》，中国法制出版社 2018 年版。

创新创业——知识产权应用篇

第五章 知识产权经济管理应用
——价值评估

在知识经济时代，知识产权的利用进入到一个十分频繁的时代，知识产权价值评估的需求日益增长。创新创业企业很多是技术创业，与生产制造业企业有本质的区别，生产制造业企业往往都是重资产的，而创新创业企业看中的最主要的就是知识产权。知识产权是与其他的创业项目进行区别的最本质的要素。越来越多的创新创业知识产权权利人意识到知识产权资产拥有巨大的价值，它不仅可以吸引投资，促进生产，而且可以通过转让、许可与质押等多种方式与途径实现知识产权价值的最大化。在利用这些知识产权资产时，它到底值多少钱？如何才能让别人知道它的价值？回答上述问题，需要借助知识产权价值评估这一中介手段，但无论从理论还是从实践来看，给无形的知识产权定价并不是一个简单的过程。

第一节 知识产权的价值评估

每一种知识产权都具有独特性，其价值评估不可能用一个统一的公式进行判定。比如，一个没有市场应用的知识产权，除非可以防止他人制造或销售侵犯此知识产权的产品，不然并不具有多少市场价值；一般情况下，如果某个知识产权是一个在用知识产权组合的一部分，其价值会比一个孤立的没有市场运作的知识产权价值更高。另外，比较通用的知识产权评估方法至少有三种：成本法、收益法与市场法，但适用什么方法、具体如何适用，不仅需要有法律和相关技术或者经济知识，还需要具备相关评估能力。因此，知识产权价值评估是一个需要融合多种知识背景与能力、法律认识与科学计算相结合的专业工作。

一、对知识产权进行价值评估的必要性

（一）知识产权价值具有非直观性

有形资产和无形资产的本质区别在于：有形资产的价值是由它的有形性质所创造

的，而无形资产的价值是由它的无形性质所创造的。你可以通过触摸并看到厂房、设备、存货等感知有形财产的具体价值，但你无法仅凭触摸与视觉感知无形资产本身来判断其具体价值。以专利权为例，你可以看到专利证书，但此专利证书的价值不是那张载有文字的纸张所能涵盖的。这种非直观性决定了只有通过评估活动，我们才能较为准确地获知知识产权的价值同时，由于有形资产的物质属性，实践中通常可以通过定额计算的方式获得有形资产的价值，如建筑工程定额，就是在正常施工条件下，完成单位合格产品所必须消耗的劳动力、材料、机械台班的数量标准。这种量的规定，反映出完成建设工程中的某项合格产品与各种生产消耗之间特定的数量关系。按照国家规定的建筑工程定额，我们很容易计算出某项建筑工程活劳动和物化劳动量所形成的成本消耗，从而获知其价值。但是，无形资产的物化劳动具有相当的特殊性，知识产权更是如此。由于知识产权是智力创造成果，需要满足不同的创造性要求才能在法律上得到确认，因此，每一个知识产权都无法用统一的定额方式计算出其价值。如不同类型专利的证书其价值是不一样的，就是同一类型的专利证书其价值也并不当然具有类比性。因此，知识产权价值的非直观性同时决定了我们只有进行单个的评估活动，才能获知特定知识产权的价值。

（二）知识产权价值受多种因素影响

有形资产的价值主要取决于物化劳动，物化劳动价值较易判断的情况有利于有形资产具体价值的判断。与之不同的是，无形资产价值主要取决于活劳动，而活劳动的价值较难衡量，无形资产的价值量较难判断，特别是知识产权。不仅各种类型的知识产权其价值构成不同，更为重要的是，其价值受多种因素影响，只有综合考虑评价了影响某一知识产权的所有因素得出的评估值才最能反映该知识产权的价值。这在一定程度上加剧了知识产权价值的非直观性，使得我们更不容易直接感知特定知识产权的具体价值以专利权为例，专利权利的法律属性、状态等固然是其价值评估的核心基础，但是，技术因素、经济因素、风险因素无一不在影响或者决定专利权利的价值（见表5-1）。因此，评估时应当一并考虑与评价各种因素共同作用下的该专利价值。

表5-1　　　　　　　　　　专利价值影响因素表

数量因素	法律因素	技术因素	经济因素	风险因素
1	权利属性	技术先进性、创造性	成本因素	权利风险
2	法律状态	技术成熟度、实用性	收益因素	技术风险
3	保护范围	技术防御性、替代性	市场因素	市场风险
4	权利使用方式	技术垄断性		管理风险

但是，这些因素对专利权的价值构成影响究竟有多大？如何计算？没有办法直接作出量化的判断，必须通过具体的价值评估活动才能最终量化确定。

二、对知识产权进行价值评估的重要性

现代社会，拥有知识产权虽然意味着拥有财富，但只有积极利用这个财富，使发明创造和研发成果产业化，最大限度地实现经济社会效益，才能真正体现知识产权这一财富的最大值。要实现这一目的，价值评估是重要的中间环节，因为只有通过价值评估，才可以确定权利主体的权利价值、界定交易主体的权益数量份额；只有通过知识产权状况的合理评价及其价值的合理判断，才能够促进知识产权的市场利用与经营。可以说，如果不知道知识产权的财富价值多少，就无法有效地进行知识产权的创造、管理、应用及保护工作

（一）价值评估激励知识产权创造热情

创新是发展的源泉，创新智力成果的价值只有转化为经济价值，才能创造更大的经济效益，才能真正推动创新型国家建设。在创新过程中，对项目资金投入成本与未来可能产生的经济效益，包括对创新项目的可行性及未来前景的价值评估，既规避了可能存在的风险，又使创新活动目的性更强，能够有效激励知识产权的创造热情。

《解放日报》的发展印证了这一判断。创刊于1949年5月28日的上海《解放日报》，拥有悠久历史。多年来，《解放日报》坚持创意领先，创造了许多"第一"：《解放日报》在全国率先恢复刊登工商广告；率先在报纸上天天连载小说；率先在第一版刊登社会新闻；率先在地方报纸中将国际新闻刊登在第一版；创办全国第一份文摘类报纸；在上海市平面媒体中首家获得市级文明单位称号；在上海首次采用四连版一次印刷技术；《解放日报》"神六"纪念特刊进入太空，成为人类历史上第一份进入太空的报纸；集团推出人类第一份电子报；集团连续举办九届"文化讲坛"，在上海打造了一张有影响的文化名片。2005年10月，《解放日报》与上海东洲资产评估有限公司正式签约启动《解放日报》品牌无形资产价值评估工作。业界认为，在非产权变动前提下对著名新闻媒体进行品牌价值评估，将为《解放日报》品牌的价值确认、业务延伸、创新管理等提供真正的参考依据。2006年初当东洲资产评估有限公司对《解放日报》品牌无形资产作出46.3亿元的评估时，许多人认为，这只是一场虚拟的数字游戏罢了。但到2010年11月18日，在解放日报报业集团成立十周年纪念大会上公布的数据表明，截至2009年底，集团总资产已达74亿元、净资产30亿元、主营收入26亿元。同集团成立前的1999年总资产10亿元相比较，10年间足足增长了7倍。在国家新闻出版总署首次发布的中国报业集团总体经济规模综合评价中，解放日报报业集团名列第二。

（二）价值评估提高知识产权管理水平

一个持续经营并获利的企业是有形资产和无形资产的组合体，无形资产价值是企业价值的重要组成部分，以知识产权为重要内容的无形资产是企业资产不可缺少的重要组

成部分，也是企业生产要素的重要组成部分。然而，我国在相当一段时间内没有将无形资产列入企业会计核算中。随着无形资产在企业资产构成中地位的提高，为满足企业无形资产记账、摊销和核算的需要，1989年4月财政部首次将无形资产纳入会计核算体系，并规定企业接受投资取得无形资产应按照评估确认或合同约定的价格入账，企业以无形资产对外投资时，应按照确认的评估结果记入长期投资账户，并将增值部分记入资本公积金账户，开始了我国知识产权企业管理之路。但是，记账更多的是管理的初级阶段，真正的管理应当知道自己有哪些知识产权，其价值如何，如何对待这些知识产权，把知识产权价值评估当作日常经营管理手段。国外的知识产权实践已经证明，只有清楚地知道自己手中的知识产权价值几何，才能更有针对性地开展工作。因此，不仅运用知识产权价值评估手段在知识产权制度建设、人员培训、专业研究等方面为相关主体提供决策咨询意见，促进知识产权管理工作的规范化、科学性，还应当通过知识产权价值评估时刻认识到自身知识产权能力的强弱及知识产权资产的构成，在市场竞争中占据主动。近年来，我国企业也逐渐开始重视日常管理工作的价值评估，如，中兴通讯对于所掌握的专利有一套内部评估机制，评估专利目前是否具备足够的价值、将来是否可能对潜在的市场有帮助。若被评估为无用的专利，可能会不再续费；反之，则一定会继续维持。这些做法，促进了企业科学化管理经营，也提高了企业的知识产权竞争力。

（三）价值评估促进知识产权应用效果

知识产权应用是实施知识产权战略的重要环节，知识产权的商品化、产业化是促进知识产权应用的重要手段。知识产权商品化、产业化最大的问题就是难以对知识产权的经济价值做出合理判断。知识产权成果由于本身固有新颖性和创造性特征，并涉及技术、法律、经济等多种要素，具有不易估价的特点。这也使得知识产权资产评估成为理论界和实践界共同面对的难题。如果不能确定知识产权的合理价值，就难以在知识产权买卖双方之间形成合理预期，也难以促成知识产权交易，知识产权成果就无法顺利实现产业化。因此，知识产权资产评估是促进知识产权成果产业化的关键一环。

通过知识产权评估提供公正客观合理的价值分析意见，有助于购买方正确理解所购知识产权的价值及存在的风险，也有助于出售方正确衡量和掌握知识产权的价值，为谈判提供有价值的信息促进知识产权合理有序流动。2011年7月11日，雀巢宣布计划出资21亿新加坡元（约17亿美元）收购糖果制造商徐福记60%的股权；此前的北电专利破产拍卖中，一个包括苹果在内的财团以45亿美元的价格获得了这些专利。这其中，都可以看到知识产权价值评估的作用。

（四）价值评估加大知识产权保护力度

知识产权损害赔偿是知识产权保护的重要内容，在知识产权损害赔偿的司法实践中，资产评估既可以帮助司法机关清楚涉案知识产权的价值，又可合理地保护权利人的合法权益，避免赔偿不足的情况发生。

目前，我国知识产权司法保护力度不足的一个重要表现就是在损害赔偿时赔偿的金额较低，其中一个很重要的原因，就是取证和评估跟不上。而加大知识产权司法保护力度，其中重要的是加大赔偿力度，就是能多赔尽量多赔，通过这个方式来惩罚侵权行为，制止侵权行为威慑侵权行为。但是，赔偿额并不是随意判的，确定赔偿需要证据。当前各地知识产权侵权案件频繁产生，由于无法准确判定具体损失数额赔偿不足成为权利人普遍反映的问题，而进行价值评估，则往往能有效保护权利人的知识产权。如富士康诉比亚迪案件。这起全国高科技领域知识产权第一案所以能够取得突破性进展，与北京华德恒资产评估公司出具的《富士康精密组件（北京）有限公司经济损失评估报告书》有很大的关系。据报道，北京华德恒资产评估公司主要从定量的角度，采用了收益现值法，对涉案《品质保证系统》专有技术价值进行量化，确定了该项专有技术的转让价值。侵权行为使知识产权的转让价值得不到实现，造成了专有技术权利人的经济损失。法院参考了北京华德恒资产评估公司出具的评估报告，对案件做出了判决。

三、知识产权价值评估的特点与方式

（一）知识产权价值评估的特点

总体上，知识产权价值评估呈现出复杂性、不确定性、动态性的特点。

1. 知识产权评估具有复杂性

相对于有形资产评估而言，知识产权评估对象种类多且彼此之间可比性差，各知识产权的性能、特点、经济参数等都需要分别考虑；多数知识产权生命周期短，正确计算其有效年限、确定其无形损耗等较为困难复杂。

2. 知识产权价值评估具有不确定性

相对于有形资产评估的不确定性，知识产权价值评估的不确定性更加突出。因为在大多数情况下，都需要预测知识产权的效益发挥时间和未来效益，而影响这两项的因素测算难度大，不确定性因素多。同时，客观经济环境对知识产权作用的发挥有着较为密切的关系，把握和正确估算经济环境对知识产权效能发挥所起到的正作用和副作用难度较大，需要从各个方面各个角度运用多种方法对各种情况进行综合而全面的、系统的分析、测算，而这又增加了评估结果的不确定性。

3. 知识产权评估具有动态性

与有形资产较为稳定的静态表现形式相反，知识产权受环境或者客观事件影响发生变化甚至是剧烈变化的情况是十分常见的，三鹿商标在三聚氰胺事件发生前后的价值变化情况就是非常典型的事例。因此，知识产权评估须随时掌握评估知识产权的动态变化，才能提高评估价值的准确性。

(二) 知识产权价值评估的基本方式

当前,知识产权价值评估主要是通过委托专业评估机构根据传统手段进行评估。

一般情况下,在评估需求产生后,委托人通过寻找合适的知识产权评估机构对其委估的知识产权进行评估。这种评估是特定的评估人员针对特定的评估对象所做的评估,较适合知识产权的价值特征。实践中评估机构进行的知识产权评估主要表现为:

第一,评估对象多为"动态"知识产权而非"静态"知识产权。这一方面是由于,根据大多数国家的实践,知识产权在"静态"时,评估它们的必要性远远低于处于转让、许可或者侵权赔偿认定等"动态"时。同时,也与我国对于知识产权利用的认识还处于应对阶段而非主动阶段有关。

第二,评估方法上,知识产权价值评估一般采用收益法、成本法和市场法三种方法。这固然与中国资产评估协会发布的《资产评估准则——无形资产》中的相关规定有关,也与这三种方法是价值评估基本方法的性质有关。收益法是知识产权价值评估中应用最为频繁的方法,成本法次之,市场法用得更少些。根据2005年的一个抽样调查统计结果,近66%知识产权评估采用收益现值法,20%评估方法为重置成本法,11%采用了市场法,还有3%采用了其他的方法,如期望利润评估法等(见图5-1)。

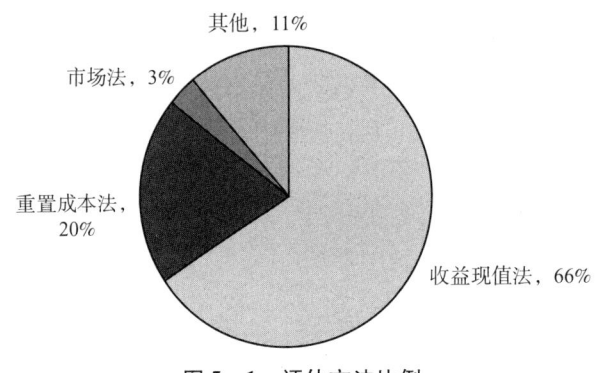

图5-1 评估方法比例

评估方法选择不当可能造成评估结果存在问题。如实践中,一般选择收益法进行评估,而不是采用成本法,这是因为知识产权的成本和产出的对应性不强,一项技术可能前期投入非常大,但却无法产业化,那么这些研发投入的价值可能就比较小,这种情况下采用成本法评估的结果可能很大,但收益法评估的结果就可能很小,二者差距较大。而市场法因为无法找到类似案例,一般不适用。

第三,评估对象及评估目的在一定程度上决定评估方法的选择,评估因素及相关参数的选择需要根据评估方法、价值类型进行确定。由于委托评估人一般更注重评估结果的准确性与可接受度,因此选择评估方法要考虑评估目的。评估时一般需要考虑的因素包括:企业状况、权利类型、权利内容范围、取得方式、产业化程度、技术情况、市场前景、企业管理水平、企业资金情况等。其中每一个因素都十分复杂,以专利为评估对象来说，其权利的状态与使用情况就很重要如是授权专利还是正在申请之中的专利，如已授权，是发明专利还是实用新型或者外观设计专利；如专利技术是否投入生产使用，有无重大法律纠纷等。考虑这些因素时，主要根据这些因素的性质采取不同的判断方式。如对于技术面的因素，主要从文献和同类专利文献的角度，对技术的发展趋势、发展阶段进行大致的判断，同时结合专家意见，最终形成一个综合判断；对于法律面因素，主要从取得的法律文件、权利本身的法律证书、权利维持的相关付费凭据等方面来判断评估对象在法律权属上的完整性。

第四，评估结果一般是一个确定值，但这个值是在预设的假设条件下得到的个参考值，仅在特定的范围和使用目的下具有参考意义。

(三) 知识产权价值评估的新兴方式

由于专业评估机构的评估一般用于法定需要评估的情况，如国有无形资产交易、上市公司的无形资产交易、无形资产作为资本投资、无形资产质押等，评估成本很大，不能满足常态化知产管理的需要，因此，利用简单的评估软件进行知识产权价值的粗略评估成为一种新兴的评估方式。装上这样的评估软件，只需输入拟评估知识产权的基本资料，点几下鼠标，就可以知道其大致价值，其过程甚至比有形资产价值评估更为快捷。如今，很多网站上都有这样的系统，上海市知识产权服务中心网的专利评估辅助软件可能是其中较为成熟的。该软件由服务中心与上海立信资产评估有限公司和上海知识产权评估有限公司联合开发。任何人只要登录该系统，按照页面提示输入必要数据，系统就会自动计算出该知识产权的价值。

有人说，软件评估思路超前，某种程度上代表了专利评估将来的发展方向，即逐渐脱离评估师差异对价值的影响，走向客观的评估。正如机器永远取代不了人一样，认为软件评估可以解决知识产权价值评估多少有一些一厢情愿，使用评估软件并不能使评估结果更具客观性。因为知识产权价值评估不仅仅是一般性知识产权特征的评估，更是对特殊性的知识产权特征的评估，对所有影响或者可能影响知识产权价值因素的综合评估，不仅需要评估知识，还需要技术知识与法律知识。评估软件只能解决固定模型下复杂计算而引起的工时消耗问题，它只是一种辅助手段，不能解决评估问题。使用软件来解决评估问题只是一种美好的期望。从这个意义上说，软件评估的适用性有待进一步验证。

第二节　知识产权价值评估方法

最早作为有形资产评估的三种方法：成本法、收益法、市场法，如今吸收进各国无形资产评估的理论与实践。因此，理论与实务均认可并采用成本法、收益法、市场法来进行知识产权价值评估。

一、成本法

成本法又称重置成本法,就是在现实条件下重新购置或建造一个全新状态的评估对象所需的全部成本,减去评估对象的时效性陈旧贬值、功能性陈旧贬值和经济性陈旧贬值后的差额,以其作为评估对象现实价值的一种评估方法。运用成本法评估知识产权价值的基本公式为:

$$知识产权评估值 = 知识产权重置成本 \times (1 - 贬值率)$$

其中,知识产权重置成本和贬值率是两个十分重要的计算指标。

(一) 知识产权重置成本的估算

由于知识产权不能模拟在现时条件下进行重置,因此知识产权的重置成本只是对知识产权原创制成本在现时价格条件下的一种确认,可以说是复原重置成本(不是社会平均水平)。

其估算可采用下述方法。

1. 核算法

核算法是把知识产权创制所花费的费用逐项累加并视情况考虑适当的利润。即:

$$知识产权重置成本 = 生产成本 + 期间费用 + 合理利润$$

其中,生产成本是指创制无形资产过程中直接和间接消耗料、人工等费用;期间费用 = 管理费 + 财务费 + 销售费用;合理利润要视无形资产的具体情况确定。

2. 倍加系数法

对于投入智力劳动比较多的技术型知识产权,考虑到科研劳动的复杂性和风险,可以采用以下公式估算:

$$无形资产重置成本 = C + BV \times (1 + L)$$

式中:C——知识产权研制开发中的物化劳动消耗;

V——知识产权研制开发中的活劳动消耗;

B_1——科研人员创造性劳动倍加系数;

B_2——科研的平均风险系数;

L——知识产权投资报酬率。

3. 价格指数法

$$无形资产重置成本 = 原制成本 \times \frac{估价格指数}{制价格指数}$$

(二) 贬值率的估算

贬值率由知识产权损耗决定,但知识产权的损耗与有形资产的损耗不同,知识产权不存在有形损耗,其损耗通常是由于技术进步以及外部环境变化而引起。这种价值贬低通常分为时效性陈旧贬值、功能性贬值和经济性贬值三种情况。时效性贬值通常是指由于其尚可使用年限减少而引起的贬值；功能性贬值是指由于技术进步，使得拥有该项知识产权的垄断性减弱，从而获得垄断利润的能力降低而引起的贬值。一般来说，技术进步越快，知识产权更新的时间越短，则其功能性贬值越明显；经济性贬值是指由于外部环境变化产生不利影响而引起的贬值，如国家政策变化、市场激烈竞争等。

在评估实践中，对贬值率的估算可以采用专家鉴定法和剩余寿命预测法。

1. 专家鉴定法

专家鉴定法是指邀请有关领域的专家，对被评估知识产权的先进性、适用性作出判断，从而确定其贬值率的方法。

2. 剩余寿命预测法

它是由评估人员通过对无形资产剩余经济寿命的预测和判断，从而估算其贬值率的方法，其计算公式为：

$$贬值率 = \frac{已使用年限}{已使用年限 + 剩余使用年限} \times 100\%$$

公式中：已使用年限较易确定；剩余使用年限是指知识产权能够为经营主体带来超额收益的年限，而不是指法定保护年限。关于剩余使用年限可以采用下列两种方法确定：（1）专家预测法。该方法是通过聘请有关技术领域的专家，对被评估知识产权的先进性、适用性以及技术市场的发展趋势进行预测，从而确定该知识产权的剩余使用年限；（2）技术更新周期法。该方法是根据同类技术变新周期，确定被评估知识产权的更新周期，从中扣掉已使用年限，便可得到剩余使用年限。

二、收益法

收益法又称收益现值法，是指通过估算被评估资产的未来预期收益并将折算成现值，借以确定被评估资产价值的一种资产评估方法，其实质是将资产未来收益转换成资产现值，而将其现值作为待评估资产的重估价值。收益法是国际上公认的知识产权评估基本方法之一。运用收益法评估知识产权的基本公式为：

$$P = \sum_{t=1}^{n} \frac{R_t}{(1+r)^t}$$

其中，P 为知识产权评估价值；R_t 为未来第 t 个收益期净额；r 为折现率；n 为收益期限（年）。

收益法基本公式表明：收益法中的收益额、折现率、收益期限是知识产权价值评估中非常重要的数据。

（一）收益额的估算

收益额是适用收益法评估知识产权价值的基本参数之一。在知识产权的评估中，知识产权的收益额是指根据投资回报原理，知识产权在正常情况下所能得到的归其产权主体的所得额。知识产权的评估中的收益额有两个比较明确的特点：收益额不是知识产权的历史收益额或现实收益额,而是知识产权的未来预期收益额;用于知识产权评估的收益额是归属于知识产权的收益额。

由于知识产权的附着性特征,往往与有形资产共同发挥作用,其收益额需要从知识产权与有形财产的共同作用创造的收益中进行分离确定。通常采用以下几种方法确定收益额。

1. 直接估算法

此方法适用于能够直接判断知识产权带来的超额收益的情形。其可通过对比使用该知识产权的前后收益差额确定知识产权的收益额。从知识产权为特定主体带来收益情况看,可以划分为收入增长型和成本费用节约型。

第一,对于收入增长型的情况,可采用下列两个公式计算:

(1) 知识产权的使用带来垄断价格情况下:

$$R = (P2 - P1)Q(1 - T)$$

其中,R 为超额收益(归属于知识产权的收益);P1 为使用无形资产前单位产品的价格;P2 为使用无形资产后单位产品的价格;Q 为产品销售量;T 为所得税税率。

(2) 知识产权的使用带来产品销量扩大的情况下:

$$R = (Q2 - Q1)(P - C)(1 - T)$$

其中,R 为超额收益;Q1 为使用无形资产前产品的销售量;Q2 为使用无形资产后产品的销售量;P 为产品价格(此处假定价格不变);C 为产品的单位成本。

第二,费用节约型的情形,其计算公式为:

$$R = (C1 - C2)Q(1 - T)$$

其中,R 为超额收益;C1 为使用无形资产前的产品单位成本;C2 为使用无形资产后产品的单位成本;Q 为产品销售量(此处假定销售量不变);T 为所得税税率。

2. 差额法

此方法是将使用该知识产权后的经营利润与行业平均利润比较。其计算公式为:

$$超额收益 = 经营利润 - 知识产权总额 \times 行业平均资金利润率$$

或者:

$$超额收益 = 销售收入 \times 销售利润率 - 销售收入 \times 每元销售收入平均占用资金 \\ \times 行业平均资金利润率$$

3. 分成率法

知识产权通过分成率来获得,是目前国际和国内技术交易中常用的一种实用方法,即:

$$收益额 = 销售收入 \times 销售收入分成率$$

或者

$$收益额 = 销售利润 \times 销售利润分成率$$

这样,分成率的确定就是其中的关键问题。同理,销售收入分成率 = 销售利润分成率 × 销售利润率,销售利润分成率 = 销售收入分成率 ÷ 销售利润率。例如,在国际市场上一般技术转让费不超过销售收入的1%~10%，如果按社会平均销售利润率10%推算，当技术转让费为销售收入的3%时，则利润分成率为30%。

4. 要素贡献法

企业的收益额主要是由资金、技术和管理三因素共同的贡献，不同因素时对企业收益额的贡献是不同的，特别是对于不同类型的企业，这种差别更是明显。因此，通常认为，可以按照下列比例根据不同企业类型确定技术对于企业收益贡献度（见表5-2）。

表5-2　　　　　　　　不同类型企业技术对于企业收益额的贡献度

行业类型	资金（%）	技术（%）	管理（%）
资金密集型	50	30	20
技术密集型	40	40	20
一般行业	30	40	30
高科技行业	30	50	20

（二）分成率的确定

运用收益法评估进行知识产权价值评估，一般分为如下四个步骤：第一，确定知识产权的经济寿命期，预测在经济寿命期内该知识产权应用所产生的经营收益；第二，分析确定知识产权对收益额的分成率（贡献率），确定知识产权对全部收益额的贡献；第三，采用适当折现率将收益额折成现值；第四，将经济寿命期内收益额现值相加，确定知识产权的评估价值。上述关于收益法的描述中，确定知识产权分成率是实现收益法的一个重要环节，正确合理地估算出经营收益分成率对知识产权评估起着十分重要的作用。

分成率的确定一般根据不同行业、不同性质分别考虑。

1. 确定销售收入提成率/经营收益分成率要考虑的因素

（1）知识产权的创新难度。一般来说，知识产权创新难度越大，其知识产权垄断性及获利能力越强，分成率越高。

（2）知识产权的法律状态。这是知识产权受到法律保护的程度和期限的反映，可进而分析该项知识产权的垄断程度和范围，例如，对于专利技术，要了解该项专利的类型及有效期限；对于专有技术，要了解其保密措施及国家相关政策法规和法律的相应规定。

（3）知识产权成熟度。小试、中试、批量生产，一般是判断知识产权处于何种成熟程度的标准。只有成熟知识产权的获利能力，才能迅速形成产业规模。

（4）与产业政策一致性。只有知识产权与国家产业政策一致，才会得到国家及地方的支持，该项知识产权才会迅速形成产业。

（5）市场对知识产权的需求程度。只有知识产权以市场需求为导向，才会创造需求,获得收益。

(6) 知识产权的获利能力。指运用知识产权进行生产经营,创造超额或垄断经济效益和社会效益的能力。

(7) 转让方式及受方条件。转让方式分为所有权转让、独家许可、排他许可、一般许可等多种方式。转让方式不同,直接影响应用知识产权的市场容量和竞争程度,从而影响引入方的收益,在转让中受让方的知识产权接受能力也直接影响知识产权获利能力的迅速实现。

(8) 知识产权开发成本。开发成本直接影响分成率,一般来说知识产权开发成本越高,分成率也越高。

2. 技术收益分成率的统计数据

实践中,各国技术贸易的提成率一般并不相同。如美国各行业最普遍的提成率为净销售价的5%,无线电通信通常为2%~3%,光学产品通常为5%,化学工业通常为2%~5%,石油化学工业通常为<1%,电子产品通常为5%,汽车工业通常为<5%,消费品工业通常为2%。德国的行业提成率通常是:电器工业0.5%~5%,机械制造业0.3%~10%,化学工业2%~5%,制药工业2%~10%。日本的情况是:机床业0.5%~3%,电缆业0.5%~5%,制药业2%~5%,金属工业1%~4.4%,精密机械0.33%~10%,制药业为2%~10%。各国还对技术引进时的提成率进行限制,绝大多数国家3%~5%,如墨西哥通常为5%,哥伦比亚通常为5%,我国通常为5%。

不同的行业技术提成率很不相同。联合国贸易和发展组织对各国技术贸易合同提成率做了大量调查统计,统计数据显示,一般情况下技术的提成率约为产品净销售额的0.5%~10%,绝大多数为2%~6%,常见的行业提成率统计数如表5-3所示,在实际的技术评估工作中具有参考价值。

表5-3　　　　　　　　常见行业的统计提成率表

行业名称	提成率(%)	行业名称	提成率(%)
石油化学工业	0.5~2.0	日用消费品工业	1.0~2.5
机械制造工业	1.5~3.0	制药工业	2.5~4.0
电气工业	3.0~4.5	木材加工业	3.0~5.0
精密机器工业	4.0~5.5	汽车工业	4.5~6.0
光学及电子产品等高技术	7.0~10.0		

(三) 折现率的确定

折现率又称收益还原率,是将未来收益折算为现值的一种比率。收益法中,折现率从本质上讲是一种期望投资报酬率,是投资者在投资风险一定的情况下,对投资所期望的回报率。折现率是运用收益法评估知识产权时最为敏感的参量,从前面收益法的公式也可发现，折现率的微小变化，会造成评估知识产权的量的巨大差异。

1. 确定折现率需考虑的因素

（1）技术因素。所谓技术因素是指技术水平、性能、成熟程度及有效使用期限对其投资收益所产生的影响。单从知识产权的收益角度而言，技术成熟可靠、水平高、通用性与实用性强的技术，其折现率低，知识产权的价值高。

（2）时间因素。知识产权的评估须依据评估时点原则，由于许多市场因素和相关条件会随时间而呈间歇性循环反复变化，因此在确定折现率时，须考虑时间因素的影响。

（3）政策法律因素。政策的支持、法律的保护都会影响到知识产权的未来超额收益，它对知识产权所有权价格的影响会更大，使用权价格可通过有限许可或提高提成率等方式来降低出让方的风险。

（4）社会经济因素。社会经济因素主要指政治经济稳定状况和社会治安程度。一般而言，一个政治经济不稳定的国家，其折现率较高，只有较高的投资收益率，投资者才会冒此风险进行投资。

（5）知识产权的类型。如专利技术、专有技术、计算机软件等，不同类型的知识产权，其收益与风险是不同的。

（6）市场因素。这包括市场的供求状况、产成品的市场占有率及市场竞争的激烈程度等对知识产权的未来超额收益的影响。

2. 折现率的确定原则

（1）与有形资产相比，知识产权的收益较高，风险也较大，故知识产权的风险报酬率往往高于有形财产。

（2）折现率应高于国债利率和银行利率。企业将资本投资于国债或银行，不需承担风险，但投资回报率较低，因此，大多数投资者愿冒一定风险投资，如投资于企业，以期获得更多收益，故企业价值评估时折现率应高于国债利率和银行利率。而投资于无形资产的风险一般要大于投资于企业，因而投资于无形资产的回报率要高于投资于企业的回报率。

（3）折现率水平应以行业平均收益率为基础。企业收益水平有明显的行业特征，行业结构强烈影响着竞争规则的确立和行业内部的所有企业，行业主要结构特征决定了竞争的强弱，进而决定了行业的收益率和行业内企业的盈利空间。

3. 折现率的确定方法

在运用收益法评估知识产权价值的过程中，折现率的确定可以采用以下方法。

（1）风险累加法。所谓的风险累加法就是无风险报酬率加风险报酬率作为知识产权折现率，即折现率 = 无风险报酬率 + 风险报酬率。

无风险报酬率与风险报酬率一般采用两种思路来确定：一种思路是无风险报酬率采用政府所发行债券的利率，也有相当一部分评估人员将银行的 1 年期定期存款利率作为无风险报酬率来看待。至于风险报酬率，主要是考虑知识产权的开发风险、产品市场风险、企业经营风险与财务风险、行业风险等。另外一种思路是无风险报酬率采用行业平均的净资产收益率，风险报酬率则是根据企业及知识产权特有的风险来计算，具体的风险报酬率一般根据评估师的判断来确定。风险累加法的运用应注意两个方面：一是当知识产权作为企业整体知识产权中的一部分时，其面临的具体风险与此企业所面临的风险是有内在联系的，但两者又不完全相同；二是在确定知识产权的折现率时，必须考虑评估目的以及分成收益的计算基础与假设条件，还必须考虑折现率与分成收益之间是否匹配，以及知识产权收益率与企业整体收益率、企业其他知识产权的收益率之间的关系。如果不注意这些问题，必然导致评估结果的偏差。

（2）市场法。市场法就是直接采用市场上相似的知识产权的收益与价格之间的比率作为折现率。这种方法的突出优点是比较客观，得出的结果经得起市场的检验。唯一的问题是由于知识产权收益的透明度较低，知识产权的收益能力与其运作的各种条件密切相关，所以可能会导致从市场中直接获得的相关数据与被评估知识产权之间的收益相关程度较低，从而使评估结果出现偏差。

（3）统计分析法。这种方法的基本思路是直接搜集企业或行业知识产权收益率的统计资料，通过对历史数据的统计分析，判断知识产权收益率的平均水平及其发展趋势，进而确定知识产权的折现率。统计分析法依据的是知识产权收益率的统计资料，其显然比其他方法更具有说服力。但知识产权不能脱离有形资产而独立发挥作用，必须和有形资产结合在一起共同为企业创造收益。从这一点来看，若要获得知识产权收益率的统计资料，首先必须采用恰当的方法将知识产权的收益从企业整体收益中分离出来，所以这种方法的工作量很大，且具有一定的技术难度。

（四）收益期限的确定

收益期限是指知识产权具有的获利能力持续的时间，它由评估人员根据被评估知识产权的自身效能及相关条件，以及相关法律、法规、契约、合同等加以测定。

通常情况下，知识产权的收益期主要受到两方面因素的限制：第一，知识产权的剩余寿命期。即其具有超额获利能力的时间，通常是指知识产权的经济寿命。科学技术进步、传播面扩大、社会需求下降等因素都会对知识产权获利能力带来影响，缩短其经济寿命。第二，具有法律效力的合同、协议等契约中对知识产权的收益期限的约定。一般来说，法律、合同或企业申请书分别规定有法定有效期限和收益年限的，可按照法定有效期限与收益年限孰短的原则确定；法律未规定有效期，企业合同或企业申请书中规定有收益年限的，按照规定的收益年限确定；法律、企业合同或申请书均未规定有效期限和收益年限的，按预计收益期限确定。预计收益期限可以采用统计分析或与同类知识产权的比较得出。

确定知识产权收益期的方法，可以采用法定年限法、更新周期法或者剩余寿命预测法。

1. 法定年限法

如专利的法定保护年限，就是经济寿命的上限。合同规定有效期的情形也是一样。

一般来说，版权、专利权、专营权、进出口许可证、生产许可证、购销合同、土地使用权、矿业权、租赁权益、优惠融资条件、税收优惠等，均具有法定或合同规定的期限。这时关键的问题是分析该期限内是否还具有剩余经济寿命。对于版权、专利权来说，法律保护期限长，而技术和知识更新的速度较快，当剩余法律寿命还较长时，剩余经济寿命较难预期，需采用其他方法来评估。而对于专营权、进出口许可证、生产许可证、租赁权益等法定寿命长、而收益相对稳定的无形资产来说，可以根据剩余年限，确定剩余经济寿命年限。

2. 更新周期法

根据无形资产的更新周期评估其剩余经济年限，对部分专利权、版权和专有技术来说，是比较适用的方法。无形资产的更新周期有两大参照系：一是产品更新周期。在一些高技术和新兴产业，科学技术进步往往很快转化为产品的更新换代。例如，电子计算机每 2~5 年有一次技术换代。产品更新周期从根本上决定了无形资产的更新周期。特别是针对产品的实用新型设计产品设计等，必然随着产品更新而更新。二是技术更新周期。新一代技术的出现替代现有的技术。采用更新周期法，通常是根据同类无形资产的历史经验数据，运用统计模型来分析，而不是对无形资产一一进行更新周期的分析。

3. 剩余寿命预测法

剩余寿命预测法直接评估无形资产的尚可使用的经济年限。这种方法是根据产品的市场竞争状况、可替代技术的进步和更新的趋势作出的综合性预测。十分重要的是要与有关技术专家和经验丰富的市场营销专家进行讨论，特别是企业的技术秘诀，没有其他办法进行较客观的评估，依靠本企业的专家判断能比较接近实际。但需对判断中的片面性进行修正，才能得出综合性结论。需要说明的是，无形资产的剩余经济寿命本身就具有较大的不确定性，尤其是知识型的无形资产的剩余经济寿命更具有随机性。所以，无论采用哪种方法来评估，实际上就是根据一定的概率来估算的，带有较大的不确定性。这样确定的无形资产的交易价格，使买卖双方都遇到较大风险。因此，在实际无形资产的交易中，现在又兴起"动态技术"的交易，即不仅是交易现有技术，而且交易今后开发的替代技术。更新技术也确定了交易条件。这样，就不存在评估无形资产寿命周期问题，只要这种交易持续下去，它的"寿命"就可不断延续下去，科技类无形资产的寿命反映了这类资产从其开发、形成到广泛应用乃至为另一种新资产所替代的全过程。这一过程同生物的生命历程一样，经历着发生、发展、成熟和衰亡这四个阶段。科技类无形资产的寿命周期，是该类无形资产在实际应用中的有效时间。以技术为例，普通技术中的大多数，其更新换代的周期不超过 10 年，而电子计算机、家用电器的换代周期为 2~5 年。一般来说，无形资产使用价值失去之时，即为其寿命周期的终结之日。

三、市场法

市场法也称市场比较法，是根据目前公开市场上与被评估知识产权相似的或可比的参照物的价格来确定被评估知识产权的价值。市场法是一种最简单、有效的方法。其计算方法主要有以下两种：

第一，直接比较法。是以同类型知识产权在全新情况下的市场价格为基础，减去按现行市价计算的已使用年限的累计折旧额，估算知识产权的价值。它的使用条件是在市场上能找到与评估对象几乎一样的参照物。这种方法简单，对市场的反映最为客观，能最精确地反映知识产权的市场价值。

$$评估价值 = [全新参照物市场价格 - (全新参照物市场价格/预计使用年限) \times 资产已使用年限] \times 调整系数$$

第二，相似比较法。是以参照物的市场销售价格为基础，即根据市场参照物的市场价格，通过比较它们在效用、能力、质量、新旧程度等方面的差异，按一定方法做出调整，从而确定评估对象的价值。

第三节　知识产权价值评估的一般过程

知识产权价值评估是一项相当繁复的工程。美国会计学者 J. 蒂莫西·克罗姆利（J. Timothy Cromley）曾对专利价值评估归纳出 20 个步骤：[①]

◆检查该专利的法律状态；

◆确认价值评估的需求与背景；

◆搜集该专利的相关信息，包括本国专利说明书、国外专利家族的清单一览、与专利有关的营运计划书、相关授权合约、相关推广与营销资料、研发成本等；

◆组成价值评估团队，包含专利法律专家、市场专家、技术专家等；

◆详细阅读该专利内容；

◆研究该专利所涵盖的技术范畴；

◆与专利代理人讨论可专利性与专利侵权等相关信息；

◆确证该专利的有效性；

◆搜集是否存在妨碍该专利实施的专利前案；

◆考虑是否将该专利进行包裹或组合以提高专利价值；

◆搜集国外专利家族的保护范围；

◆考虑专利的剩余寿命；

◆分析其他专利前案是否导致应支付额外的权利金；

◆搜集该专利的侵权诉讼威力；

◆确认是否存在取代型技术；

◆估计该专利的需求曲线；

---

① J. Timothy Cromley. 20 Steps for Pricing a Patent. Journal of Accountancy. November, 2004, pp. 31 – 34.

◆决定该专利所对应产品的最大价值;
◆考虑传统估值方法的适用性;
◆挑选适合的财务计价模型进行价值评估;
◆撰写价值评估报告。

显而易见,这是一个很细致的核心工作步骤。如果粗略一点来看,一个知识产权的评估程序通常满足以下主要过程:

· 了解委托方评估目的和意愿,并作充分沟通;
· 签订委托合同,明确评估目的、对象、评估基准日及委托方的各项要求;
· 现场考察,了解企业生产、经营、管理等状况;
· 指导企业填报评估资料;
· 市场调研、资料检索、分析相关市场需求、技术指标、经济指标、产业政策、行业信息等;
· 出具评估报告征求意见稿,与委托方交换意见,完善报告;
· 出具正式评估报告。

专利评估如此,商标、版权价值评估大抵均需要经过这些复杂过程。总之,一个评估过程通常会涉及如下几个重要问题:需要评估的对象是什么?有多少?被评估的知识产权法律特征如何?评估目的是什么?选择什么样的评估方法?其中的一些评估参数如何确定?评估报告应当说明哪些内容?

一、确定需要评估的知识产权类型和结构

进行知识产权的价值评估,首先要明确知识产权的类型;其次要确定需要评估的知识产权结构。

(一) 明确需要评估的知识产权类型

知识产权的类型主要包括专利权、专有技术、商标、版权(计算机软件、影视作品)等。

1. 专利权

专利权(又称专利)是发明创造人或其权利受让人对特定的发明创造在一定期限内依法享有的独占专有权。我国专利法规定专利保护对象有发明(inventions)、实用新型(utility models)和外观(工业)设计(industrial design)。发明是指对产品、方法或者其改进所提出的新的技术方案,分为产品发明和方法发明两种类型,其中,产品发明是关于新产品或新物质的发明,方法发明是指为解决某特定技术问题而采用的手段和步骤的发明。实用新型是对产品的形状、构造或者其结合所提出的适于实用的新的技术方案。实用新型专利只保护产品。该产品应当是经过工业方法制造的、占据一定空间的实体。一切有关方法(包括产品的用途)以及未经人工制造的自然存在的物品不属于实用新型专利的保护客体。外观设计又称为工业品外观设计,是指对产品的形状、图案或者结合以及色彩与形状、图案相结合所作出的富有美感并适于工业上应用的新设计。外观设计的载体必须是用工业方法生产出来的产品,任何不能重复生产农产品、畜产品、自然物不能作为外观设计的载体。

发明专利及实用新型专利的授权条件为新颖性、创造性、实用性,即俗称的"三性"。新颖性,是指该发明或者实用新型不属于现有技术;也没有任何单位或者个人就同样的发明或者实用新型在申请日以前向国务院专利行政部门提出过申请,并记载在申请日以后公布的专利申请文件或者公告的专利文件中。创造性,是指与现有技术相比,该发明具有突出的实质性特点和显著的进步,该实用新型具有实质性特点和进步。实用性,是指该发明或者实用新型能够制造或者使用,并且能够产生积极效果。外观设计专利的授权需要满足的条件为:不属于现有设计,也没有任何单位或者个人就同样的外观设计在申请日以前向国务院专利行政部门提出过申请,并记载在申请日以后公告的专利文件中,并且与现有设计或者现有设计特征的组合相比具有明显区别。

我国对发明专利申请须进行实质审查,对于实用新型和外观设计专利申请则只进行形式审查。经实质审查没有发现驳回理由的发明专利申请和经初步审查没有发现驳回理由的实用新型与外观设计专利申请,由国家知识产权局作出授予发明专利权的决定,发给相应类型专利证书,同时予以登记和公告。发明创造被授予专利权后,任何单位或个人发现有不符合专利法有关规定的,都可以向专利复审委员会申请宣告该专利权无效。专利权被宣告无效后,专利权视为自始即不存在。

发明或者实用新型专利权的保护范围以其权利要求的内容为准,说明书及附图可以用于解释权利要求的内容。外观设计专利权的保护范围以表示在图片或者照片中的该产品的外观设计为准,简要说明可以用于解释图片或者照片所表示的该产品的外观设计。

发明专利权的保护期限为 20 年,实用新型专利权和外观设计专利权的保护期限为 10 年,均自申请日起计算。专利权期限届满后,专利权终止。专利权期限届满前,专利权人可以书面声明放弃专利权。专利权人自被授予专利权的当年开始应当缴纳年费。未按规定缴纳年费的,可能导致专利权终止。

2. 专有技术

专有技术(know-how)又称为非专利技术、技术秘密,是指不为公众所知悉,具有实用性,能为拥有者带来经济收益,并为权利人采取保密措施的技术信息,包括生产某项产品的专门知识操作经验和技术。专有技术最本质的特征是其秘密性,拥有者必须采用相应的保密措施使其不为公众所知悉才能获得该专有技术权。一旦泄密被他人获悉,则因其专有性不复存在,权利也将失去。《中华人民共和国技术合同法》和《中华人民共和国反不正当竞争法》都对专有技术的法律保护作出了相应的规定。

专有技术与专利技术有很大不同(见表 5-4),无论是在存在形式还是在技术形态上,因此,专有技术存在与否的证明往往是利用专有技术的前提。

表 5-4 专利技术与专有技术区别表

比较内容	专有技术	专利技术
存在条件	保密	法律保护
保护时间	无时间限制	有时间限制
技术内容保密性	保密	公开
技术要求	不一定是新的发明创造	必须有新颖性、创造性和实用性
技术形态	动态、发展、可变	静态、固定

3. 商标权

商标是具有显著性的区别性标志，可由文字、图形、字母、数字、三维标志、颜色组合或者上述要素的组合构成。经注册登记的商标享有专用权，受到法律保护；未经注册的商标可以使用但不具有专有权。

商标权人享有的基本权利是商标专用权与禁止权。专用权是商标权中最基本的核心权利，但注册商标的专用权以核准注册的商标和核定使用的商品为限，即注册商标只能在注册时所核定的商品或者服务上使用，而不及于类似的商品或者服务；商标权人也不得擅自改变构成注册商标的标志，使用与其注册商标不相同的商标。禁止权是指注册商标所有人有权禁止他人未经其许可，在同一种或者类似商品或服务上使用与其注册商标相同或近似的商标。驰名商标是为相关公众广为知晓并享有较高声誉的商标。相对于一般注册商标，驰名商标的法律保护力度较大，它不仅能够禁止他人未经许可在相同或者类似商品或服务上使用与驰名商标权利人商标相同或者近似的商标，即使是在不相同或者不相类似的商品或者服务上申请注册或者使用的是与驰名商标相同或者近似的标志，也都为法律所禁止；同时，与一般未注册商标在法律上不享有排他性专有权利不同，未注册的驰名商标被赋予了类似于注册商标的专有权。

在我国，商标权有效期 10 年，自核准注册之日起计算，期满前 12 个月内申请续展，在此期间内未能申请的，可再给予 6 个月的宽展期。续展可无限重复，每次续展期 10 年。

4. 版权

版权（又称著作权）是指文学，艺术，科学作品的作者对其作品依法享有的权利。在我国，版权自作品创作完成之日起产生；版权登记不是取得版权的前提条件，但版权登记文件可以作为版权主张的证明文件。版权分为著作权及邻接权，著作权是创作作品的人享有的权利，如创作小说、诗词、散文、绘画、书法等的作者以及制作电影作品制片人；邻接权是传播作品的人所享有的权利，是法律对于为传播作品而付出的创造性劳动或者投资给予的回报，如表演者、录音录像制品制作者、广播电视台、出版社。版权与其他知识产权不同，其权利内容同时包括人身权和财产权，且各有数项。人身权包括发表权、署名权、修改权、保护作品完整权，财产权包括复制权、发行权、出租权、展览权、表演权、放映权、广播权、信息网络传播权、摄制权、改编权、翻译权、汇编权以及应当由版权人享有的其他权利。版权的保护期限各国法律并不完全相同。在我国，自然人作品财产权利的法律保护期限是作者终身加其死后 50 年，署名权等人身权利无期限限制；法人作为无生命的实体，其作品的保护期是作品首次发表后 50 年。

随着我国版权产业的发展，对于版权的经济利用日趋活跃，其中比较多涉及的是以下两类：

（1）计算机软件版权。计算机软件（以下简称软件）是指计算机程序及其有关文档。根据我国著作权法的规定，计算机软件是受法律保护的作品形式之一。2001 年颁布、2011 年第一次修改、2013 年第二次修改的《计算机软件保护条例》是对软件实施著作权法律保护的具体法律。

（2）影视作品版权。影视作品通常包括电影与电视剧。根据我国著作权法律的规定，电影作品和以类似摄制电影的方法创作的作品，是指摄制在一定介质上，由一系列有伴音或者无伴音的画面组成，并且借助适当装置放映或者以其他方式传播的作品。与一般作品不同的是，影视作品的著作权由制片者享有。

（二）确定需要评估的知识产权结构

按照评估需求，需要评估的知识产权结构一般可分为单一知识产权与知识产权组合。对单一知识产权的价值评估，可在明确其权属后进行知识产权类型确定，以理解需要评估对象的综合法律特征；对知识产权组合的价值评估，则相对较复杂。

评估中讲到的知识产权组合，是指由若干单项知识产权组成的，在长期使用过程中，共同作用于特定对象，相互匹配、不可分割的知识产权综合体。组合的关键是组成该组合的各项知识产权之间是有联系的，有时是自然的联系，如有时候一项技术会涉及多个专利，这些专利之间应该是互补的，共同作用才构成某一完整技术；有时是由于共同的产品才组合在一起，如商标和专利，共同服务于特定产品才组合在一起。该组合能发挥不同于其构成要素的单项知识产权所发挥的作用，组成知识产权组合的各单项知识产权之间具有一定的匹配关系，知识产权组合的市场价值不一定等于组成该组合的各单项知识产权独立进行市场交易所能实现的市场价值之和。在评估实践中，常见的知识产权组合有以下几种。

1. 专利组合

以单个专利为主导的时代已经过去，在新的专利世界中整体专利组合的价值将远远大于局部单个专利价值之和，因此，专利组合是当前比较主要的知识产权组合形式。2011 年，谷歌公司（Google）出价 9 亿美元购买由已破产的加拿大电信设备制造商北电网络（Nortel Networks）持有的一系列专利组合，此举使 Google 在移动软件领域上的专利量大增，从而使其在未来的诉讼中拥有更多谈判筹码。

从战略意义上看，专利组合主要分为两大类：一类与专利组合的规模特征有关，即利用组合中专利的相互关联性形成一个完整的、保护范围更大的"超级专利"；另一类与专利组合的多样化特征有关，内部单个专利的差异带来的多样化可有效降低创新不确定性带来的风险,即"不确定性保险能力"。这两种组合都能形成更强大的竞争力,其追求的不是"1+1=2",而是"1+1>2"。

从专利类型上看,发明专利与实用新型专利或者外观设计专利的各种组合方式也称为专利组合。这可能是基于专利保护战略的需求。如一项新产品在开发时,不仅要注意研究新方法、新结构,而且还应注意设计一个新的形状与外观并申请相应的专利,其中新的方法可申请发明专利,新的结构可申请实用新型产品外观设计可同时申请外观设计专利,这样,基于一个新产品而申请一整套专利,形成一个立体专利保护系统。由于该类专利具有系统性与整体性,因而,一般不宜分开。无论是"静态"评估还是"动态"评估,作为专利组合其价值更高。

2. 专利与专有技术的组合

专利法律制度的一个重要特征是公开,所有专利权利获得垄断权利的对价就是须将其技术方案公开,这样,才可实现公共利益与专利权人利益的平衡。对技术发明者个人而言,彻底的公开多少是不情愿的,而法律又会限制对同一技术即申请专利公开不彻底的情况①,

为了更有效地保护自己的发明创造,保证自己经济利益的最大化,发明创造者往往在将同一发明的某些技术方案申请为专利的同时,不放弃对通过产品解剖或者化验的途径难以获得的技术诀窍作为专有技术或者技术秘密自行保护,使他人仅从公开的专利文件获得的资料无法进行仿制或者仿制后达不到先进的技术效果。因此,专利与专有技术的组合在现实中也是很多见的一种知识产权组合。

3. 专利与商标的组合

专利权与商标权均为知识产权,但其功能发挥角度是不一样的。专利技术为商品之内在,其从商品内部通过技术手段挖掘与提升商品价值;商标为商品之外在,其在商品外部通过标识贴附增加与加强商品价值。一个商品,有商标无专利,产品不具有根本吸引力;有专利无商标,则产品不具有眼球吸引力。现代社会,从发挥知识产权之于商品的最大效用出发,既包含专利技术又有商标的商品是最有价值的商品。因此,有商标的企业会致力于技术创新,有专利的企业会致力于打造令人信服的品牌,专利与特定商标捆绑在一起,既可通过专利实施获得技术效益,又可通过技术许可让被许可方为自己的商标做推广应用,提高商标的知名度。这就是专利与商标形成的强大知识产权组合。

4. 版权与商标的组合

如果没有日益增长的版权贸易,版权与商标的结合可能不会像今天这样如此多

---

① 因权利所要求保护的技术方案在说明书中公开不充分而导致该专利权无效的依据是:我国《专利法》第二十六条第3项规定:"说明书应当对发明或者实用新型作出清楚、完整的说明,以所属技术领域的技术人员能够实现为准;必要的时候,应当有附图。摘要应当简要说明发明或者实用新型的技术要点。"《专利法实施细则》第六十五条规定:"依照专利法第四十五条的规定,请求宣告专利权无效或者部分无效的,应当向专利复审委员会提交专利权无效宣告请求书……具体说明无效宣告请求的理由,并指明每项理由所依据的证据。前款所称无效宣告请求的理由,是指被授予专利的发明创造不符合专利法第二条……第二十六条第三款……的规定,或者属于专利法第五条……规定不能取得专利权。"

见。由于版权作品的个性化特点，其除了存在版权及财产权利利用时的小权利组合，一般情况下，都是单独产生经济价值的，如通常的影视作品信息网络传播权的许可，许可涉及的就是该影视作品的信息网络传播权。但是，随着版权产业的兴起，以表达个体思想与情感的版权作品越来越明显地表现出商业化运作的倾向，甚至可能正在产生一种新的版权—商业版权，导致法人作品增多，对商标与版权的组合更为关注。版权保护的是作品的表达形式，商标保护的是使用于作品上表明创作者的一种标记。这二者分别从不同的角度对知识产权所有者进行保护，形成单一保护所不能起到的作用。

二、选择评估方法

知识产权的价值可以从以下三个方面得到体现：第一，利用这项知识产权能为投资者创造多少的未来收益——从收益角度；第二，看获得该项知识产权所需支付的费用金额——从成本角度；第三，看市场上同类知识产权的交易价格——从市场角度。这样就产生了知识产权评估的基本方法：收益法、成本法及市场法。但是，由于知识产权价值与其创制成本的弱对应性，且市场同类产品可比性不强，因此，简单沿用成本法和市场法评估尚不完全适用，通常情况下，知识产权价值评估以选择收益法较为合适。如根据美国评估公司在评估方法选择的统计看，专利、版权、商标一般均用收益法进行评估，软件及商业秘密采取收益法或成本法。

从评估实践出发，可基于不同的评估出发点确定知识产权价值评估的方法。如基于评估目的与基于权利类型的评估方法推荐（见表5-5、表5-6）。

表5-5　　　　基于评估目的的知识产权价值评估方法的适用推荐

目的	成本法	收益法	市场法
转让	＋	＋＋＋	＋＋
许可	＋	＋＋＋	＋＋
质押	＋	＋＋＋	＋＋
出资	＋	＋＋＋	＋＋
侵权诉讼	＋	＋＋＋	＋＋
内部管理	＋＋＋		＋＋

注：＋＋＋、＋＋、＋推荐还是普遍适用。

表5-6　　　　基于权利类型的知识产权价值评估方法的适用推荐

类型	成本法	收益法	市场法
专利、专有技术	△	△△	

续表

类型	成本法	收益法	市场法
商标	△△		
版权、计算机软件	△△	△	

注：△△表示推荐使用，△表示可使用。

第四节　专利权价值评估

 一、专利技术价值评估方法选择

由于技术成本与技术价值呈现明显的弱对应性，技术成本计算缺乏准确性等原因，使得用成本法来评估技术价值，一般情况下不能充分体现技术价值的特殊性，在实际操作中也很难得出准确的评估结果，所以成本法一般不适于技术价值评估。而市场法适用的基本前提应当是存在比较活跃的同类专利技术市场，但是我国尚不存在比较活跃的技术交易市场，不同专利技术之间的差异性过大和市场交易资料与数据公开程度不够、市场交易结果本身受其他因素影响过多等原因，使得用市场法进行价值评估的很多条件先天不足。相比之下收益法评估技术价值具有普遍的合理性。

（一）收益法符合技术交易的目的

收益法是通过对专利技术在使用状态下所产生的预期收益来评估其价值，这与技术交易的目的相一致。专利技术的价值在于其有用性，而有用性的根本就是能为交易主体带来超额收益。收益高，则价值大；收益低，则价值小，这是一个显而易见的道理，没有人会以高于其产出价值的价格购买一项技术，除非有其他考虑。因此，以技术在使用过程中所带来的经济效益为评估基础的收益法相对更适合于技术价值评估。美国的专利资产评估实践也是如此。

（二）收益法评估技术价值具有可操作性

收益法为提供合理的技术价格预期提供了依据，促进了交易实现。实践中，对于已有实际运用的专利技术或能预期其运用的专利技术来说，采用收益法评估具有可行性。

（三）收益法是专利权价值评估的主要方法

专利技术能够产生超额经济收益，是技术交易的基础。只有技术交易双方都预期从一项技术中能获得经济收益，即各方的总收入均大于其总成本，这时的技术评估值才能被接受。对技术提供方来说,能够接受的技术评估值应该是在扣除技术转让总成本之后还能获得合理的利润;对技术受方来说,可接受的技术评估值应该是其使用技术所带来的超额利润,如表5-7所示。可见,以收益法来评估其价值是合理的。

表5-7　　　　　　　　　　　　技术价格构成表

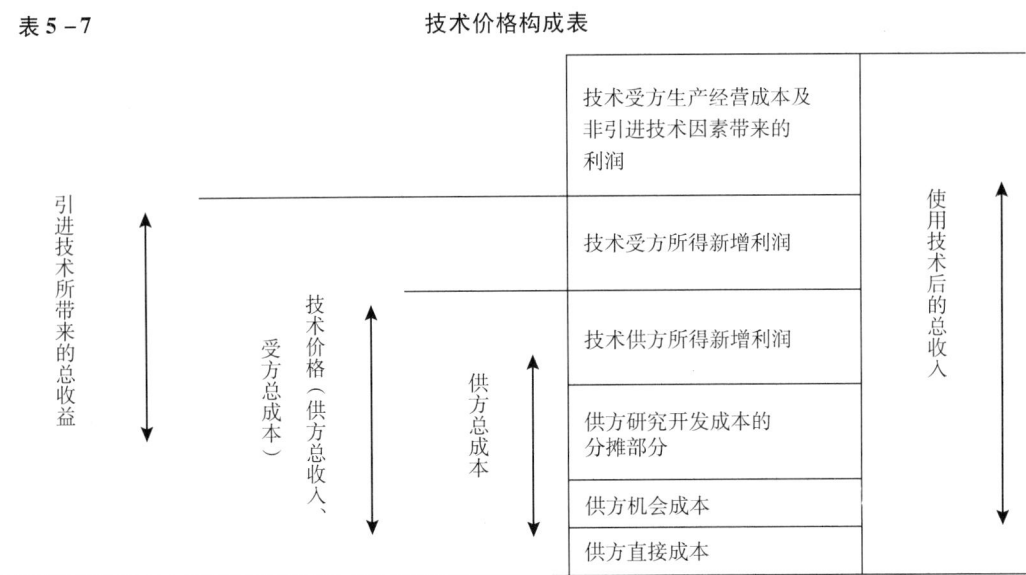

而市场法在实际的技术资产评估业务中很难适用,因为技术价值评估难以满足市场法应用的前提条件;而成本法由于没有考虑和体现技术价值的特殊性,评估出的成本只代表技术的投入价值而不代表其产出价值,无法准确评估技术中复杂劳动的量,其评估值远低于技术的真实价值,不能适用于技术价值的评估。

当然,需要特别说明的是,收益法的适用并不是万能的。对于无实际运用或无法预期其运用的专利技术来讲,采用成本法评估仍然是可行的选择。

二、适用收益法进行专利权价值评估的具体问题

(一) 适用收益法进行专利权价值评估的一般程序

第一,确定评估对象的专利类型及权属情况,明确评估范围。

评估对象是何种类型的专利权是非常重要的问题。在评估时不仅要弄清楚专利的权属、内涵、关注其稳定性和法律的保护期限,更为重要的是对实用新型专利有效性的分析,由于它决定着待估技术是否有价值,因而必须在评估之前进行。

仔细阅读专利权利要求书或者查看体现外观设计专利的图片或照片,明确权利保护

范围。因专利法对实用新型专利权只保护其产品,所以要关注其专利产品侵权判定难度,也就是要把握好权利要求书所记载的必要技术特征。

第二,设计建立评价指标体系,确定指标标值与指标权重,对影响专利权价值的法律因素、技术因素、经济因素、市场因素和风险因素以及实施方的实力技术转让方式等因素要逐一准确分析并采用科学的方法予以量化。

第三,分别选取并确定参数。

第四,按照收益法的公式进行计算并得出结论。

(二) 适用收益法进行专利权价值评估的具体工作

1. 专利技术的查验分析

第一,专利技术的存在性查验,可以进行专利检索。

第二,专利技术的特征分析说明。包括专利技术的技术特征、专利技术所形成的产品及性能特点、各专利技术产品所直接使用的专利、专有技术及其他专利技术产品、专利技术与密切相关的技术比较所具有的区别特征、专利技术的技术成熟程度、专利技术的相关配合说明。

第三,专利技术的应用情况分析说明。包括评估对象应用范围分析说明、专利技术的经济效益分析、专利技术的社会效益分析。

第四,专利技术价值影响因素分析说明。包括宏观经济环境的影响、专利技术所处的行业状况及前景、专利技术所处企业状况及前景、专利技术的法律状态的影响分析、专利技术产业化不确定因素对评估的影响分析、专利技术产品的市场需求对评估影响的分析、专利技术经济寿命对评估的影响。

2. 建立评价指标体系,确定指标标值与指标权重

(1) 建立评价指标体系。科学的评估依赖于评估指标。由于技术的复杂性往往需要通过多指标的综合评估,才能反映技术的综合信息,因此,评估指标体系的建立是科学评估的重要基础。科学的评估指标体系建立应遵循系统性、可比性、独立性、可测性、科学性五大原则,并结合本章第一节所述的影响专利权价值评估的各种因素,这样建立的评估指标体系才能够说明被评估专利技术的综合水平,才能完整系统地反映被评估专利技术的全部信息,实现评估的目的。

实践中,针对特定专利的指标评价体系与泛泛而谈的专利价值评估指标体系的不同之处在于,其可以根据该项专利的特点及大体情况,只将对其价值评估较有影响的因素列出,而无须全面分析所有因素。如对一个无多少市场交易案例的专利权利,如果也基本上不想以其成本作为专利价值评估的唯一或者主要方法的,可以只列出以下评价指标(见图5-2)。

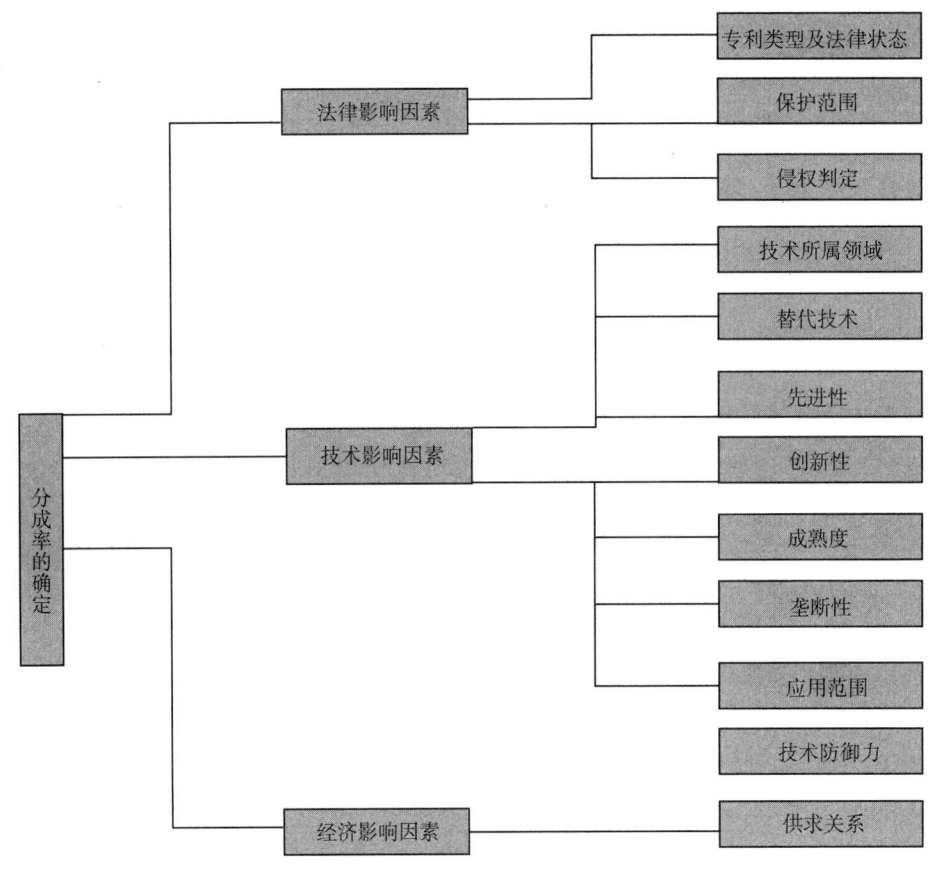

图 5-2 专利评价指标体系

（2）确定指标标值与指标权重。评估指标体系确定后，还要确定每个指标的相对重要度，即明确指标权重。指标权重主要根据其在评估指标体系中的地位以及管理方式来确定。同一组指标数值，不同的权重系数会有截然不同的甚至相反的评估结论。因此合理确定评估指标权重对评估结论有着重要意义。

根据所列指标体系设计法律因素、技术因素、经济因素、市场因素及风险因素的量化测评表并根据专利技术情况进行评值。如根据图 5-2 所示的指标体系确定的指标标值及指标权重可用表 5-8 表示。

表 5-8　　　　　　　　　专利指标标值及指标权重表

权重	考虑因素		权重	分值					
				100	80	60	40	20	0
0.3	法律因素	专利类型及法律状态（1）	0.4						
		保护范围（2）	0.3						
		侵权判定（3）	0.3						

续表

权重	考虑因素	权重	分值					
			100	80	60	40	20	0
0.5	技术因素	技术所属领域（4）	0.1						
		替代技术（5）	0.2						
		先进性（6）	0.2						
		创新型（7）	0.1						
		成熟度（8）	0.2						
		应用范围（9）	0.1						
		技术防御力（10）	0.1						
0.2	经济因素	供求关系（11）	1.0						

取值说明：

①专利类型及法律状态。发明专利、经异议、无效或撤销程序的实用新型专利（100）；发明专利申请、实用新型专利（40）。

②保护范围。权利要求涵盖或具有该类技术的某一必要技术特征（100）；权利要求包含该类技术的某些技术特征（50）；权利要求具有该类技术的某一技术特征（0）。

③侵权判定。待估技术是生产某产品的唯一途径，易于判定侵权及取证（100）；通过对某产品的分析，可以判定侵权，取证较容易（80）；通过对某产品的分析，可以判定侵权，取证存在一定困难（40）；通过对产品的分析，判定侵权及取证均存在一些困难（0）。

④技术所属领域。新兴技术领域，发展前景广阔，属国家支持产业（100）；技术领域发展前景较好（60）；技术领域发展平稳（20）；技术领域即将进入衰退期，发展缓慢（0）。

⑤替代技术。无替代产品（100）；存在若干替代产品（60）；替代产品较多（0）。

⑥先进性。各方面都超过（100）；大多数方面或某方面显著超过（60）；不相上下（0）。

⑦创新性。首创技术（100）；改进型技术（40）；后续专利技术（0）。

⑧成熟度。工业化生产（100）；小批量生产（80）；中试（60）；小试（20）；实验室阶段（0）。

⑨应用范围。专利技术可应用于多个生产领域（100）；专利技术应用于某个生产领域（50）；专利技术的应用具有某些限定条件（0）。

⑩技术防御力。技术复杂且需大量资金研制（100）；技术复杂或所需资金多（50）；技术复杂程度一般、所需资金数量不大（0）。

⑪供求关系。解决了行业的必需技术问题，为广大厂商所需要（100）；解决了行业一般技术问题（50）；解决了生产中某一附加技术问题或改进了某一技术环节（0）。

3. 确定风险报酬率

对专利技术投资而言，风险系数由权利风险系数、技术风险系数、市场风险系数、经营风险系数之和确定。根据目前评估惯例，各个风险系数的取值范围在 0~5%，而具体的数值则根据评测表求得。

A. 权利风险（见表 5-9）

表 5-9　　　　　　　　　　　专利权利风险因素及系数

权重	考虑因素	分值					
		100	80	60	40	20	0
0.6	权利稳定性风险（1）						
0.4	权利侵权风险（2）						

取值说明：

（1）权利稳定性风险：权利有效（0）；欲被他人提起专利无效请求（20）；权利无效请求立案中（40）；权利无效审查中（80）；权利无效（100）。或者发明专利及经过无效、撤销及异议的实用新型（含外观设计）专利（0）；实用新型（含外观设计）专利（60）；处于申请阶段的专利（100）。

（2）权利侵权风险：不侵权也未被侵权（0）；权利被侵权审查中（20）；权利侵权审查中（40）；权利被侵权（80）；权利侵权（100）。

B. 技术风险（见表 5-10）

表 5-10　　　　　　　　　　专利技术风险因素及系数

权重	考虑因素	分值					
		100	80	60	40	20	0
0.3	权利转化风险（1）						
0.3	技术实施风险（2）						
0.4	技术替代风险（3）						

取值说明：

（1）技术转化风险：工业化生产（0）；小批量生产（20）；中试（40）；小试（80）；实验室阶段（100）。

（2）技术实施风险，实施条件完善（0）；相关技术在细微环节需要进行一些调整以配合待估技术的实施（20）；相关技术在某些方面需要进行一些调整以配合待估技术的实施（40）；某些相关技术需要进行开发以配合待估技术的实施（60）；相关配合技术的开发存在一定的难度（80）；实施条件尚不具备。

(3) 技术替代风险。无替代产品（0）；存在若干替代产品（40）；替代产品较多（100）。

C. 市场风险（见表 5–11）

表 5–11　　　　　　　　　专利市场风险因素及系数

权重	考虑因素		分权重	分值					
				100	80	60	40	20	0
0.4	市场接受风险（1）		0.4						
0.6	市场竞争风险	市场现有竞争风险（2）	0.7						
		市场潜在竞争风险（3）	0.3						

市场潜在竞争风险评测表（见表 5–12）。

表 5–12　　　　　　　专利市场潜在竞争风险因素及系数

权重	考虑因素	分值					
		100	80	60	40	20	0
0.3	规模经济性（A）						
0.4	投资额及转换费用（B）						
0.3	销售网络（C）						

取值说明：

（1）市场接受风险。市场接受程度高（0）；市场接受程度一般，但发展前景好（20）；市场接受程度一般且发展平稳（40）；市场接受程度小，且呈下降趋势（80）；市场接受程度很低（100）。

（2）市场现有竞争风险。市场为新市场，无其他厂商（0）；市场中厂商数量较少，实力无明显优势（20）；市场中厂商数量较多，但其中有几个厂商具有较明显的优势（60）；市场中厂商数量众多，且无明显优势（100）。

（3）市场潜在竞争风险，市场潜在竞争风险由以下三个因素决定。

①规模经济性。市场存在明显的规模经济（0）；市场存在一定的规模经济（40）；市场基本不具规模经济（100）。

②投资额及转换费用。项目的投资额及转换费用高（0）；项目的投资额及转换费用中等（40）；项目的投资额及转换费用低（100）。

③销售网络。产品的销售依赖固有的销售网络（0）、产品的销售在一定程度上依赖固有的销售网络（40）、产品的销售不依赖固有的销售网络（100）。

D. 经营风险

资金风险（见表5-13）。

表5-13　　　　　　　　　　　企业资金风险及系数

权重	考虑因素	分值					
		100	80	60	40	20	0
0.5	融资风险（1）						
0.3	流动资金风险（2）						

取值说明：

（1）融资风险。项目的投资额低（0）；项目的投资额中等（40）；项目的投资额高（100）。

（2）流动资金风险。项目的流动资金低（0）；项目的流动资金中等（40）；项目的流动资金高（100）。

管理风险（见表5-14）。

表5-14　　　　　　　　　　　企业管理风险及系数

权重	考虑因素	分值					
		100	80	60	40	20	0
0.4	销售服务风险（1）						
0.3	质量管理风险（2）						
0.3	技术开发风险（3）						

取值说明：

（1）销售服务风险。已有销售网点和人员（0）；除利用现有网点外，还需要建立一部分新销售服务网点（20）；必须开辟与现有网点数相当的新网点和增加一部分新人力投入（60）；全是新网点和新的销售服务人员（100）。

（2）质量管理风险。质保体系建立完善，实施全过程质量控制（0）；质保体系建立但不完善，大部分生产过程实施质量控制（40）；质保体系尚待建立，只在个别环节实施质量控制（100）。

（3）技术开发风险。技术力量强，R&D投入高（0）；技术力量较强，R8D投入较高（40）；技术力量一般，有一定R&D投入（60）；技术力量弱，R&D投入少（100）。

（4）选取合适的参数。用收益法对专利资产进行评估在很大程度上是基于预测作出的，它强调的是资产在未来的使用效果。因此，在评估过程中，参数的选取具有一定的灵活性与复杂性。

①收益额的测算。

第一,收益额的测算原则。

收益额的测算原则包括:现实与未来相结合的原则、客观性和预测性相结合的原则及资产最佳利用原则。

第二,收益额的测算方法。

收益额的测算主要有三种方法:利润总额法、净利润法及净现金流量法。由于净利润法能比较客观地反映了公司的实际经营业绩,符合公司产权交易的目的,且当专利技术为已实施的专利,其经济效果和市场前景都比较明朗,并且有一定的历史数据可供参考。因此,预测起来相对简单一些,可由预测学中的各种方法得到。在评估中,评估人员首先识别增长曲线类型,而后进行参数估计,得到拟合方程,然后对拟合方程的拟合度进行检验,并进行显著性检验,如果方程通过检验,则可以使用它进行未来销售收入的预测。

②收益期限的确定。

A. 收益期限确定的方法。

收益期限在本次评估中的确定主要有两种方法:法定专利年限法和技术经济寿命法。依据本次评估对象的具体情况和资料分析,按孰短原则来确定评估收益期限。

B. 收益期限确定的依据。

剩余法定年限确定是根据我国专利法有关保护期限的规定,发明专利保护期限自申请之日起 20 年、实用新型及外观设计 10 年,超过保护期后,这些技术便成为公知技术,不再受专利法保护。授权专利从保护期起始日开始至评估基准日时其剩余法律保护期限为剩余法定年限技术寿命确定是根据该项技术的专利类型及该技术领域技术寿命的一般情况进行确定。如果评估对象为实用新型专利技术,且该技术所属领域的专利申请较多,各种新技术、新方法不断出现,该领域技术寿命一般不会超过 10~15 年。

C. 确定专利技术分成率。

第一,确定专利技术分成率的取值范围。

根据专利技术属于何种领域来确定其技术分成率是最简便的方式。如,该技术属于机械制造行业技术领域,根据联合国公布的统计数据,其销售额提成率的取值范围就可确定在 3%~4.5%。

第二,根据分成率的评测表,确定专利技术的分成率调整系数。

第三,确定专利技术的分成率。

可采用下述公式计算:

$$R = m + (n - m) \times r$$

其中:R——被估专利的分成率;

m——分成率的取值下限;

n——分成率的取值上限;

r——分成率的调整系数。

4. 确定折现率

折现率的确定方法一般采用国际通用的社会平均收益率法模型来估测评估中的适用

折现率。即：折现率＝无风险报酬率＋风险报酬率。其中，无风险报酬率一般考虑社会平均报酬率，一般选取当年中国人民银行发行的五年期国债利率。对专利技术投资而言，风险系数由技术风险系数、市场风险系数、资金风险系数及管理风险系数之和确定，风险报酬率因此确定。最后二者相加确定折现率。

第五节 商标权的价值评估

商标权是一项重要的知识产权，无论是在商标侵权诉讼中进行商标评估，还是在商标权人转让其注册商标或者许可他人使用以及以商标作为资本出资时进行商标评估，恰当评估其价值，不仅有助于权利人权利的有效行使和法律保护，也有利于发挥与促进商标权价值的实现。

一、商标权价值评估的对象界定

（一）商标权价值评估的对象是商标权

商标权价值评估的对象是商标权，而并不是对构成商标标识的文字或图形进行评估。在我国，习惯性混用"商标价值评估"与"商标权价值评估"是自然而又常见的情况，但这并不表明评估对象的变化，也并没有影响商标价值评估实践，但是，由于商标标识的具象性及商标权的抽象性，表述上的这种混同有可能影响我们对商标权价值评估实质的理解。所以，仍需要在研究本章开始就确定"商标评估"并不是评估有关商标作为标识的那些文字或者图形设计本身的价值，虽然评估时又不能完全抛开有关标识的文字或图形不问，即使是"商标评估"，评估的仍然是作为知识产权的商标权。

（二）价值评估中涉及的商标一般是注册商标

价值评估中涉及的商标一般是注册商标而不是未注册商标。未经注册的商标，除驰名商标外，不具有商标专用权，一般不能成为商标权价值评估的对象。正在申请注册中的商标是否能够取得商标专用权，还存在着一定的不确定性，在法律上其性质仍为未注册商标。因此，除驰名商标外，商标价值评估的一般是注册商标。

未注册商标是未申请注册或虽经法定程序申请但未获核准以及尚未被核准注册的商业标记。虽然我国近年来注册商标申请及授权数均很高，但未注册商标仍然数量庞大。在实行注册取得商标专用权制度的国家，未注册商标权利的不确定性十分明显，并且法律保护力度十分有限。例如，在我国，当两个以上生产相同或类似商品的企业拥有的商标相同或近似时，根据注册原则，申请在先者将获准注册。对于申请在后者来说，一旦他人商标获准注册，其正常情况下不能继续使用其商标，否则即构成侵权；同时，由于未注册商标使用人对未注册商标使用是一种事实,而非一种权利,如果他人未经许可,在相同或者类似商品上使用与未注册商标相同或者近似的标识,基于未注册商标不具有排他性的商标专用权,一般情况下,其无权要求他人停止使用并不可能从中获得任何利益补偿。因此,现实中未注册商标作为市场交易对象及利用对象的机会都很少,绝大多数情况下,所谓"商标"的价值评估一般是"注册商标"的价值评估。

(三)商标权价值评估不能等同于品牌价值评估

商标与品牌是两个既有联系又有区别的概念,商标价值评估与品牌价值评估也不完全相同。

第一,商标仅仅是一种商业标识,是一种区别性的标记,由具体的可识别的图案、文字等组成;而品牌虽以商标为其外在表现特征,但还包括产品的质量、品质和服务等,内涵更丰富,虽然其基础是商标,但其价值所涵盖的范围远不止于商标本身。有的时候,一个品牌不仅具备商标、标识、商品外观、包装、营销策略、颜色运用、消费者对品牌形象联想等要素,甚至包括生产细节、技术说明、客户资源等更多延伸性元素。由此,商标权评估对象单一,而品牌价值评估是对一组对象的综合评价。

第二,商标是一个法律概念,而品牌则是市场概念。与商标相比,品牌更具市场意义,包含了企业的产品、产品的商标、企业的服务和文化等元素。因此,不论商标是否使用,其本身是有一定价值且也是可以评估的;品牌则不然,其价值只有在使用过程中才可以体现,对品牌价值的评估通常只能是对那些被市场接受的品牌的评估。

第三,商标权评估的目的一般是为商标交易服务,其科学性要求较高,评估结果是一个确定的价值量或价值区间;而品牌价值评估的目的一般是研究该品牌当前的市场竞争力因此品牌价值评估主要考虑各品牌之间的比较性,对具体值的看重程度不明显。

综上,商标权价值评估不同于品牌价值评估,品牌价值评估也不能完全替代商标价值评估。服从于具体交易目的的是商标权价值评估,服从于资产认知功能的是品牌价值评估。

二、商标权价值评估的方法选择

商标权价值评估的基本方法选择。评估方法是分析和判断资产价值的手段和途径。目前评估中使用的三种基本方法分别是:市场法、成本法和收益法。如何判断这些评估方法与商标权价值评估要求之间的适应性,在什么样的情况下选择何种评估方法呢?

1. 商标权价值评估基本方法及分析

(1)成本法。成本法包括历史成本法与重置成本法。历史成本法是直接依据商标资产的购置或开发的全部原始成本,包括设计、创意、广告、促销、研究、开发、商标注册等一系列开支进行估价。重置成本法是指在现有市场条件和技术条件下，重新生产开发一个同样价值的商标权所需要的成本作为商标的价值的一种方法。一般而言，商标成本包括以下几个方面：

第一，商标的设计费用。商标可通过自行设计、委托他人设计、招标等方式获得，这些均会产生一定的费用。商标的设计需付出相当多的时间和精力，需依赖一定的材料和设备。现代企业为获得较好的效果，把委托他人设计商标作为捷径，但费用日益看涨。一般来说，委托他人设计和招标，因设计要求不同，支付的费用也由不足百元至数万元不等，有的还要更多。例如，2006年底，我国著名的汽车民营企业浙江吉利集团，出资300万元面向社会公开征集新的车标，引起较大反响。又如，美国美孚石油公司为更新"埃索"石油商标，聚集了语言学、社会学、心理学、统计学等多方面的专家，耗时5年，调查了55个国家的语言，设计了1万多个商标，最后公司选中的商标仅比"埃索"多一个字——"埃索克"，却耗费了1.2亿美元。

第二，商标的注册费用。根据我国商标法及其实施细则的规定，商标注册及其维持需要交纳费用，一般来说，目前申请一件普通商品商标的费用是2000元左右。注册费因商标类型、种类不同而不同。为避免申请注册的商标与他人注册在先（含申请在先）的商标构成相同或者类似商品上的近似商标而需进行事先查询，也须付查询费。一件直接申请的普通商品商标的注册费是1000元；而经多程序获准注册的商标所花费的查询费、代理费、注册费、驳回复审申请费、异议申请费、异议复审申请费、诉讼费用及办理相关事项时花费的交通、住宿等费用则需数千至数万元不等。

第三，维持成本。包括：异议费用与诉讼费用。商标权人对后申请的使用在相同或者类似商品上的与其相同、近似的初审公告的商标提出异议；对已注册的使用在相同或者类似商品上的与其相同、近似的商标在法律规定的时间内提出争议。另外，已在我国注册的驰名商标，对在不相同或者不类似商品上初审公告的商标是复制、模仿或者翻译其商标的提出异议；对已注册的商标是复制、模仿或者翻译其商标的提出争议。提异议、争议均须缴纳规费。向人民法院起诉因他人侵犯注册商标专用权引起的纠纷需投入人力、物力。按照《人民法院诉讼收费办法》的规定，对于诉讼案件需要收取案件诉讼费，包括案件受理费；庭审材料和法律文书复制费勘验、鉴定、公告、翻译费；证人、鉴定人、翻译人员出庭的交通费、住宿费、生活费和误工补贴费，采取诉讼保全措施的申请费和实际支出的费用、律师代理费用。

第四，交易成本。商标交易所产生的所有费用，包括谈判费用与实际交易费成本法应用于商标价值评估的前提条件是：被评估商标或者是一般未注册商标，或者是注册但未很好投入使用的商标；商标形成过程的各种财产性支出是可查或者可计算的运用历史成本法评估时，可能会遇到两个特殊问题：一是曾经有过转让交易的商标其成本计算问题。原则上，当时的交易价格及各种手续费之和可以作为再次评估的参考，但这时要注意转让交易后商标的发展，与当时交易水平是否具有可比性，这段时间内的发展是否可用新的投入成本来衡量。二是广告及营销费用作为商标成本的问题。应否将全部广告及营销费用计入商标权成本是当前一个比较突出的问题。实际上，广告及营销费用并不是商标的直接产生成本，而是商标运用过程中支出的经济成本，属于商标的追加价值。这些费用的支出，有助于提高消费者对商标的认识程度，并直接作用于产品的市场销售。因此，如果未使用或刚注册的商标存在广告费和营销费，且该费用的投入对提升商标的价值发挥了作用，也可以将其计入商标成本的构成部分。

重置成本法的评估优点是省去了对历史成本的修正及在会计账目中寻找商标成本的麻烦，充分考虑企业在现时段开发商标过程中的成本投入，评估结果可信度比较高。但是重置成本法存在着与历史成本法相同的缺点：计入商标的成本难以界定，且并未反映商标权未来盈利能力。如在商标权价值评估中，评估所考虑的重建被评估商标权所需要支付的成本往往为该商标权的商标设计、注册手续费等可以货币化的成本。但是，诸如企业内部管理和产品质量控制、人力资源的投入和战略决策等为了相关商标推广、管理和维护而耗费但又难以货币化的成本却不易计算。个别情况下存在的商标在设计、推广过程中耗费了大量的财力，成本极高，但是使用后未获利或者其获利能力很小而适用成本法的情况，采用成本法得出的评估价值不一定能准确反映商标价值。

（2）收益法。收益法是利用投资回报和收益折现等技术手段，根据评估商标的预期产出能力和获利能力来估测评估对象的价值。运用收益法作出的评估结论具有较好的可靠性和说服力。收益法中的基本公式：

$$P = \sum_{t=1}^{n} \frac{R_t}{(1+r)^t}$$

式中：P——商标评估值（收益现值）；

R_t——第 t 年商标预期超额收益；

n——商标收益期限；

R——折现率。

对于大多数的市场主体而言，他们关注的往往是商标权的使用价值，考虑的是商标权未来能给自己带来的超额利润，因此，收益法是最能反映商标权价值的方法。如以商标权质押融资时，债权人发放贷款时需特别考虑的是商标权在企业经营中发挥的作用，因为一旦债务人到期无法偿还贷款，债权人需要将质押的商标权变现以补偿损失，而如果此商标权的收益能力很差时，则银行面临巨大的风险。

收益法有多种具体方法，根据具体情况通常选用超额收益法、收益剩余法或者其他方法。超额收益法是以企业的超额收益为基础评估商标价值的方法，其包括超额收益资本化法和超额收益折现法；收益剩余法是来源于土地价格评估的一种方法，有时也运用在商标价值评估中。实践中用得较多的是超额收益折现法。

如今，以收益法为基础的方法还有一种就是销售收入提成法。理论上，商标专用权价值可以体现为商标权对销售收入的贡献，以商标标识产品未来经营收益与商标提成率之积作为商标权在未来经营期内所带来的收益，将其折现值之和作为待估商标权的价值。销售收入提成法通常按以下步骤进行估算：第一，测算委估商标标识产品的未来预期收益;第二,确定商标提成率;第三,运用预期收益与商标提成率测算商标所带来的净收益;第四,根据商标标识产品的经营风险确定折现率;第五,计算待估商标权价值。

销售收入提成法采用的数学模型为:

$$p = \sum_{t=1}^{n} \frac{K \times F_t \times (1-T)}{(1+r)^t}$$

式中:P——评估值;

F_t——未来第 t 个收益期的预期收益额;

r——折现率;

K——商标权的销售收入提成率;

T——所得税税率。

由于销售收入提成法的特点,其常用于商标权许可的价值评估当中虽然收益法基本思想简单明了、易于理解,但是在实践中收益法的应用并不简单。第一,收益法涉及被评估商标的预期收益额、折现率和收益年限这三个基本要素的估测难度较大,且受评估人员主观因素影响大,增加了估值的主观性。收益法的应用,难度不在于收益现值法计算的过程,而在于如何选择、判断和确定收益法中各项技术经济指标和参数。一个只懂得收益法计算技巧而不对商标权本身有所了解的评估者,是难以评估出商标权价值的。如在确定收益期限时,不能简单地根据商标权的法律保护期(包括续展期)来确定收益期限,而是需具体预测被评估商标权获取超额收益的时间。第二,存在收益划分问题。在商标权评估确定收益时,首先要注意该收益是否仅由被评估商标产生,是否存在其他影响因素。如果收益是由被评估商标和其他因素共同作用产生的,则应选择合适的方法在被评估商标和其他影响因素之间进行划分;当企业有若干个商标的时候,应当将该商标使用获得的收益与其他商标的收益进行区分。

(3)市场法。市场法是根据替代原则,采用比较和类比的思路及方法判断商标价值水平的评估技术方法。具体地说,该方法是利用市场上同样或类似商标的近期交易价格,经过直接比较或类比分析以估测被评估商标的价值。

用市场法评估得出的评估结果因为直接来源于市场又应用于市场,所以很容易被接受使用。但应用市场法需要满足两个前提条件:一是要有一个公开活跃的市场;二是公开市场上要有可比的商标及足够多的交易数量。其中,参照交易案例的可比性是采用市场法的关键,运用市场法进行商标权价值评估时,一般要求采用的参照物商标应当是:①同行业的商标;②使用商标的产品或服务的类别应基本相同;③商标权利用的限制条件明确,无本质差异,可以相互比较,如许可形式一致,同为独占、排他或普通许可使用等;④商标权产生时间相近有比较性;⑤商标权利人双方的情况有一定可比性;⑥商标权的未来市场预期有相似之处。同时满足这些条件的情况下适用市场法,才能够体现评估结果的科学性。但是,对于商标市场发展较为成熟的国家和地区来说,也许这些条件比较容易满足,市场法适用机会较多;但对于商标市场并不太发达的国家与地区,满足其中几个条件也许还容易,但要同时满足所有这些条件则很困难。

2. 结论与选择

对于商标权的价值评估,理论上可以选择这三种方法中的任何一种,但是考虑到商标权的特性以及我国商标权交易市场不发达的现状,笔者认为:

(1)在成本可查证情况下,可用成本法计算商标权价值,但由于这种方法无法反映商标权实际使用后产生收益的价值,因此,成本法的适用通常应控制在以下三种情况:第一,评估对象为未注册商标或者未投入使用的注册商标、闲置商标时,商标设计成本或者商标注册取得成本可作为商标价值;第二,评估对象已实际使用但未有经济收益的,且无法预测其可能收益的,可将商标各种成本作为商标价值构成;第三,评估对象已实际使用且产生一定经济收益,未来市场前景看好的,可将适用成本法作出的评估值视为谈判的下限,或者将成本法当作收益法的补充方法。

(2)收益法评估方法是最符合市场目的的方法,因此,在评估实践中使用收益法进行商标权价值评估最多。但是,收益法适用应明确以下几点:第一,收益法的评估对象原则上是已投入使用且有一定盈利能力的注册商标;第二,应用收益法评估必须满足三个前提条件:一是被评估商标的未来预期收益可以预测并可以用货币计量;二是商标权人获得预期收益所承担的风险也可以预测并可以用货币计量;三是被评估商标预期获利年限可以预测。

(3)运用市场法的估值是商标权价值评估中最容易接受的结果,但根据我国的实际,运用市场法评估商标权价值的条件还不充足。就目前我国的商标交易的市场情况看,交易市场不活跃,交易信息的可利用性差,参照物可比条件很难满足,等等,使得在市场上很难找到与被评估商标权类似的交易情况。因此,市场法难以适用。

综上,在对商标权价值进行评估时,成本法和市场法因为其应用条件的限制,只适用于个别情况下的商标权价值评估。收益法较能满足商标权评估的需要,但其应用难点在于评估中基本参数指标的确定。如果能够对商标权价值影响因素有全面把握,收益法应当是商标权价值评估最好的方法。

三、商标权价值评估程序及相关问题

(一)商标权价值评估的一般程序

(1)明确评估业务基本事项。

①商标权评估目的,即商标权发生的经济行为。评估目的即商标权发生的经济行为。商标权转让和商标权许可使用是比较常见的两种情况。商标权转让是指转让方放弃商标权转归受让方所有,实际上是商标所有权出售。商标许可使用则是拥有商标权的商标权人在不放弃商标所有权的前提下,特许他人按照许可合同规定的条款实施商标特许使用权。商标权转让方式不同,评估价值也不一样。一般来说,商标所有权转让的评估

值高于商标权许可使用的评估值；

②有关情况，一方面是商标的注册、使用等情况；另一方面是商标拥有方使用方及评估委托方的情况；

③商标评估的范围，包括待评商标的种类、数量及应用的商品种类和地域范围；

④确定评估基准日，明确待评商标的价值时点；

⑤可能影响待评商标价值的其他情况。

（2）签订业务约定书，明确双方权利义务。

（3）编制评估计划。

（4）现场调查并收集评估资料。

①商标权人概况和经营业绩，包括前3~5年的财务报表；

②商标概况，包括商标注册有关的法律性证件、商标权人、注册时间、注册地点、注册证书号、有效期及续展条件、保护内容、商标的适用范围、商标的种类许可使用和转让情况等；

③商标权的成本费用和历史收益情况，包括商标权申报或购买、持有等支出成本；商标使用、许可使用及转让所带来的历史收益；

④商标的知名度，广告宣传情况，同类产品的名牌商标；

⑤商标的预期寿命和收益情况，包括使用该商标产品的预期寿命、单位售价、销售量、市场占有率和利润情况，同种产品单位售价情况、主要竞争对象的市场占有率、盈利情况等；

⑥相关产业政策、财税政策等宏观经济政策对其的影响。

（5）市场调查。

①产品市场需求量的调研和分析；

②商标现状和前景分析；

③商标产品在客户中的信誉、竞争情况的分析；

④商标产品市场占有率的分析；

⑤财务状况分析，主要分析判断商标产品现有获利能力，为未来收益发展趋势预测提供依据；

⑥市场环境变化的风险分析；

⑦其他相关信息资料的分析。

（6）选择评估方法，搜集确定有关指标商标权评估较多采用收益法，收益法评估商标权主要是分析确定收益额、折现率和收益期限三项指标。

（7）评定估算。

（8）编制、复核及提交评估报告。

（二）商标权价值评估假设

收益法中，收益预测是商标评估的基础，而任何预测都是在一定假设条件下进行的。因此，一定要在评估报告中对本次商标评估中收益预测的假设条件作出说明。

一般包括：企业所在地及中国的社会经济环境不产生大的变更；国家有关法律、法规、政策与现时无重大变化；企业将持续性经营，并在经营范围、方式和决策程序上与现时大方向保持一致，并同时作出了对被评估商标将持续续展的承诺；有关信贷利率、赋税基准及税率不发生重大变化；无其他人力不可抗拒因素及不可预见因素，造成对企业的重大不利影响。

（三）关于商标权价值评估结果

商标价值评估结果只是采用一定的评估技术得出的一个较为合理的估值其给委估方提供的是一个交易参考价，而不是给交易对象本身定价。而品牌价值评估的考虑内容多，得出的估值可能会很高，但其应用性不强。对于相关公众而言，无论是商标价值评估还是品牌价值评估结果都对消费行为有一定影响。如果商标及品牌价值评估结果高，会增强消费者对品牌的选择可能性及忠诚度；如果评估结果较低，会降低消费者对品牌的认可度及忠诚度。

第六节 版权价值评估

版权产业的发展凸显了版权在国家经济建设中的重要性，版权价值评估也随之版权利用方式的增多而成为知识产权评估的重要领域之一。然而，由于知识产权价值的非直观性、不确定性等特点，版权资产的价值难以量化评估，版权价值评估成为更好地促进相关产业发展的重要问题。

一、版权价值评估应当考虑的因素

（一）法律因素

影响版权价值评估的法律因素包括版权权利的基本情况、版权利用情况和侵权风险情况等。

1. 版权权利的基本情况

（1）权属及相关情况。

第一，版权权利的归属及是否有登记证书。在我国，版权自作品创作完成之日起即享有，不需要履行特定的登记手续。因此，版权作品上的署名是版权归属的证明，自愿进行版权登所取得的证书在没有相反证据的情况下也是版权权利的当然证明。由于版权产业发展的需要，现在进行版权登记的越来越多，作品上的署名加上版权登记证书是最有力的权属证明，权利稳定性相对就强，进行版权价值评估时的权利风险就小。

在版权法上，署真名、署笔名、署假名，甚至不署名，都是署名权的表现形式当作品上的署名非权利人的真名时，即便其有权利登记证书，也需要对版权人署名与真名之间的关系进行验证。否则，会造成版权价值评估的巨大风险由于自然人作品的保护期在该自然人死后仍有50年，因此，其死后的保护期内权利由谁进行维护与使用也是评估中要搞清楚的问题，否则，也会存在一定的评估风险。委托亲属处理的，亲属关系情况如何应当进行查证；委托他人处理的，是否有委托证明、委托证明是否合法，也需要进一步查验。

第二，作品剩余保护期或者是否尚在保护期内。法人作品保护期始于发表之日，确定作品何时发表、作品剩余保护期就很明确；自然人作品保护期始于写作完成之日，是否发表与版权取得与否无关，且自然人的寿命存在不确定性，因此，自然人作品的剩余保护期不易明确。版权作为知识产权，法律上的保护期截止，并不代表该版权作品没有任何价值；历史证明，很多经典名作即使时过境迁仍有强大的阅读需求与出版市场。但是，由于作品一旦超过保护期，便进入公共领域，任何人都可以免费使用。因此，如果拟作评估对象的版权已过法律保护期，则无须进行价值评估。

（2）版权财产权利情况。由于版权交易的对象是版权的财产权，版权的人身权无法交易，因此，版权评估对象仅指版权财产权益以及与版权有关的财产权益，而无须评估版权人身权利。

作为评估对象的版权权利内容，如果是一项权利，其价值显然区别于几项权利。如图书作者许可出版社单独使用纸质出版权与同时使用纸质出版权和数字出版权的价值就存在差别。评估对象为几项权利的，原则上其价值高于一项权利。

实践中，如果评估对象为几项权利的，其即可能是单个版权中的多项财产权利的组合，也可能是分属于不同版权的多项财产权利的组合，或者是版权中财产权和与版权有关权利的财产权益的组合，甚至于还有版权资产与其他无形资产的组合。评估时需要对各种组合进行分析并针对不同权利组合的特点进行评估。

2. 版权利用情况

版权在评估时的使用情况，是刚创作完成尚未出版还是已出版？是在自己利用开发其价值还是已授权他人使用？这些都对版权价值评估有一定影响。刚创作完成尚未出版的作品，其版权尚未行使，虽然权利完整但市场价值不确定；已出版的作品，版权中的出版权已行使，虽然权利不完整但市场价值有基本表现。自己利用开发版权价值的如果尚处于启动阶段，版权权利范围大；已授权他人使用的，版权权利范围受到一定限制，二者价值自然应当有所差别。

当前，正值版权质押融资开展得风生水起之时，版权质押情况对版权价值也有一定影响。已质押版权其权利转让等受到限制，价值相对无质押版权较小；无质押版权其权利转让等无限制，价值相对有质押版权较大。因此，在考虑版权利用情况时，应当考虑版权质押情况。

3. 侵权风险情况

侵权风险大会从根本上否定版权价值，因此，侵权风险是版权价值评估时必须考虑的因素之一。一般而论，作品是否具备独创性、版权权利来源是否正当及被控侵权的诉讼历史等都可以反映版权侵权风险大小。

不具备独创性的作品，如果系抄袭之作，则侵权风险极大，一旦被诉，则动摇作为评估对象的版权存在基础。如是通过翻译、改编、汇编等方式产生的演绎作品，则其演绎是否获得来源作品版权人的许可，如果没有，其虽然可禁止他人非法利用其作品，但不能积极行使其版权，因此版权侵权风险很大，版权资产评估也具有风险。如果一个版权作品多次被诉侵权且均告败诉，其版权风险很大，交易可能性较小，该版权进入交易并进行评估的价值应当充分考虑过往诉讼历史与结果；如果虽然有被诉侵权的历史但结果胜诉的，这反而增强了其权利的稳定性，评估价值也会更高。

(二) 作品因素

1. 作品独创性

虽然版权法上存在最低限度的独创性要求，但绝大多数作品还是存在独创性的高低之分。独创性程度高，则该作品的可替代性差，价值就高；独创性程度低，可替代性强，则价值越低。

2. 作品类型

版权作品类型很多，每一类型作品的价值大小存在不同，即便是同一类型性质不同，其价值也完全不同。如软件与诗歌，不同类型，价值不同；书法作品与绘画作品，同一类型，价值也不同；Windows操作系统与某一游戏软件，同一类型，性质不同，价值也不同。

(三) 经济因素

1. 版权获取成本

不同类型的作品其版权构成成本并不相同。如文字作品，其物化成本很低主要成本是智力劳动。电影作品则虽然也有编剧、演员及导演的智力劳动，但更主要的是胶片、器材、场租、食宿等成本开支。音像制品就更不相同，其成本构成基本上是物化劳动，如录制费用、发行费用、营销费用等。有些情况下版权成本容易量化，有些情况下版权成本不易量化。如都是活劳动，单个人的智力创造活动不易量化，你很难确定写一本小说作者付出了多少活劳动的成本；但是，导演、演员的智力创造活动就易量化，因为每个人的片酬不同，而片酬基本上反映了对其活劳动的货币值。再如，法人作品成本容易计算而自然人作品成本不易计算。这是由于法人一般有较为正规的管理制度，其成本开支都会有一定的账册记载，而自然人的货币支出则较为随意，事后也很少会完整记载。

通常情况下，版权的获取成本高，其价值也高。版权获取成本情况对于用成本法评估版权价值是十分必要的。

2. 版权实施主体的经营状况和获利能力

经营状况是版权主体营销能力、管理能力及规避风险能力的综合体现，获利能力是其利用各种资源赚取利润的能力。经营好，则获利能力强，版权价值高；经营差，则获利能力弱，版权价值低在版权经营中，盈利模式是非常重要的部分。独特的盈利模式往往是版权主体获得超额利润的法宝，也会成为其核心竞争力。以视频网站为例，当前的视频网站，同质化经营非常明显，且盈利模式也基本相同，即都是以直接或者间接侵权方式保证网站上的视频内容提供，网民免费观看、免费下载，维持其网站编辑运行的是广告投入者根据其网上流量而支付的广告费用。这样的版权经营存在着版权侵犯的重大法律障碍，也许其现在是获利的，但从长远来看，只要其经营模式不变，不要说获利增长，就是维持现有利润情况也是要打问号的。因此，版权主体以什么样的途径和方式实现版权价值？这个方式是否合法？这是决定其经营状况与获利能力的根本。

版权的获利能力是运用收益法评估版权价值所考虑的重要因素。

3. 类似版权资产的交易情况

利用市场法对版权价值进行评估时，市场上是否有同样或类似资产的近期交易价格，是否可能通过直接或类比分析以估测作为评估对象的版权价值，就需要考虑类似版权资产的交易市场情况、交易数量、交易价格及相关因素。其中的关键是，是否有足够可比的同类市场交易案例。即使最终不用市场法对版权价值进行评估，存在可比交易价格也会对最终评估结果形成参考。

（四）其他因素

1. 行业发展状况与前景

行业发展状况与前景是指版权作品所属行业的发展状况与前景。行业发展现状及前景都好，则未来版权获益可能就高，版权价值就会相应提高；行业发展现状及前景都不好，则版权获益可能就低，版权价值也会相应减少。如果行业发展现状一般但未来前景很好，则风险降低，版权价值相应高；如果行业发展现状一般但未来前景不确定，则风险增加，版权价值相应低。以计算机软件产业来说，自2000年工信部出台了18号文之后，软件行业在过去的10年里有了长足的发展；随着工信部新18号文的出台，软件业再迎黄金十年。这种情况就属于行业发展现状及前景都好，在评估软件版权价值时，可根据此行业发展形势适当提高对其未来预期收益的估测。

2. 宏观经济发展状况

宏观经济发展状况是指版权产业及国家知识经济发展情况。从"入世"以来，我国根据TRIPS协议修改了各相关知识产权法，使我国知识产权保护水平与国际发达国家基本接轨，保证和促进了知识经济的快速发展。《国家知识产权战略》《知识产权保护状况白皮书》的发布，进一步显示了国家对发展知识经济的决心与能力。版权产业更是我国知识经济发展过程中比较突出的亮点。

宏观经济发展状况的考虑，有助于我们从更长远的视角把握版权价值评估的方向，以发挥版权价值评估之于版权产业及至知识经济的推动与促进作用。

3. 评估目的

版权涉及的经济活动众多，版权转让、许可使用、质押贷款、侵权损害赔偿，等等，不同的评估目的，评估的价值类型有差异，会影响评估方法的选择，造成评估结果的差异，而且有时这种差异可能很大。例如，对以版权交易为目的的评估，多用收益法；以质押融资为目的的评估，因对交易版权的盈利能力有要求，为规避风险，都是用收益法进行评估。因此，在评估前，需要对评估目的进行了解和明确。

 二、版权价值评估方法选择适用

成本法、收益法、市场法作为国际通用的无形资产评估基本方法，同样适用于版权资产的评估，但具体评估过程中却要针对不同形式的作品和不同种类的权利进行适当考虑。此外，长期存在的版权实践带来的适合于版权价值评估需求的特殊方法，使得版权作品的价值评估方法的选择更为复杂。

（一）版权价值评估的基本方法适用

近年来，资产评估机构已开展的著作权价值评估主要还是沿用成本法、收益法和市场法。《著作权资产评估指导意见》第二十二条也明确指出，注册资产评估师进行著作权资产评估时，可以适用收益法、市场法和成本法三种资产评估基本方法。但是，如何选择适用，还应当根据评估对象、评估目的、价值类型、资料收集情况等相关条件来进行分析①。

1. 成本法

由于版权作品生产的特殊性，版权价值评估成本法一般是指重置成本法。作为被评估版权资产的现时完全重置成本减去应扣损耗或贬值来确定被评估资产价值的一种方法，重置成本法的适用有两个关键：一是如何合理确定作品的重置成本；二是如何确定版权资产的贬值。

版权的成本包括物化劳动和活劳动两个方面的消耗。一般情况下，版权作品的生产主要依靠人脑的智力投入，物化劳动虽然存在，但所占比重很少，因此决定版权作品成本的主要是活劳动的消耗。而对于智力投入的量化问题，以人员工资和创作时间计算的方式显然是不合理的，因为工资只是劳动力的平均价格，它不能直接反映创作作品这一特殊劳动的智力价值；且创作时间与作品价值。

在通常情况下并不具有完全对应关系。因此，如何准确界定作品的重置成本是很困难的。以成本作为评估依据不仅需要成本能够全部识别，还需要所列成本能否准确量化。根据《著作权资产评估指导意见》第二十九条规定，作品重置成本包括创作人员和管理人员的人工成本、材料成本、创作环境配套成本、场地使用或者占用等合理成本

---

① 《著作权资产评估指导意见》第二十二条规定："注册资产评估师执行著作权资产评估业务，应当根据评估对象、评估目的、价值类型、资料收集情况等相关条件，分析收益法、市场法和成本法三种资产评估基本方法的适用性，恰当选择一种或者多种评估方法。"

以及合理利润和相关税费等①，这里只是大致提出了成本所可能包含的部分，至于每个部分具体应当如何计算，依然是一个需要相关条件配合才能实现的问题。

关于版权资产的贬值问题。由于版权资产的使用及环境变化，可能引起版权资产价值降低。版权资产的贬值通常是时效性贬值与经济性贬值。在政治民主、经济发展的当下，受制于外部环境变化的版权价值经济性贬值一般无须考虑，主要应当考虑的是版权资产的时效性贬值，即其已使用年限及尚可使用年限的具体情况对版权资产的价值影响。其中，实际已使用年限较易确定，尚可使用年限较难确定。在实际评估业务中，尚可使用年限可以采用专家对版权资产经济寿命预测法进行确定。但是，由于版权资产的消费性特征，其在未来法定有效期内的贬值速度主要取决于消费者的喜好及市场替代性产品的出现。如一部2017年制作的贺岁大片，已放映一年以后、未来两年与未来五年该大片的贬值速度肯定是不一样的。因此，《著作权资产评估指导意见》第三十条指出，版权资产的贬值在其经济寿命期内可能不是均匀分布的，应当采用适当方法确定评估对象的贬值②。

成本法的局限性在于无法揭示版权资产的市场价值。正如知识产权的形成和生产成本与其产生的经济利益并不完全正相关一样，版权形成成本较低并不一定能说明其市场价值小，版权形成成本较高也并不一定说明其市场价值大。因此，在评估中，影视作品、计算机软件作品的收益额无法预测，或者无法通过市场比较得到相对合理估值时，可采用成本法。

2. 收益法

收益法是以未来经济收益作为版权资产存在状态的价值反映，并通过对其折现来估算版权资产现时价值的方法。从版权价值评估实务来看，基于版权资产价值的高低从根本上取决于其能够带来多少未来收益的市场共识，收益法无疑是版权资产评估中最常用的一种方法。但由于适用该方法需要预测版权资产的收益数额、收益年限、采用适宜的折现率，而这些问题的确定具有较大的主观性和不确定性，因此在进行版权资产评估时需要特别注意上述参数确定的合理性与科学性。

第一，关于收益额的估算问题。

收益额的估算首先应当根据版权资产对应作品的运营模式合理估计评估对象的预期收益，并关注运营模式法律上的合规性、技术上的可能性、经济上的可行性。③ 以新媒体为例，由于新媒体产业出现时间不长，其市场化运作的模式还在探索与发展中，因

---

① 《著作权资产评估指导意见》第二十九条规定："注册资产评估师运用成本法进行著作权资产评估时，应当合理确定作品的重置成本。作品重置成本包括创作人员和管理人员的人工成本、材料成本、创作环境配套成本、场地使用或者占用等合理成本以及合理利润和相关税费等。"

② 《著作权资产评估指导意见》第三十条规定："注册资产评估师运用成本法进行著作权资产评估时，应当了解著作权资产的贬值在其经济寿命期内可能不是均匀分布的，应当采用适当方法确定评估对象的贬值。"

③ 《著作权资产评估指导意见》第二十三条规定："注册资产评估师运用收益法进行著作权资产评估时，应当根据著作权资产对应作品的运营模式合理估计评估对象的预期收益，并关注运营模式法律上的合规性、技术上的可能性、经济上的可行性。著作权的预期收益通常通过分析计算增量收益、节省许可费和超额收益等途径实现。"

此，现阶段存在的情况：版权作品利用是新媒体产业的基础，但其在利用版权作品进行市场经营时存在一些不符合版权法要求的做法。虽然近两年内随着新媒体产业上市步伐加快以及普遍性行业发展困境，新媒体自身也在向合法合规经营模式上快速转变，但很多中小企业依然存在此类问题。

其次，要关注该作品演绎出新作品并产生衍生收益的可能性。版权作品的演绎方式很多，可能开发生产的衍生品价值不可忽视，而这些对作为评估对象的版权资产价值影响很大。因此，在考虑预期收益时，对于有充分证据证明该作品在可预见的未来可能会演绎出新作品并产生衍生收益的，或者原创作品的演绎作品虽然尚未形成，但正在形成过程之中的，应当一并考虑其对版权资产价值的影响。

第二，关于收益期限的确定问题。

确定收益期限的主要问题在于合理确定版权资产的剩余经济寿命。由于版权资产的复杂性，剩余经济寿命需要综合考虑法律保护期限、相关合同约定期限、作品类别、创作完成时间、首次发表时间以及作品的权利状况等因素确定。

第三，关于折现率的确定问题。

确定折现率需要综合考虑评估基准日的利率、资本成本，以及著作权实施过程中的技术、经营、市场、生命周期等方面的风险因素。当然，版权资产折现率口径应当与预期收益的口径保持一致。

3. 市场法

市场法是运用案例比较方法，选择相同或相近功能或收益能力的、近期已成交版权的市场交易价格为参照价格，考虑时间差异、市场差异、品质差异等影响因素来测算被评估版权资产的市场价格。由于我国目前尚缺乏完善的版权交易市场、缺少成功的市场交易参照案例以及必要交易数据，因此，目前较多使用市场法评估版权价值缺乏客观条件

当然，在具备利用市场法评估版权价值的客观条件时，主要应当比较分析交易时间、权利种类或者形式以及限制条件、交易方的关系、获利能力、竞争能力、剩余经济寿命、风险程度等方面的差异①，并最终确定评估对象的估值。

（二）以版税为基础进行版权收益额的估算②

1. 版税方法及其合理性

版税叫"税"不是税，是在20世纪初从英文单词royalty翻译过来的。实践中，版税主要表现为出版版税，其计算公式是：

---

① 《著作权资产评估指导意见》第二十八条规定："注册资产评估师运用市场法进行著作权资产评估时，应当对收集的交易案例与评估对象进行比较，分析在交易时间、权利种类或者形式以及限制条件、交易方的关系、获利能力、竞争能力、剩余经济寿命、风险程度等方面的差异。"

② 准确地说，版税只是作为一种版权的收益额，所以版税只是为估算版权的收益额提供了一个途径和方法，只是采用收益法评估版权价值中涉及的一个参数。

出版版税＝图书单价×图书印数或销量×版税率

版税还包括表演版税、录制版税等，其计算方法分别是票房总收入×版税率、录制品单价×录制品发行数×版税率。其中的版税率是用于计算版税数额的百分比，其高低一般取决于作品性质、作者名望、市场需求等因素，由作者或其代理人与出版者协商确定，在没有约定的情况下，适用国家规定的相关标准。版税率是版税计算的一个重要参数，版税率的高低由图书的预期销售量决定，大印数图书作者的版税率较高，小印数图书作者的版税率则较低。

由于我国特殊的历史发展，在稿酬确定问题上，我国与西方国家使用的版税方法并不完全相同。从1953年起，新闻出版总署把苏联的稿酬制度照搬过来形成我国的基本稿酬＋相应的印数定额方法①。定额之内，按全部基本稿酬付给；超过定额，按基本稿酬的一定比例递减付给照每千字若干元的标准向作者支付稿酬，表面上是按劳分配，实质上是"一刀切"。出版业是一种内容产业，两本字数相同的书籍，因为作者身份不同价值应当完全不同，因此，按照字数核定价值是平均主义思想在版权领域的表现。与此同时西方国家一般都用作者版税方法。版税制与基本稿酬制是两种不同的方法。基本稿酬制以图书作品的篇幅长短为稿酬计算的基数，而版税制度则以图书的销售参数（印数、销售量等）为稿酬计算的基数，后者更能直接地反映一部作品的市场价值。同时，由于基本稿酬制度执行统一的稿酬标准，而版税制度则允许出版市场销售预期。更重要的是，基本稿酬制度规定印数稿酬率与图书印数的相关递减原则，而版税制度则主张版税率与图书印数的相关递增原则，后者更能刺激畅销图书的生产。在市场经济条件下，决定图书价值的是市场，符合市场标准的毫无疑问是版税制度。

由于版税制的优点，近年来我国出版领域也逐渐开始实行。1999年4月，国家版权局颁布了《出版文字作品报酬规定》，提供了三种可选择的稿酬方式，即基本稿酬加印数稿酬、版税以及一次性稿酬，并且明确指出一般情况下作者与出版社可通过出版合同自行约定付酬方式和付酬标准。在此情况下，版税制在我国得到越来越多的使用。如连续出版易中天4部作品的上海文艺出版社，以首批印量55万册、14%出版版税的超高标的夺得《品三国》书稿的出版权。在磨铁与袁腾飞的版税纠纷中，双方的《出版合同》约定，当袁腾飞创作的单册作品销量为1万~8万册时，版税率为11%；当销量为8万册以上，版税率为12%。尤其是在中外合作出版方面，版税制是最主要的付酬方式，版税率一般多在6%~10%。实行版税制度，使智力创作与市场相衔接，引入竞争机制，能够促进智力创作的优胜劣汰。并且，版税制计算更加科学、合理、简便，应变性强，受币值浮动影响小，还有利于版权对外贸易的发展等。

2. 几种版税计算方式

版税计算的一般公式是图书定价×发行量×版税率，但在实际操作中，情况要复杂

---

① 基本稿酬按作品的字数（或诗歌的行数）或著作页为计算单位，通常是以1000字或以若干诗行（如10行，20行）或一个著作页为计算单位，付给作者若干报酬；印数定额是图书出版时，根据不同作品的具体情况，定出每印一万（或两万、三万册），作为一个定额。一般情况下，发行面宽的作品，如小说散文类，定额就大；发行面窄的作品，如学术理论专著，定额就小。

得多。公式所提供的三个量,除版税率外,其他两个量随选取条件的不同而不同。如图书定价可能被图书的零售价替换,发行量可能被印数或者实际销售数替换,而"图书定价×发行量"可能被销售收入替换,由此,版税的计算公式有以下几种:

公式一:版税 R = 图书定价 P × 发行量 Q × 版税率 r

公式二:版税 R = 图书批发价 Pw × 发行量 Q/ × 版税率 r

公式三:版税 R = 图书定价 P × 销售数 Q × 版税率 r

公式四:版税 R = 图书定价 P × 印数 Qy × 版税率 r

如果某出版社出版一书籍,定价为 20 元,第一次印刷印数为 10000 册,其中有 200 册作为免费样书。该书以 6.5 折批发给销售商,假设出版社与作者协定版税率为 8%,图书实际销售 4000 册。那么:按照公式一计算,则版税 R = P × Q × r = 20 ×(10000 - 200)× 8% = 156800;按照公式二计算,则版税 R = Pw × Q × r = 20 × 0.65 ×(10000 - 200)× 8% = 101920;根据公式三计算,版税 R = P × Qs × r = 20 × 4000 × 8% = 64000;根据公式四计算,版税 R = P × Qy × r = 20 × 10000 × 8% = 160000。各种公式计算结果的差别显而易见。

这里主要的问题是图书的定价与图书批发价以及印数、发行数与销售数并不相同。而选取不同的参数代入公式得出的结果反映的版权价值也不同。公式四反映的是版权的理想价值,可能是作者希望的计算方式;公式一则一定程度上修正了公式四这种理想状态下的版权价值计算;公式三反映的是版权的实际市场价值,可能更符合出版社的需求;公式二反映的是销售与发行分开情况下的图书出版商希望使用的版税计算方式。

3. 以版税为基础估算版权的收益额

以版税为基础估算版权收益额的适用条件为:第一,当评估对象为已出版的图书、音像制品时;第二,委托评估人是版权作品的作者,评估目的为转让其著作权时;第三,评估可根据可行性选择上述公式之一进行评估。也可选择两个或两个以上的公式进行综合估值以版税为基础估算版权收益额时应当注意的问题是:第一,作者版税率原则上应按照作者与出版单位的协商结果计算;第二,如果尚未确定好或者协商值明显偏低,且此问题主要源自版权人协商能力较弱的事实,则版税率可根据对作品的综合判断适当参考国际版税率进行调整。版税为采用收益法评估版权价值提供了一个估算收益额基础和途径。

三、计算机软件价值评估

(一)计算机软件的基本特性

计算机软件是指计算机程序及其相关文档。计算机程序是指为了得到某种结果而可以由计算机等具有信息处理能力的装置执行的代码化指令程序或者符号化语句序列。按程序代码分,计算机软件分为执行程序、源代码程序;按功能分,计算机软件系统程序、应用程序、数据库。计算机文档是指用一般文字、符号介绍计算机程序的说明,以及帮助理解和运用计算机程序的用户手册、流程图等。

与计算机软件有关的知识产权有版权和专利权，有时候其存在形态也可能为专有技术。由于计算机软件的表现形式更类似于文字作品，且版权法体系对于绝大多数软件保护的适宜性，一般情况下，计算机软件权利体现为版权，但对于此类版权的保护，我国是通过《计算机软件保护条例》进行保护。

与一般的版权客体不同，计算机软件具有实用性与可改编性，且其可替代性较强。计算机软件具有很强的实用价值，其对科学技术的进步、经济效益的增长有直接影响，这使得其虽是版权权利，但对其进行价值评估时对经济因素的考虑相对较为突出。而这一点，本应是专利技术方案的特点。计算机软件生成后，很容易在原有表述方式基础上进行修改与提高，这一方面便利计算机软件的进步开发利用，另一方面对证明软件完成时间及权利人为谁有时会带来困难。因此，我国才会要求计算机软件的强制登记；现在流行的版权自愿登记也是开始于计算机软件登记。同时，和一般文学艺术作品的经济寿命较长不同，由于计算机软件发展速度很快，计算机软件的一般经济寿命是 3~5 年，一般不超过 10 年，其中，指令代码寿命相对较短，源程序代码寿命相对较长。这些都对计算机软件的价值评估带来一定影响。

（二）计算机软件价值评估需要考虑的因素

影响计算机软件价值的因素很多，如软件版权的法律状态、软件本身的特征及该软件相关因素。

1. 计算机软件版权的法律状态

计算机软件版权也是自动取得，但由于其不同于一般版权作品的特性，通常情况下，计算机软件都会进行版权登记，因此，是否获得计算机软件版权登记证书是证明其权属的法律文件。记载在该证书上的相关权利信息在没有相反证据的情况下为评估该计算机软件版权价值的法律基础。

2. 计算机软件本身的相关特征

对于计算机软件本身相关特征的考虑因素包括：第一，系统大小。即，可执行程序或机器语言指令的字节数、高级语言语句的行数、新编写指令的百分比、系统数据存储量和文体数目等。第二，系统复杂性。主要是指系统和界面的复杂度、系统的独特性、硬件与软件的接口和程序结构等。第三，程序类型。主要是指应用程序的形式（商用或非商用），程序所处理的技术问题类型等。第四，软件对支持条件和运行环境的要求。主要是指计算机系统的速度及内存、外存容量，支持开发的软件工具和软件环境等。第五，软件的维护成本和升级能力。

3. 其他因素

如该软件的成本构成、有效收益期、相关市场竞争状况、相关市场交易情况该软件权利人的经营情况等。如市场对该项软件技术的需求及承受能力、该项软件技术及其产品在市场上可能占据的份额以及同类或相关可替代产品的产量、销量、价格和市场的总需求、未来技术环境、经济环境、政策环境等可能带来的风险。

（三）计算机软件价值评估方法选择

1. 用成本法评估计算机软件价值

由于计算机软件成本具有明显的不完整性和弱对应性，这对适用成本法评估软件价值带来一定困难。但是，对于未开发完成软件、专用软件以及虽属于通用软件但尚未投入生产、销售的，采用成本法进行评估仍然是较有说服力的选择。

用成本法进行计算机软件价值评估时，可根据开发成本要素、开发过程成本或语句行数来进行估算。按开发成本要素进行评估的计算公式为：重置全价 = $\sum$（实耗材料量现时价格）+ $\sum$（实耗工时×现行工时费用）+ $\sum$（原劳务消耗量×现时收费标准）；按开发过程成本进行评估是把软件开发分为系统分析、系统设计、程序设计和软件测试四个阶段，按每个阶段的工作量和每个工作量的成本来计算各阶段成本，从而加总求得整个开发过程的总成本。估算步骤为：第一步：将系统软件按所完成的不同功能进行分解，每个功能软件的开发都要经历上四个阶段；第二步：确定每个功能、每个阶段的工作量（人/月）；第三步：确定每个阶段的工作量成本（元/月）。一般而言，高级技术人员参与的成本较高，初级技术人员参与的成本较低；按语句行数进行评估是根据所开发软件的源程序语句行数和每行源程序语句的成本来估算软件成本的，也就是根据软件的程序数目、编码行数、每日工作量、工作日成本及该软件的陈旧贬值率，计算软件的重置成本。其计算公式为：软件重置全值＝工作日成本×工作日数。其中，工作日数＝编码行数÷日工作量定额（行/日）。当然，这种方法要求日工作量定额合理、准确、稳定，否则影响评估价值的准确性。

2. 用收益法评估计算机软件价值

对于已经生产并投放市场的财务软件、人事工资管理软件等通用软件以及数据库软件，可采用收益法进行评估。在运用收益法时，由于计算机软件的技术更新很快，所以未来收益期预测一般取 3～5 年。基于这一原因，软件收益额同时受软件技术水平、技术风险、市场前景等因素的影响，因此，收益额预测的难度较大。

3. 用市场法评估计算机软件价值

对于有同类软件的市场价格可做评估参考时，可采用市场法。该法是通过比较类似的软件在自愿交易下的价格来确定软件的价值。应用这种方法评估计算机软件的前提条件是，市场上必须有与评估对象类比的同类软件的市场价格可供参考。

第六章 创新创业过程中涉及的知识产权法律问题及侵权案例

案例一 胡涛与摩拜(北京)信息技术有限公司侵害发明专利权纠纷案[①]

相关法律问题:权利要求书从属权利要求的引用部分、限定部分记载的技术特征均有限定作用。

相关法律链接:

《专利法》第五十九条第一款规定:"发明或者实用新型专利权的保护范围以其权利要求的内容为准,说明书及附图可以用于解释权利要求的内容。"

《最高人民法院关于审理侵犯专利权纠纷案件应用法律若干问题的解释》第七条规定:"人民法院判定被诉侵权技术方案是否落入专利权的保护范围,应当审查权利人主张的权利要求所记载的全部技术特征。被诉侵权技术方案包含与权利要求记载的全部技术特征相同或者等同的技术特征的,人民法院应当认定其落入专利权的保护范围;被诉侵权技术方案的技术特征与权利要求记载的全部技术特征相比,缺少权利要求记载的一个以上的技术特征,或者有一个以上技术特征不相同也不等同的,人民法院应当认定其没有落入专利权的保护范围。"

《最高人民法院关于审理侵犯专利权纠纷案件应用法律若干问题的解释(二)》第五条规定:"在人民法院确定专利权的保护范围时,独立权利要求的前序部分、特征部分以及从属权利要求的引用部分、限定部分记载的技术特征均有限定作用。"

案情简介:

原告胡涛于2013年6月29日向国家知识产权局申请了"一种电动车控制系统及其操作方法"的专利,于2016年5月4日获得授权,专利号为ZL××××××××××

[①] 中国裁判文书网上海市高级人民法院判决书(2017)沪民终369号判决书。

××.×,至今有效。原告发现,被告未经专利权人许可,规模化制造、出租摩拜单车,在摩拜单车上安装锁具,通过云端服务器进行开锁和报警控制,与安装有摩拜单车应用程序、带摄像头的手机形成锁控制系统。原告认为,被告制造、以对外出租的方式使用摩拜单车,被告摩拜单车锁控制系统的技术特征与原告享有的名称为"一种电动车控制系统及其操作方法"专利号为ZL××××××××××××.×发明专利权利要求1、权利要求3记载的全部技术特征完全相同,侵犯了原告专利权,依法应立即停止侵权,并应向原告支付赔偿金500000元。

被告摩拜公司辩称,(1)被控侵权的摩拜单车锁控制系统并不具备与涉案专利权利要求1、权利要求3相同或者等同的技术特征,被告不构成侵权。(2)鉴于原告明确被控侵权的摩拜单车锁控制系统由摩拜单车上的锁具、被告提供的云端服务器、签约用户的手机摄像头共同构成,在没有起诉签约用户的情况下,明显缺少涉案专利的一个必要技术特征,原告的侵权指控显然不能成立。况且,签约用户使用摩拜单车不具备经营性质,不属于专利法第十一条限制的侵权行为。(3)原告提出赔偿损失的诉讼请求缺乏事实与法律依据。

法院经审理查明涉案专利为"一种电动车控制系统及其操作方法"的发明,专利权人为原告胡涛,专利申请日为2013年6月29日,于2016年5月4日获得授权,专利号为ZL××××××××××××.×,至今维持有效。涉案专利权利要求1为:"一种电动车控制系统,其特征在于:由微型摄像头、图形解码器、存储器及二维码比对器构成二维码识别器,微型摄像头与图形解码器电连接,图形解码器和存储器同时与二维码比对器电连接,二维码比对器对存储器储存的二维码数据与图形解码器解码的微型摄像头拍摄的图像数据比对并发给控制器,比对信号一致时控制器控制电动车的启动或/和多媒体播放,比对信号不一致时控制器控制防盗报警器报警。"权利要求3为:"根据权利要求1所述的一种电动车控制系统的操作方法,其特征在于:该操作方法包括如下步骤:(1)预先在存储器内存储对比用的二维码数据;(2)打开二维码识别器的开关,使微型摄像头、图形解码器、存储器、二维码比对器和控制器均处于工作状态;(3)微型摄像头抓取二维码图像并通过图形解码器对图像解码,解码后通过二维码比对器与预设的二维码数据对比;(4)对比结果的处理:比对信号一致:控制器控制电动车启动或/和多媒体播放信号,电动车启闭控制器对电动车解锁;比对信号不一致:控制器控制防盗报警器报警。"涉案专利说明书[0001]记载了涉案专利的技术领域:"本发明属于电动车技术领域,特指一种电动车控制系统及其操作方法。"涉案专利说明书[0003]记载了涉案专利的发明目的:"本发明的目的是提供一种电动车控制系统及其操作方法,使用者可将存储在手机中的二维码图像对准摄像头,便可实现电动车的完全解锁,提升了防盗的性能,免去了使用者需携带钥匙启动的麻烦。"涉案专利证书记载的对比文件包括一项名称为"基于二维码的自行车防盗及查询管理系统和方法"(发明专利公开号为CN××××××××A)的专利文件。涉案专利说明书附图1显示在比对成功或者失败两种情形下,分别发送指令使得电动车启动或者防盗报警。

涉案专利权利要求 1 与被控侵权产品的相应技术特征的比对,逐一评析如下:

第一,关于涉案专利权利要求 1 的前序部分"一种电动车控制系统"。

法院认为就涉案专利应用方式而言,将涉案专利应用于自行车技术领域,是本领域普通技术人员无须创造性的劳动就能够联想到的,被告关于被控侵权产品摩拜单车与涉案专利保护的电动车属于不同技术领域而不构成侵权的抗辩意见,法院不予采纳。

第二,关于权利要求 1 技术特征"二维码比对器对存储器储存的二维码数据与图形解码器解码的微型摄像头拍摄的图像数据比对并发给控制器,比对信号一致时控制器控制电动车的启动或/和多媒体播放,比对信号不一致时控制器控制防盗报警器报警"的比对。

法院认为虽然摩拜单车和涉案专利均具备"报警"功能,但实现该功能的技术路径不同。被控侵权摩拜单车锁控制系统不具备"比对信号不一致时控制器控制防盗报警器报警"的技术特征,与涉案专利权利要求 1 记载的技术特征"比对信号不一致时控制器控制防盗报警器报警"既不相同,也不构成等同。

对于权利要求 3 的主题名称为"根据权利要求 1 所述的一种电动车控制系统的操作方法",该主题名称限定了由权利要求 3 所述方法实施的装置应当是权利要求 1 所限定的"电动车控制系统",故权利要求 3 虽作为一项独立的专利权利要求,但其保护范围应由权利要求 1 记载的全部装置技术特征和权利要求 3 所记载的全部方法技术特征共同限定。据此,法院认为鉴于被控侵权产品摩拜单车锁控制系统未落入涉案专利权利要求 1 的保护范围,当然不落入涉案专利权利要求 3 的保护范围。

综上,被控侵权的摩拜单车锁控制系统及其操作方法没有落入涉案专利的保护范围,不构成对涉案专利权的侵害。

案例分析:

在网络化信息化的时代,所谓创新主要包括方法的创新和技术的创新,一个创意从产生到商业运营,涉及复杂的知识产权法律问题,对此,创新创业者不可不察。

此案发生后之所以引起了社会的广泛关注,不仅在于所涉专利技术及摩拜单车智能锁控制系统具有技术复杂性,而且还在于被告方摩拜(北京)信息技术有限公司作为科技创新"标杆"身份。自 2015 年 1 月成立以来,摩拜单车首创无桩智能共享单车模式,综合运用物联网、云计算和大数据技术,提供便捷、可靠、环保的"最后一公里"出行服务,并率先展开智能化、精细化运维,引领共享单车"迈入新赛道"。目前,摩拜单车已在全球超过 180 个城市投放超过 700 万辆智能共享单车,注册用户超过 1.5 亿人,每天提供超过 2500 万次骑行,是全球第一大互联网出行服务机构。据摩拜单车知识产权负责人梁健表示:"摩拜自公司伊始就十分重视科技自主研发和知识产权保护,致力于持续改善用户体验、不断提升产品性能,截至目前,摩拜单车仅在物联网领域的研发投入即已超过 30 亿元,已经提交专利申请超过 200 项。"[1] 正是由于有了强大的专

---

[1] https://news.online.sh.cn/news/gb/content/2017-09/15/content_8616274.htm 上海热线新闻,2018 年 12 月 25 日最后访问。

利储备，摩拜单车才有了应对各种侵权纠纷的底气，从而也给创新创业人员一个重要的启示，知识产权在保护创意、增强应对各种挑战的能力方面具有重要的作用。

根据《专利法》第五十九条，发明或者实用新型专利权的保护范围以其权利要求的内容为准，说明书及附图可以用于解释权利要求的内容，《专利法实施细则》第十九条第一款规定，"权利要求书应当记载发明或者实用新型的技术特征"，所以在确定被控侵权产品的技术方案是否落入专利权的保护范围时，首先要确定请求保护的专利权以及被控侵权产品的技术特征，进而通过对二者技术特征的分析比较，得出是否侵权的结论。

《最高人民法院关于审理侵犯专利权纠纷案件应用法律若干问题的解释》第七条规定："人民法院判定被诉侵权技术方案是否落入专利权的保护范围，应当审查权利人主张的权利要求所记载的全部技术特征。被诉侵权技术方案包含与权利要求记载的全部技术特征相同或者等同的技术特征的，人民法院应当认定其落入专利权的保护范围；被诉侵权技术方案的技术特征与权利要求记载的全部技术特征相比，缺少权利要求记载的一个以上的技术特征，或者有一个以上技术特征不相同也不等同的，人民法院应当认定其没有落入专利权的保护范围"，比较涉案专利技术特征与被控侵权产品摩拜单车锁控制系统的相应结构，摩拜单车车身上张贴有二维码，并安装有带控制器的锁具，微型摄像头和图形解码器位于用户手机中，二维码比对器和存储器位于云端服务器中。通过安装有摩拜单车应用程序的用户手机读取摩拜单车二维码信息，根据预设条件手机向云端服务器发送开锁请求，云端服务器在接受手机请求后根据预设条件进行比对，然后向锁控制器发送开锁指令或者不发送任何指令。被控侵权产品没有将微型摄像头、图形解码器、存储器及二维码比对器四个元器件集成为二维码识别器。微型摄像头与图形解码器之间存在物理接触的电路连接，存储器与二维码比对器之间存在物理接触的电路连接，但是图形解码器与二维码比对器之间为无线信号连接，没有物理接触。因此，被控侵权产品摩拜单车锁控制系统缺少涉案专利权利要求1记载的"二维码识别器""图形解码器……与二维码比对器电连接"的技术特征，也不构成等同。

涉案专利发送报警信号，或者按照原告的理解，将"控制器控制防盗报警器报警"的技术特征解释为"发送不报警的信号"，均与被控侵权产品在比对结果不符合条件的情况下不向报警器发送任何信号的技术特征不相同。故而，被控侵权产品摩拜单车锁控制系统没有落入涉案专利权利要求1的保护范围。

原告主张涉案专利权利要求1、权利要求3均为独立权利要求，其中权利要求1为产品专利，权利要求3为方法专利。根据《最高人民法院关于审理侵犯专利权纠纷案件应用法律若干问题的解释（二）》第五条的规定，"在人民法院确定专利权的保护范围时，独立权利要求的前序部分、特征部分以及从属权利要求的引用部分、限定部分记载的技术特征均有限定作用"，对于权利要求3的主题名称为"根据权利要求1所述的一种电动车控制系统的操作方法"，该主题名称限定了由权利要求3所述方法实施的装置应当是权利要求1所限定的"电动车控制系统"，故权利要求3虽作为一项独立的专利权利要求,但其保护范围应由权利要求 1 记载的全部装置技术特征和权利要求 3 所记载的全部方法技术特征共同限定。据此,鉴于被控侵权产品摩拜单车锁控制系统未落入涉案专利权利要求 1 的保护范围,当然不落入涉案专利权利要求 3 的保护范围。

综上,被控侵权的摩拜单车锁控制系统及其操作方法没有落入涉案专利的保护范围,不构成对涉案专利权的侵害。

案例二　评上海烛龙信息科技有限公司诉重庆中电电子音像出版有限责任公司等侵犯著作权纠纷案[①]

相关法律问题:使用游戏画面出版游戏攻略是否合理使用?

相关法律链接:

《著作权法》第二十二条第二款为介绍、评论某一作品或者说明某一问题,在作品中适当引用他人已经发表的作品,可以不经著作权人许可,不向其支付报酬,但应当指明作者姓名、作品名称,并且不得侵犯著作权人依照本法享有的其他权利;

《著作权法实施条例》第二十一条依照著作权法有关规定,使用可以不经著作权人许可的已经发表的作品的,不得影响该作品的正常使用,也不得不合理地损害著作权人的合法利益。

案情简介:

原告上海烛龙信息科技有限公司系单机游戏《古剑奇谭》的著作权人,开发完成日期为 2009 年 7 月 28 日,著作权登记号为 2009SR42078。《古剑奇谭权威攻略》一书系全彩页图书,共 160 页,定价 38 元,没有版权页,无印刷单位、出版日期、在版编目数据(CIP)等信息。该书封底注有:"策划制作:汉人文化工作室""重庆中电电子音像出版有限责任公司出版""ISBN978 - 7 - 89476 - 478 - 2"。全书分"世界"(古剑奇谭综合介绍)、"人物"(主角介绍/技能表)、"基础"(游戏系统详解)、"星蕴"(星蕴详解/配点)、"物品"(装备/物品/食品)、"灵兽"(血契灵兽获得)、"历程"(流程攻略)、"分支"(支线攻略)八部分,使用游戏软件《古剑奇谭》中的游戏画面共计 475 幅。该书第三页中有"上海烛龙信息技术有限公司"字样。

被告中电出版公司曾向重庆市新闻出版局申报过名为"古剑奇谭全攻略"的选题,并通过审查,获准出版,批准的书号为 ISBN978 - 7 - 89476 - 478 - 2,委托书编号为 1004276。被告中电出版公司于 2010 年 8 月 2 日领取了该选题的条码和委托书,但其称因故未能出版。

[①] 《使用游戏画面出版游戏攻略是否合理使用》百度文库 https://wenku.baidu.com/view/74c57b90fab069dc51220110.html 2019 年 4 月 25 日访问。

2010年9月27日，北京网元圣唐娱乐科技有限公司受原告上海烛龙信息公司委托在被告图书大厦处购买了涉案图书《古剑奇谭权威攻略》一本，支出38元。被告图书大厦提交的"北京圣比尔销售出库单"显示，该书系被告图书大厦从北京圣比尔公司处进货，数量100本，单价为26.60元。另查，涉案图书《古剑奇谭权威攻略》在"当当网"网上书店以及中关村图书大厦、亚运村图书大厦等处均有销售，供货方均为圣比尔公司。

故原告上海烛龙信息公司诉称：原告系单机游戏《古剑奇谭》的著作权人。由汉人文化工作室策划制作、被告中电出版公司出版发行，被告圣比尔公司和被告图书大厦销售的《古剑奇谭权威攻略》一书，未经原告许可使用了《古剑奇谭》中大量游戏画面作为该书的封面及内容插图。原告认为三被告的行为侵犯了原告游戏软件中美术作品的复制权、发行权、署名权、保护作品完整权，应当承担相应的民事法律责任，故诉至法院请求判令：（1）被告中电出版公司停止出版发行、被告图书大厦和被告圣比尔公司停止销售《古剑奇谭权威攻略》一书；（2）三被告公开登报赔礼道歉、消除影响；（3）三被告赔偿原告经济损失380000元。

被告重庆中电电子音像出版有限责任公司辩称：第一，原告没有证据证明其享有著作权。第二，被告从未制作出版过涉案图书，更没有发往北京图书大厦或通过其他渠道销售，不能仅凭涉案图书上印有被告公司名称就认定是被告公司的出版物；原告也没有证据证明被告复制、发行了涉案图书，应承担举证不能的法律后果。第三，北京七彩东方软件科技中心出具的声明可以证明涉案图书系其冒用被告公司名义和版号出版。该书经有关部门鉴定，结论也为非被告公司出版，且被告公司享有的该版号只能用于电子出版物的出版，不能用于图书出版。故请求法院驳回原告的诉讼请求。

法院经审理认为，第一，计算机游戏画面是游戏开发团队中2D、3D美工与程序员共同创作的美术作品，由美工绘制的背景图片、人物造型等美术资源通过游戏程序结合在一起，从而可以在显示设备上呈现出完整的游戏画面。在游戏软件的开发过程中，游戏美工、程序员的创作主要是利用软件开发者的物质技术条件，并由开发者承担责任，故所创作的作品为职务作品，除署名权外的其他著作权应由游戏软件开发者享有。本案中，著作权登记证书及软件上的署名情况均可以证明计算机游戏软件《古剑奇谭》的著作权人为原告烛龙信息公司，故其应为该软件的开发者，对游戏中的画面及人物形象等美术作品享有著作权。

第二，根据《中华人民共和国著作权法》（以下简称《著作权法》）的相关规定，未经著作权人许可，复制、发行其作品，如果不存在合理使用等情形，属于侵权行为，应当承担侵权责任。在游戏攻略中使用游戏图片具有一定的必要性和合理性，这种使用并非单纯再现游戏中画面、图像本身的艺术价值或实现其功能、目的，而是通过增加新的内容，使这些影像具有了新的价值和功能，这种使用方式在形式上符合《著作权法》第二十二条第一款第（二）项所规定的为介绍、评论某一作品或者说明某一问题，在作品中适当引用他人已经发表的作品之合理使用情形。但是，《著作权法》第二十二条只是规定了可以适用合理使用的特殊情形，是否构成合理使用，应结合《中华人民共和国著作权法实施条例》第二十一条的规定进行判断，即还应当不影响作品的正常使用，不得不合理地损害著作权人的合法权益。涉案游戏攻略在市场上销售，势必会影响原告官方攻略的销售，对作品潜在市场和价值来说，无疑是不合理的损害，故未经计算机游戏软件著作权人许可，商业性利用游戏画面出版游戏攻略不属于合理使用，构成侵权。

第三，根据民事诉讼盖然性证明标准和证据优势原则，在证据对某一事实的证明无法达到事实清楚、确凿的情况下，应当对当事人提交证据的证明力进行衡量，并认定证明力较大的证据支持的事实具有高度盖然性，依据该事实进行裁判。

本案中，由于出版行政主管部门审批发放的与选题相对应的ISBN、复制委托书及条码，出版社以外的其他单位或个人难以取得，故《古剑奇谭权威攻略》所载出版者、ISBN等信息以及条码申报表等证据，可以初步证明该侵权图书由被告中电出版公司出版发行，中电出版公司予以否认，应当举证证明其主张。被告中电出版公司提交的条码申报表所列选题名称与侵权图书书名有二字之差（全攻略与权威攻略），即使有关部门确有出版物名称与选题必须完全相同、变更名称必须重新申报选题的规定，被告中电出版公司关于其未出版该侵权图书之主张在逻辑上成立，尚需其出版所有图书均严格遵照上述规定执行这一前提，在该前提没有被证明为真的情况下，其提交的上述证据与其主张之间尚不具备形式逻辑意义上的关联性，故不具有证明力。被告中电出版公司提交的《出版物鉴定书》之真实性、合法性均无法确认，且该鉴定书中没有记载鉴定材料、鉴定依据及使用的科学技术手段、鉴定过程、鉴定人鉴定资格等内容，故不具证明力。此外，对于中电出版公司提交的北京七彩东方软件科技中心出具的声明，因该证据真实性、合法性均存疑，且未对该中心如何获得准确的ISBN及复制委托书做出合理解释，故亦不具有证明力。综上，虽然现有证据对于被告中电出版公司出版发行涉案侵权图书这一事实的证明尚无法达到确实充分，但依据侵权图书所载出版者及ISBN等信息，结合该书书名与中电出版公司申报的选题名称基本一致，ISBN与其获批的书号完全相同，中电出版公司亦已领取委托书和条码等事实，在被告中电出版公司提供的相反证据均不具有证明力的情况下，可以判定证明该事实为真的证据具有优势证明力，被告中电出版公司出版发行涉案侵权图书这一事实具有高度盖然性，本院予以认定。

第四，《著作权法》第五十三条规定，复制品的发行者不能证明其发行的复制品有合法来源的，应当承担法律责任。本案中，被告圣比尔公司将涉案侵权图书销往图书大厦、中关村图书大厦、"当当网"网上书店等处，其提交的采购合同和购货收据的真实性、合法性均无法确认，且亦无证据表明北京七彩东方软件科技中心为正规的出版或发行单位，故本院认定被告圣比尔公司未能证明侵权图书的合法来源，其行为构成对原告发行权的侵犯。

综上，法院判决：（1）被告北京图书大厦有限责任公司、被告北京圣比尔数码科技有限公司于本判决生效之日起，停止销售《古剑奇谭权威攻略》一书；

（2）被告重庆中电电子音像出版有限责任公司于本判决生效之日起，停止出版发

行《古剑奇谭权威攻略》一书;

(3) 被告重庆中电电子音像出版有限责任公司于本判决生效之日起 15 日内,赔偿原告上海烛龙信息科技有限公司经济损失 10 万元;

(4) 被告北京圣比尔数码科技有限公司于本判决生效之日起 15 日内,赔偿原告上海烛龙信息科技有限公司经济损失 2 万元,被告北京图书大厦有限责任公司对其中的 1000 元承担连带责任;

(5) 驳回原告上海烛龙信息科技有限公司的其他诉讼请求。

案例分析:

基于文创产业门槛低,附加经济效益大等特点,文创产业越来越受到创新创业者的青睐,本案给创新创业者提供了借鉴,创新创业的过程中一定要有自己享有完全知识产权的知识财产,夯实创新创业之基石。

根据我国《著作权法》及《著作权法实施条例》的相关规定,著作权的客体包括美术作品,而受著作权法保护的美术作品,是指绘画、书法、雕塑等以线条、色彩或者其他方式构成的有审美意义的平面或者立体的造型艺术作品,由《古剑奇谭》游戏开发团队 2D、3D 美工共同独立创作的具有审美意义的画面应属于受著作权法保护的美术作品。

我国《著作权法》规定,创作作品的公民是作者,该作品的作者为作品的著作权人。在该案中,由涉案美术作品的创作人员的声明可知,在《古剑奇谭》游戏的整个开发阶段,创作人员受公司指派并且利用公司资源,于工作时间内完成了《古剑奇谭》游戏所需美术作品的设计工作。《著作权法》第十六条规定,主要利用法人或者其他组织的物质技术条件创作,并由法人或者其他组织承担责任的职务作品,作者享有署名权,著作权的其他权利由法人或者其他组织享有。因此,原告上海烛龙信息科技有限公司为诉争美术作品的著作权人。

《著作权法》第四十八条规定,未经著作权人许可,复制、发行、表演、放映、广播、汇编、通过信息网络向公众传播其作品的,应当根据情况,承担停止侵害、消除影响、赔礼道歉、赔偿损失等民事责任,本法另有规定的除外。虽然现有证据对于被告中电出版公司出版发行涉案侵权图书这一事实的证明尚无法达到确实充分,但依据侵权图书所载出版者及 ISBN 等信息,结合该书书名与中电出版公司申报的选题名称基本一致,ISBN 与其获批的书号完全相同,中电出版公司亦已领取委托书和条码等事实,在被告中电出版公司提供的相反证据均不具有证明力的情况下,可以判定证明该事实为真的证据具有优势证明力,被告中电出版公司出版发行涉案侵权图书这一事实具有高度盖然性。在证据对某一事实的证明无法达到清楚确凿的程度,应当对当事人提交证据的证明力进行衡量,并认定证明力较大的证据支持的事实具有高度盖然性,依据该事实进行裁判。依据民事诉讼盖然性证明标准和证据优势原则,应认定被告在未获得原告许可的情况下实施了侵权行为。

被告在其游戏攻略中使用原告享有著作权的游戏画面构成《著作权法》第二十二条第二款规定，即为介绍、评论某一作品或者说明某一问题，在作品中适当引用他人已经发表的作品的，构成合理使用。但《著作权法实施条例》第二十一条规定，依照著作权法有关规定，使用可以不经著作权人许可的已经发表的作品的，不得影响该作品的正常使用，也不得不合理地损害著作权人的合法利益，必须基于正当目的而使用他人作品的合法行为。在原告已经出版了游戏攻略的情况下，被告的使用行为就会与原告产生竞争，会不合理的损害著作权人的合法利益，故被告使用涉案作品的行为不构成著作权法意义上的合理使用。

综上，被告未经原告许可使用原告享有著作权的涉案作品的行为侵犯了原告受法律保护的著作权，被告须承担停止侵害、消除影响、赔礼道歉、赔偿损失等民事责任。

案例三　评陕西盛唐在线网络公司诉深圳腾讯公司等侵犯商标权纠纷案[①]

相关法律问题：使用不具有指示服务来源的标识不构成侵犯商标权。

相关法律链接：

《商标法》第四十八条　本法所称商标的使用，是指将商标用于商品、商品包装或者容器以及商品交易文书上，或者将商标用于广告宣传、展览以及其他商业活动中，用于识别商品来源的行为。

《商标法》第五十七条　有下列行为之一的，均属侵犯注册商标专用权：（一）未经商标注册人的许可，在同一种商品上使用与其注册商标相同的商标的。

案情简介：

2010年6月21日，陕西盛唐在线网络信息有限公司（下称盛唐公司）经国家工商行政管理总局商标局（下称商标局）核准，获得"三代"注册商标专用权，核定服务项目为《类似商品和服务区分表》第41类的"节目制作、在线电子书籍和杂志的出版、提供娱乐场所、娱乐、游戏、（在计算机网络上）提供在线游戏。"有效期限自2010年6月21日至2020年6月20日。2011年10月，西安市工商行政管理局认定盛唐公司用于提供在线游戏服务项目上的"三代"商标为西安市著名商标。2011年12月26日，陕西省工商行政管理局认定盛唐公司用于游戏、（在计算机网络上）提供在线游戏上的"三代"商标为陕西省著名商标。深圳市腾讯计算机系统有限公司（下称腾讯公司）、深圳市腾讯计算机系统有限公司西安分公司（下称腾讯西安公司）在其网站将三

---

① 中国裁判文书网西安市中级人民法院西民四初字第00247号判决书。

代作为与斗地主等同一目录下的游戏名称使用。三代游戏是来自陕西省民间流行的一款扑克牌游戏，不仅贴近当地的群众生活，也有广泛深厚的群众基础。

盛唐公司认为，腾讯公司、腾讯西安公司未经许可，擅自在其网站提供标识为"3代"和"三代"的网络棋牌游戏，至少在陕西境内易使相关公众产生混淆，其行为构成对盛唐公司商标权的损害。故诉至法院，请求判令腾讯公司、腾讯西安公司立即停止使用"三代"商标的侵权行为；在《光明日报》《南方周末》《华商报》等主要媒体上以及腾讯网网络游戏大厅和腾讯大秦网的显著位置上刊载声明以消除影响和赔礼道歉。

西安市中级人民法院审理认为，盛唐公司经商标局核准，获得"三代"注册商标专用权，其合法的权益应受法律保护。三代游戏作为特定扑克牌游戏名称存在并被公众使用，其与斗地主、挖坑均属于牌类游戏的通用名称，已为相关公众普遍知悉和接受。本案腾讯公司使用"三代"是作为QQ游戏大厅下的一款休闲游戏名称，且是与其他扑克牌游戏并列作为游戏种类的名称进行使用，即腾讯公司仅仅是将其作为一般的游戏名称进行使用，并非作为商标使用，该种使用行为属于善意、正常使用。综上，争讼之"三代"注册商标属于通用名称，腾讯公司使用"三代"并不构成商标性使用，而是属于正当使用。依据我国《商标法实施条例》第四十九条之规定，判决：驳回原告陕西盛唐在线网络信息有限公司的诉讼请求。

宣判后，当事人均未上诉，本案判决已发生法律效力。

案例分析：

创新创业者要有本企业的商标战略，在日常的经营活动中应注意监测商标的使用情况。商标的使用是商标的生命，商标权人一方面要监测商标被别人非法使用的情况；另一方面也应注意自身使用商标的情况。

根据我国《商标法》第五十七条第一款的规定，未经商标注册人的许可，在同一种商品或服务上使用与其注册商标相同的商标的属侵犯注册商标专用权的行为。构成《商标法》第五十七条第一款的规定的商标侵权行为，至少应满足如下几个条件，其一，诉争商标的标志及其附着的商品或服务完全相同；其二，被控侵权的商标使用行为是《商标法》意义上的商标使用行为；其三，侵权人对诉争商标的使用行为未获得权利人的许可。

2010年6月21日，陕西盛唐在线网络信息有限公司（下称盛唐公司）经国家工商行政管理总局商标局（下称商标局）核准，获得"三代"注册商标专用权，核定服务项目为《类似商品和服务区分表》第41类的"节目制作、在线电子书籍和杂志的出版、提供娱乐场所、娱乐、游戏、（在计算机网络上）提供在线游戏。"有效期限自2010年6月21日至2020年6月20日。根据相关法律规定，在有效期内盛唐公司作为商标权人的"三代"注册商标在核定使用的商品或服务上的商标专用权应受法律保护。腾讯公司、腾讯西安公司未经许可，擅自在其网站提供标识为"3代"和"三代"的网络棋牌游戏，构成了未经许可在相同服务上使用与已注册商标相同的商标行为。

那么被告的上述商标使用行为是否符合《商标法》意义上的商标使用行为呢？

根据《商标法》第四十八条之规定，本法所称商标的使用，是指将商标用于商品、商品包装或者容器以及商品交易文书上，或者将商标用于广告宣传、展览以及其他商业活动中，用于识别商品来源的行为。结合《商标审理审查标准》的相关规定，构成《商标法》意义上的商标使用主要包括两个方面，其一，商业上的使用；其二，使用的目的是用于区别商品或服务的来源。

被告腾讯公司使用"三代"商标是一种描述性使用行为，并不符合《商标法》关于商标使用的相关规定，由于"三代"商标在特定地区已成为棋牌类游戏的通用名称，所以被告的使用该标识并不能够起到区分商品或服务来源的作用。根据《最高人民法院关于审理商标授权确权行政案件若干问题的规定》第十条，诉争商标属于法定的商品名称或者约定俗成的商品名称的，人民法院应当认定其属于商标法第十一条第一款第（一）项所指的通用名称。相关公众普遍认为某一名称能够指代一类商品的，应当认定为约定俗成的通用名称。对于由于历史传统、风土人情、地理环境等原因形成的相关市场固定的商品，在该相关市场内通用的称谓，人民法院可以认定为通用名称。本案中，三代游戏是来自于陕西民间流行的一款扑克牌游戏，代表和结合了"斗地主""挖坑""跑的快"三款游戏的特点和优点，更富有游戏性和娱乐性，不仅贴近当地的群众生活，也有广泛深厚的群众基础。因而，三代游戏作为特定扑克牌游戏名称存在并被公众使用，其与斗地主、挖坑均属于牌类游戏的通用名称，已为相关公众普遍知悉和接受。根据《商标法》第五十九条，注册商标专用权人无权禁止他人正当使用注册商标中含有的本商品的通用名称，因为这种使用并不侵害商标区别不同商品或服务来源的正当价值，如果禁止他人正当使用注册商标中含有的通用名称的话，会损害相关公众的利益。

被告腾讯公司使用"三代"商标是一种正当性使用行为。判断被控侵权人的使用行为是否构成正当使用，主要有主客观两个标准，在主观上要求行为人公平、善意的使用相关标识，客观上要求使用他人商标的行为仅是一种描述性的非商标性的使用，即相关的使用行为是为了描述其商品或服务的特征而非指示其商品或服务的来源，本案被告腾讯公司使用"三代"是作为QQ游戏大厅下的一款休闲游戏名称，且是与其他扑克牌游戏并列作为游戏种类的名称进行使用，即腾讯公司仅仅是将其作为一般的游戏名称进行使用，其使用的目的不是用于区别商品或服务的来源，因而这种使用并不是构成商标法意义上的商标使用行为。

综上，被告腾讯公司对"三代"标识的使用行为不符合《商标法》第五十七条的相关规定，不构成侵犯原告的"三代"商标的专用权。

案例四　宝钢集团、宝钢股份诉舞钢市宝钢金属材料有限公司侵犯商标专用权及不正当竞争纠纷案[①]

相关法律问题： 自然人姓名商业利用应避免混淆可能。

相关法律链接：

《商标法》第五十七条　有下列行为之一的，均属侵犯注册商标专用权：（七）给他人的注册商标专用权造成其他损害的。

《最高人民法院关于审理商标民事纠纷案件适用法律若干问题的解释》第一条下列行为属于商标法第五十二条第（五）项规定的给他人注册商标专用权造成其他损害的行为：（一）将与他人注册商标相同或者相近似的文字作为企业的字号在相同或者类似商品上突出使用，容易使相关公众产生误认的。

案情简介：

宝钢集团是国务院国资委直属的国有独资公司，其前身是1983年成立的"上海宝山钢铁总厂"。2005年10月，改制并更名为宝钢集团，经营范围为钢铁、冶金矿产等与钢铁相关的业务等。宝钢股份成立于2000年2月3日，是宝钢集团的控股子公司。2000年12月12日宝钢股份在上海证券交易所上市。

1997年4月14日，宝钢集团向国家商标局申请注册"宝钢"商标，并在随后的10余年间，先后在36个类别上注册了64个"宝钢"商标，并在加拿大、美国、日本、法国等多个国家和地区注册了"宝钢"商标。多年来，为推广和宣传"宝钢"品牌及其产品，宝钢集团和宝钢股份投入大量资金，也获得了许多奖励和荣誉称号。2005年国家工商总局商评委在商评字（2005）第1996号关于第1113809号"宝钢及图形"商标争议裁定中认定"宝钢"商标为驰名商标。

舞钢市宝钢金属材料公司于2003年11月20日核准成立，法定代表人为韩宝钢。百度搜索网页显示该公司是舞钢、新钢一级代理经销商，常年现货销售舞钢耐磨钢等。2011年12月22日，宝钢集团和宝钢股份向河南省郑州市中级人民法院提起诉讼，请求判令舞钢市宝钢金属材料公司停止在企业名称中使用"宝钢"文字的商标侵权和不正当竞争行为。

郑州中院经审理认为，虽然2005年"宝钢"商标被国家工商总局商评委认定为驰名商标，但在这之前的2003年11月20日，舞钢市宝钢金属材料公司就已被核准成立，而且其法定代表人就叫作韩宝钢，其在企业字号中使用"宝钢"文字并无不妥，且舞

[①] 中国裁判文书网河南省高级人民法院（2013）豫法知民终字第39号判决书。

钢市宝钢金属材料公司在公司经营和对外宣传中从未突出使用"宝钢"字样，而是明确表明其是舞钢、新钢的经销商。因此，舞钢市宝钢金属材料公司在企业字号中使用"宝钢"文字不足以造成公众误认，不存在不正当竞争行为，未损害宝钢集团、宝钢股份的"宝钢"商标和企业字号的良好信誉。综上，判决驳回宝钢集团、宝钢股份的诉讼请求。

宝钢集团、宝钢股份不服，提起上诉。

2013年12月6日，河南省高级人民法院作出二审判决：撤销原审判决，改判舞钢市宝钢金属材料公司停止在其企业名称中使用"宝钢"字号。

案例分析：

商标作为企业品牌的重要组成部分，具有重要的价值。对于创新创业者而言，应树立品牌意识，培育、发展自己的商标，在商业经营的道路上没有捷径可循。

根据《商标法》的相关规定，任何能够将自然人、法人或者其他组织的商品与他人的商品区别开的标志，包括文字、图形、字母、数字、三维标志、颜色组合和声音等，都可以作为商标注册，取得商标专用权。

依据相关法律法规，公民享有姓名权，法人享有名称权，企业名称应当由以下部分依次组成：字号（或者商号，下同）、行业或者经营特点、组织形式，企业名称可以使用自然人投资人的姓名作商号。

在市场经济条件下，商誉的建立与累积已成为企业间竞争的一个重要方面，而商标、商号都能够起到区分特定商品或服务的不同提供者的作用，与企业商誉的建立与维护关系密切，于是在一定条件下就会产生商标权与商号权的冲突。具体到本案中，1997年4月14日，宝钢集团向国家商标局申请注册"宝钢"商标，取得了"宝钢"商标的专用权，而舞钢市宝钢金属材料公司于2003年11月20日核准成立，法定代表人为韩宝钢，二者在经营领域上存在重合的业务范围。这样在相同的商标标识上就产生了两个分属不同权利主体的权利——商标权和商号权，产生了商标权与商号权的权利冲突。

2013年修订的《商标法》第五十八条规定，将他人注册商标、未注册的驰名商标作为企业名称中的字号使用，误导公众，构成不正当竞争行为的，依照《中华人民共和国反不正当竞争法》处理，《反不正当竞争法》第六条规定，引人误认为是他人商品或者与他人存在特定联系的具体行为构成不正当竞争行为。《最高人民法院关于审理商标民事纠纷案件适用法律若干问题的解释》第一条第（一）项规定，将与他人注册商标相同或者相近似的文字作为企业的字号在相同或者类似商品上突出使用，容易使相关公众产生误认的，是《商标法》第五十二条第（五）项（2013年《商标法》第五十七条第（七）项）规定的给他人注册商标专用权造成其他损害的行为。显然在后的商号权是否构成侵权或者不正当竞争行为，关键要看是否会导致消费者发生混淆，容易使相关公众误认两个权利人之间具有某种特定的联系。

宝钢集团和宝钢股份的前身是1983年成立的"上海宝山钢铁总厂"，经过多年的宣传和推广,"宝钢"字号取得了较高的知名度和识别性,为相关公众所熟知。1997年宝钢集团向国家商标局申请注册"宝钢"商标,先后在36个类别上注册了64个"宝钢"商标,并在加拿大、美国、日本、法国等多个国家和地区注册了"宝钢"商标。多年来,为推广和宣传"宝钢"品牌及其产品,宝钢集团和宝钢股份投入大量资金,也获得了许多奖励和荣誉称号。2005年国家工商总局商评委在商评字(2005)第1996号关于第1113809号"宝钢及图形"商标争议裁定中认定"宝钢"商标为驰名商标,该商标在同行业和普通消费者中具有较高知名度和良好的商誉。舞钢市宝钢金属材料公司成立于2003年,其从事的业务领域与宝钢集团和宝钢股份相同,由于按照相关法律法规我国企业名称仅由字号(或者商号)、行业或者经营特点、组织形式等三部分组成,加之"宝钢"商标上累积的商誉,因此,仅从"宝钢"字号无法否定舞钢市宝钢金属材料公司与宝钢集团、宝钢股份的关联关系,会使消费者产生混淆。

姓名权是公民的基本民事权利,公民在行使自己姓名权时不能侵犯其他市场主体合法有效的民事权利,违背其他法律法规关于市场主体行为准则的规定,在"宝钢"商标及"宝钢"商号在相关领域已有较高知名度的情况下,当事人在相同业务领域行使姓名权必然会受到一定的限制。

综上,舞钢市宝钢金属材料公司在企业名称中使用"宝钢"字号构成商标侵权和不正当竞争行为。

案例五 普拉达公司诉陕西东方源公司侵犯商标权及不正当竞争纠纷案[①]

相关法律问题:非商标意义上使用他人注册商标构成不正当竞争。

相关法律链接:

《商标法》第四十八条 本法所称商标的使用,是指将商标用于商品、商品包装或者容器以及商品交易文书上,或者将商标用于广告宣传、展览以及其他商业活动中,用于识别商品来源的行为。

《反不正当竞争法》第二条本法所称的不正当竞争行为,是指经营者在生产经营活动中,违反本法规定,扰乱市场竞争秩序,损害其他经营者或者消费者的合法权益的行为。

案情简介:

2001年6月7日,普拉达有限公司通过受让方式取得"PRADA"注册商标专用权,核定使用商品为"手提包等"。2011年12月12日,国家商标局证明普拉达公司在18

[①] 中国裁判文书网陕西省西安市中级人民法院(2013)西民四初字第00227号判决书。

类商品上使用的"PRADA MILANO"商标已注册，核定使用商品为"手提包等。"嗣后，普拉达公司在《世界时装之苑》《商业周刊》等做了广告宣传。2012年8月29日，《华商报》刊登了陕西东方源公司为推销店铺的招租广告，广告中的"PRADA"女款手提包使用了"PRADA MILANO"商标，广告语为全球顶级奢侈品牌进驻，引领国际奢侈生活潮流；"国际潮牌街、餐饮大食代。"普拉达公司认为，东方源公司使用其注册商标和字号进行宣传、华商报社刊登广告，侵犯了其注册商标专用权；同时，基于"PRADA"在奢侈品行业具有极高的知名度，东方源公司攀附和利用了普拉达公司商标及字号的声誉，属于不正当竞争行为。华商报社作为广告发布者，应承担连带责任，故诉至法院，请求判令东方源公司、华商报社：停止商标侵权和其他不正当竞争行为；刊登声明，消除影响；赔偿损失。一审法院审理后判决：东方源公司立即停止擅自使用普拉达公司争讼之注册商标及不正当竞争行为；赔偿损失人民币3万元。宣判后，当事人均未上诉，已发生法律效力。

案件分析：

原告普拉达有限公司是注册商标"PRADA""PRADA MILANO"的商标权人，核定使用的商品为"手提包等"，《商标法》第五十六条规定，注册商标的专用权，以核准注册的商标和核定使用的商品为限，原告普拉达有限公司对于注册商标"PRADA""PRADA MILANO"在其核定使用的商品或服务上享有商标专用权，任何人未经其许可在同种商品或服务上使用与其注册商标相同的商标，或者在类似商品或服务上使用或与其注册商标相同或者近似的商标，容易导致混淆的均构成侵权行为。因为商标的主要功能在于区别特定商品或服务的来源，避免消费者混淆，故注册商标中直接表示商品的质量、主要原料、功能、用途、重量、数量及其他特点，或者含有的地名，注册商标专用权人无权禁止他人正当使用。故而《商标法》意义上的商标使用行为是认定商标侵权行为的一个先天条件。《商标法》第四十八条规定本法所称商标的使用，是指将商标用于商品、商品包装或者容器以及商品交易文书上，或者将商标用于广告宣传、展览以及其他商业活动中，用于识别商品来源的行为，即《商标法》意义上的商标使用行为必须是识别商品来源的行为。

该案中，被告对注册商标"PRADA""PRADA MILANO"的使用，虽然符合相同的商标用于相同的商品的商标侵权行为要件，但由于其使用注册商标的目的在于吸引相关公众的注意，提升其店铺的品位和形象，而不是为了区分特定商品的来源，相关公众也不会对特定商品的来源发生混淆。其使用行为不是《商标法》意义上的使用行为，不构成商标侵权。

根据《反不正当竞争法》相关规定，不正当竞争行为，是指经营者在生产经营活动中，违反本法规定，扰乱市场竞争秩序，损害其他经营者或者消费者的合法权益的行为，擅自使用与他人有一定影响的商品名称、包装、装潢等相同或者近似的标识，让人误认为是他人商品或者与他人存在特定联系的，构成不正当竞争行为。

该案中,《华商报》刊登了陕西东方源公司为推销店铺的招租广告,广告中的"PRADA"女款手提包使用了"PRADA MILANO"商标,广告语为全球顶级奢侈品牌进驻,引领国际奢侈生活潮流,东方源公司擅自使用原告已具有一定影响的商标标识,以竞争为目的,为自己获取市场竞争优势,不正当的获取了比其他竞争者更为有利的地位和利益,违反诚实信用和公平竞争的原则,构成不正当竞争行为。

案例六 上海聚力传媒公司诉深圳快播公司著作权侵权纠纷案①

相关法律问题: 教唆、帮助侵权的认定。

相关法律链接:
《侵权责任法》第九条 教唆帮助行为。
教唆、帮助他人实施侵权行为的,应当与行为人承担连带责任。教唆、帮助无民事行为能力人、限制民事行为能力人实施侵权行为的,应当承担侵权责任;该无民事行为能力人、限制民事行为能力人的监护人未尽到监护责任的,应当承担相应的责任。

案情简介:
上海聚力传媒技术有限公司享有电视剧《步步惊心》的独占信息网络传播权。原告发现被告深圳快播公司通过快播流媒体点播平台实施侵犯其涉案电视连戏剧信息网络传播权的行为,于是将被告诉至法院。

被告深圳快播公司系一家网络流媒体技术开发与应用公司,其提供的快播流媒体平台提供了以"点对点"(PeertoPeer,简称P2P)传输方式实现包括涉案作品在内的视频文件传播,"点对点"技术可以使用户直接搜索并下载其他在线用户存储在"共享目录"下的文件,无须特定服务器成为信息交换的中枢。快播流媒体平台具有以下两个特点:第一,仅为视频文件提供了传播平台;第二,具有发布广告的功能。快播流媒体软件由快播服务器软件和快播客户端播放器软件两部分组成,快播服务器软件是一款点播网站站长使用的服务端软件,快播播放器软件是普通用户用来观看本地电影、网络电影(快播服务器发布的视频)、BT种子电影等节目的播放器,其发布的节目源可以使普通用户通过Qvod Player快播播放器使用。点播网站站长在下载快播服务器软件的过程中,可以自行填写"广告发布地址",发布文件时可以添加广告发布地址,当用户用Qvod Player快播播放器播放目录文件时,在缓冲阶段会在播放器中播放该广告地址。

原告通过公正取证的方式证明如下事实,被告深圳快播公司网站 www.qvod.com,在"影视导航站"模块与被告经营的网站 www.726.com 链接,在该页面点击"电视

---
① 中国裁判文书网深圳市南山区法院(2013)深南法知民初字第349号判决书。

剧"，进入该网站的"热播剧集"页面，点击页码"5"，点击"步步惊心"，则链接至网站www.2599tv.com的相关页面，该页面显示"步步惊心搜索到644个结果"，该页面为搜索结果的第1页，有涉案作品的内容介绍及涉案作品1~30集的播放地址，每一剧集的容量大小均在200兆左右。点击播放地址，则链接至网站 www.08279.com 播放《步步惊心》剧集，页面上方显示"阳光影院"字样；播放窗口的上端显示"正在播放：大陆剧步步惊心需下载QVOD播放器"，播放窗口右上角显示"高清"字样；页面下方载明"本影院专注于快播电影、电视剧在线展播"。

深圳市南山区人民法院，依照《中华人民共和国著作权法》第四十八条，《中华人民共和国民事诉讼法》第六十四条第一款，参照《最高人民法院关于审理侵害信息网络传播权民事纠纷案件适用法律若干问题的规定》第九条的规定，判决深圳市快播科技有限公司应自本判决生效之日起立即停止侵犯《步步惊心》的著作权，并删除相关侵权链接，赔偿原告上海聚力传媒技术有限公司经济损失48000元，案件受理费深圳市快播科技有限公司负担。

一审判决后，被告不服提起上诉。深圳中院作出驳回上诉，维持原判的终审判决。

案例分析：

"互联网+"是互联网经济发展的新业态，也成为创新创业者创新创业的主要经营模式。该案给创新创业者一个重要的警示，虽然自身并没有直接侵权，但亦有可能构成间接侵权，需承担相应的法律责任。

知识产权侵权按照加害行为与损害后果的关系分为直接侵权和间接侵权，知识产权间接侵权是指行为人没有直接实施侵犯知识产权的行为，但是却对知识产权直接侵权行为起到诱导、教唆或帮助的作用。我国的民事法律规范中并没有规定间接侵权制度，而是规定了教唆和帮助侵权等共同侵权行为。《侵权责任法》第九条第一款规定，教唆、帮助他人实施侵权行为的，应当与行为人承担连带责任。第三十六条网络用户、网络服务提供者利用网络侵害他人民事权益的，应当承担侵权责任。

网络用户利用网络服务实施侵权行为的，被侵权人有权通知网络服务提供者采取删除、屏蔽、断开链接等必要措施。网络服务提供者接到通知后未及时采取必要措施的，对损害的扩大部分与该网络用户承担连带责任。

网络服务提供者知道网络用户利用其网络服务侵害他人民事权益，未采取必要措施的，与该网络用户承担连带责任。

网络服务提供商教唆他人侵权是指其故意实施诱导行为人直接实施侵犯他人著作权的行为，而行为人因为网络服务商的诱导而直接实施了侵权行为，此时，网络服务商与直接侵权人应承担共同侵权的民事责任。网络服务提供商教唆侵权的成立，首先要有教唆的故意，然后要有直接侵权行为的成立，教唆行为与直接侵权行为二者存在因果关系。被告深圳快播公司经营的流媒体点播平台为点播网站站长提供P2P加速、内容分发、播放解码和点播网站建站等服务，该流媒体软件由快播服务器软件和快播客户端播该案中,《华商报》刊登了陕西东方源公司为推销店铺的招租广告,广告中的"PRADA"女款手提包使用了"PRADA MILANO"商标,广告语为全球顶级奢侈品牌进驻,引领国际奢侈生活潮流,东方源公司擅自使用原告已具有一定影响的商标标识,以竞争为目的,为自己获取市场竞争优势,不正当的获取了比其他竞争者更为有利的地位和利益,违反诚实信用和公平竞争的原则,构成不正当竞争行为。

案例六　上海聚力传媒公司诉深圳快播公司著作权侵权纠纷案[①]

相关法律问题:教唆、帮助侵权的认定。

相关法律链接:

《侵权责任法》第九条　教唆帮助行为。

教唆、帮助他人实施侵权行为的,应当与行为人承担连带责任。教唆、帮助无民事行为能力人、限制民事行为能力人实施侵权行为的,应当承担侵权责任;该无民事行为能力人、限制民事行为能力人的监护人未尽到监护责任的,应当承担相应的责任。

案情简介:

上海聚力传媒技术有限公司享有电视剧《步步惊心》的独占信息网络传播权。原告发现被告深圳快播公司通过快播流媒体点播平台实施侵犯其涉案电视连戏剧信息网络传播权的行为,于是将被告诉至法院。

被告深圳快播公司系一家网络流媒体技术开发与应用公司,其提供的快播流媒体平台提供了以"点对点"(PeertoPeer,简称 P2P)传输方式实现包括涉案作品在内的视频文件传播,"点对点"技术可以使用户直接搜索并下载其他在线用户存储在"共享目录"下的文件,无须特定服务器成为信息交换的中枢。快播流媒体平台具有以下两个特点:第一,仅为视频文件提供了传播平台;第二,具有发布广告的功能。快播流媒体软件由快播服务器软件和快播客户端播放器软件两部分组成,快播服务器软件是一款点播网站站长使用的服务端软件,快播播放器软件是普通用户用来观看本地电影、网络电影(快播服务器发布的视频)、BT 种子电影等节目的播放器,其发布的节目源可以使普通用户通过 Qvod Player 快播播放器使用。点播网站站长在下载快播服务器软件的过程中,可以自行填写"广告发布地址",发布文件时可以添加广告发布地址,当用户用 Qvod Player 快播播放器播放目录文件时,在缓冲阶段会在播放器中播放该广告地址。

原告通过公正取证的方式证明如下事实,被告深圳快播公司网站 www.qvod.com,在"影视导航站"模块与被告经营的网站 www.726.com 链接,在该页面点击"电视

[①] 中国裁判文书网深圳市南山区法院(2013)深南法知民初字第349号判决书。

剧",进入该网站的"热播剧集"页面,点击页码"5",点击"步步惊心",则链接至网站 www.2599tv.com 的相关页面,该页面显示"步步惊心搜索到 644 个结果",该页面为搜索结果的第 1 页,有涉案作品的内容介绍及涉案作品 1~30 集的播放地址,每一剧集的容量大小均在 200 兆左右。点击播放地址,则链接至网站 www.08279.com 播放《步步惊心》剧集,页面上方显示"阳光影院"字样;播放窗口的上端显示"正在播放:大陆剧步步惊心需下载 QVOD 播放器",播放窗口右上角显示"高清"字样;页面下方载明"本影院专注于快播电影、电视剧在线展播"。

深圳市南山区人民法院,依照《中华人民共和国著作权法》第四十八条,《中华人民共和国民事诉讼法》第六十四条第一款,参照《最高人民法院关于审理侵害信息网络传播权民事纠纷案件适用法律若干问题的规定》第九条的规定,判决深圳市快播科技有限公司应自本判决生效之日起立即停止侵犯《步步惊心》的著作权,并删除相关侵权链接,赔偿原告上海聚力传媒技术有限公司经济损失 48000 元,案件受理费深圳市快播科技有限公司负担。

一审判决后,被告不服提起上诉。深圳中院作出驳回上诉,维持原判的终审判决。

案例分析:

"互联网+"是互联网经济发展的新业态,也成为创新创业者创新创业的主要经营模式。该案给创新创业者一个重要的警示,虽然自身并没有直接侵权,但亦有可能构成间接侵权,需承担相应的法律责任。

知识产权侵权按照加害行为与损害后果的关系分为直接侵权和间接侵权,知识产权间接侵权是指行为人没有直接实施侵犯知识产权的行为,但是却对知识产权直接侵权行为起到诱导、教唆或帮助的作用。我国的民事法律规范中并没有规定间接侵权制度,而是规定了教唆和帮助侵权等共同侵权行为。《侵权责任法》第九条第一款规定,教唆、帮助他人实施侵权行为的,应当与行为人承担连带责任。第三十六条网络用户、网络服务提供者利用网络侵害他人民事权益的,应当承担侵权责任。

网络用户利用网络服务实施侵权行为的,被侵权人有权通知网络服务提供者采取删除、屏蔽、断开链接等必要措施。网络服务提供者接到通知后未及时采取必要措施的,对损害的扩大部分与该网络用户承担连带责任。

网络服务提供者知道网络用户利用其网络服务侵害他人民事权益,未采取必要措施的,与该网络用户承担连带责任。

网络服务提供商教唆他人侵权是指其故意实施诱导行为人直接实施侵犯他人著作权的行为,而行为人因为网络服务商的诱导而直接实施了侵权行为,此时,网络服务商与直接侵权人应承担共同侵权的民事责任。网络服务提供商教唆侵权的成立,首先要有教唆的故意,然后要有直接侵权行为的成立,教唆行为与直接侵权行为二者存在因果关系。被告深圳快播公司经营的流媒体点播平台为点播网站站长提供 P2P 加速、内容分发、播放解码和点播网站建站等服务,该流媒体软件由快播服务器软件和快播客户端播放器软件两部分组成，快播服务器软件是一款点播网站站长使用的服务端软件，快播服务器是普通用户用来观看本地电影、网络电影、BT种子电影等节目的播放器，其发布的节目源可以使普通用户通过 Qvod Player 快播播放器使用。同时快播流媒体的服务器软件还具有为点播网站站长发布广告的功能。被告深圳快播公司应该能够认识到影视等作品因制作成本较高，故著作权人不可能在没有收回成本的情况下将其作品免费上传到网络上或提供播放种子，被告具有教唆侵权的故意。通过被告提供的快播流媒体服务，没有经营资质的点播网站站长通过快播服务器向用户上传大量未经授权的影视作品播放链接地址，被告因此获得丰厚的广告收益。被告通过引诱点播网站站长在快播流媒体上发布未经授权的影视作品的行为构成教唆侵权。

网络服务商的帮助侵权是指网络服务提供商在知道或应当知道行为人利用其提供的网络服务实施侵权行为的情况下，向行为人提供了实质性帮助的行为。其构成要件为，首先网络服务商知道或者应该知道直接侵权行，其次要有直接侵权行为的存在，最后网络服务提供商客观上帮助了直接侵权行为。本案中网站 www.2599tv.com 的搜索结果页面分别显示了不同剧集的播放地址，且每一剧集均为 200 兆左右的视频文件，可以非常明显的初步判断上述链接的结果应为可以完整播放剧集的视频文件，且该剧集为热播剧集，加之上述链接系可供用户免费观看涉案作品的，作为一家专业的视频软件经营网站，被告深圳快播公司应该对该侵权行为有较强的判断力。被告通过其网站的"热播剧集"栏目对涉案作品进行了推荐，且为网站 www.2599tv.com 的搜索结果页面提供了指向性的链接。"热播剧集"栏目对涉案作品进行了推荐，且为网站 www.2599tv.com 的搜索结果页面提供了指向性的链接，以致网络用户可以快速、便捷的进入未经权利人授权的网站 www.08279.com 观看涉案作品，客观上为第三方网站的侵权行为提供了便利和帮助。综上可以得出，被告深圳快播公司在明知第三方网站的直接侵权行为的情况下，仍然提供帮助，主观上具有恶意，构成帮助侵权。

被告深圳快播科技公司构成教唆、帮助侵权，应承担相应的民事责任。

后 记

《创新创业知识产权教程》是我们四位教师在十多年的教学过程中的经验总结，是响应知识经济时代对大学生创新创业的需求。

本书是知识产权教育书籍，主要的受众对象是大学生创业实践与科技创新研究人员。内容上避免了以往类似书籍知识结构单一，局限于普及法律知识的层面的问题，而是以实用性为出发点，以实践为落脚点，增加了科技信息检索的信息知识内容、经济管理知识内容。我们充分考虑到非法学专业学生掌握法律知识的难度，在内容的设计上本着深入浅出、通俗易懂的原则，更加注重内容的简洁性、趣味性，便于非法学专业的学生掌握相关知识，以及实际的应用。内容上既重视知识产权保护制度的普及，更重视知识产权管理和运用的相关知识传递；既包含了知识层面的知识产权制度介绍，又包含了实践层面的运用、经营和管理知识产权能力的训练。形式上又兼顾了趣味性，较适合大学生创业者使用。

无数个深夜，我们静静地敲打着键盘，书写着我们对本书相关知识的理解，思考着如何通过本书来满足创新创业大学生在知识产权领域的受教育需求。这让我们忘记了时间，看着一行行的文字展现在屏幕上，想象着这些文字能给创新创业的大学生带去帮助，心中充满了无限的欣慰。

在本书将要付梓之前，我们有很多话想说。最想说的还是感谢！

感谢本书，是它让我们四个人的感情更加亲近！

感谢文字，让我们的思考表达出来！

感谢我们的家人，用爱温暖我们疲惫的身心！

本书编写组

于内蒙古自治区呼和浩特市

2018 年 12 月 28 日